Interkulturelles Lernen / Interkulturelles Training

Managementkonzepte
Band 8
Herausgegeben von Klaus Götz

Klaus Götz (Hg.)

Interkulturelles Lernen / Interkulturelles Training

7., verbesserte Auflage

Rainer Hampp Verlag　　München und Mering　　2010

Herausgeber: Prof. Dr. Klaus Götz
Universität Koblenz-Landau
(Weiterbildungsforschung und -management)
Universität Klagenfurt
(Institut für Erziehungswissenschaft und Bildungsforschung)
Universität Bremen
(Institut für Erwachsenen-Bildungsforschung)

Bibliografische Information der Deutschen Nationalbibliothek

Die Deutsche Nationalbibliothek verzeichnet diese Publikation in der Deutschen Nationalbibliografie; detaillierte bibliografische Daten sind im Internet über http://dnb.d-nb.de abrufbar.

ISBN 978-3-86618-461-9 (print)
ISBN 978-3-86618-561-6 (e-book)
Managementkonzepte: ISSN 1436-2988
DOI 10.1688/9783866185616

1. Auflage: 1999
2. Auflage: 2000
3. Auflage: 2000
4. Auflage: 2002
5. Auflage: 2003
6., verbesserte Auflage: 2006
7., verbesserte Auflage: 2010

© 2010   Rainer Hampp Verlag   München und Mering
Marktplatz 5   D - 86415 Mering

Internet: www.Hampp-Verlag.de

Alle Rechte vorbehalten. Dieses Werk einschließlich aller seiner Teile ist urheberrechtlich geschützt. Jede Verwertung außerhalb der engen Grenzen des Urheberrechtsgesetzes ist ohne schriftliche Zustimmung des Verlags unzulässig und strafbar. Das gilt insbesondere für Vervielfältigungen, Mikroverfilmungen, Übersetzungen und die Einspeicherung in elektronische Systeme.

∞   *Dieses Buch ist auf säurefreiem und chlorfrei gebleichtem Papier gedruckt.*

Liebe Leserinnen und Leser!
Wir wollen Ihnen ein gutes Buch liefern. Wenn Sie aus irgendwelchen Gründen nicht zufrieden sind, wenden Sie sich bitte an uns.

Vorwort zur siebten Auflage

In einer sich globalisierenden Welt kommt dem interkulturellen Lernen und der interkulturellen Kommunikation eine entscheidende Bedeutung zu, um im Wettbewerb bestehen zu können. Global agierende Unternehmen stehen deshalb immer mehr vor der Notwendigkeit einer interkulturellen Orientierung ihres Managements. Die Förderung „Interkultureller Kompetenz" durch Trainings ist eine maßgebliche Voraussetzung, dass die Mitarbeiter(innen) in Organisationen den neuen Herausforderungen, die die Globalisierung an alle Beteiligten stellt, gerecht werden können.

Der vorliegende Band gliedert sich im Anschluss an einen Grundsatzartikel von mir und Nadine Bleher in drei Teile. Der erste Teil, *Interkulturelles Managementtraining*, thematisiert mit den Beiträgen von Jürgen Bolten, Udo Konradt sowie Alexander Thomas/Eva-Ulrike Kinast/Sylvia Schroll-Machl die Aspekte „Interkultureller Trainingsbedarf", „Hypermediale Lernsysteme" und „Entwicklung interkultureller Handlungskompetenz".

In Teil zwei geht es um *Methoden, Verfahren und Konzepte* interkulturellen Lernens und interkulturellen Trainings. Michael Jagenlauf schildert seine Erfahrungen mit „interkulturellem Lernen durch Outdoor-Training", Ute und Ulrich Clement berichten über „Interkulturelles Coaching", Detlev Kran geht auf die Bedeutsamkeit der MBA-Ausbildung ein und Rüdiger Trimpop/Timo Meynhardt stellen die Wirkungsmessung der interkulturellen Arbeit dar.

Der dritte Teil ist mit *Kultur und Bildung* überschrieben. Es geht hier um „Interkulturelle Lernmaßnahmen heute" (Juliana Roth), Lernen, das bei der „Begegnung mit anderen Kulturen" geschieht (Domingo Diel), „Kultur und Konflikt" (Martin Ott) und „Weiterbildung in globalen Kontexten" (Ernst Prokop).

Landau, im Sommer 2010
Klaus Götz

Inhaltsverzeichnis

Vorwort 5
Inhaltsverzeichnis 7

Zur Einführung

Klaus Götz/Nadine Bleher
(Universität Koblenz-Landau/Bundesministerium für Umwelt, Naturschutz und Reaktorsicherheit)
Unternehmenskultur und interkulturelles Training 11

Interkulturelles Managementtraining

Jürgen Bolten
(Friedrich-Schiller-Universität Jena)
Interkultureller Trainingsbedarf aus der Perspektive der
Problemerfahrungen entsandter Führungskräfte 57

Udo Konradt
(Christian-Albrechts-Universität zu Kiel)
Hypermediale Lernsysteme zum Training interkulturellen
Managements 77

Alexander Thomas/Eva-Ulrike Kinast/Sylvia Schroll-Machl
(Universität Regensburg)
Entwicklung interkultureller Handlungskompetenz von
international tätigen Fach- und Führungskräften durch
interkulturelle Trainings 91

Juliana Roth
(Ludwig-Maximilians-Universität München)
Interkulturelle Lernmaßnahmen heute:
Neue Realitäten - neue Konzepte 115

Methoden, Verfahren, Konzepte

Michael Jagenlauf
(Universität der Bundeswehr Hamburg)
Interkulturelles Lernen durch Outdoor-Training — 137

Ute Clement / Ulrich Clement
(Zentrum für systemische Forschung und Beratung, Heidelberg)
Interkulturelles Coaching — 153

Detlev Kran
(Foundation for International Business Administration Accreditation, FIBAA)
Ist der MBA ein interkulturelles Training? — 165

Rüdiger Trimpop / Timo Meynhardt
(Friedrich-Schiller-Universität Jena)
Interkulturelle Trainings und Einsätze:
Psychische Kompetenzen und Wirkungsmessungen — 183

Kultur und Bildung

Domingo Diel
(Filamer Christian College, Roxas City, Philippinen)
Interkulturelles Lernen:
Auf dem Weg zum gegenseitigen Verständnis und Respekt — 213

Martin Ott
(University of Malawi)
Alles verstanden – Nichts begriffen?
‚Global players' zwischen Kultur und Konflikt — 227

Ernst Prokop
(Universität Regensburg)
Weiterbildung in globalen Kontexten –
Prinzipien, Probleme, Praxis — 247

Autorinnen und Autoren — 263

Zur Einführung

Klaus Götz und Nadine Bleher

Unternehmenskultur und interkulturelles Training

1 Einleitung

Technische Innovationen und Wertewandel, die die Neuausrichtung im Arbeits- und Wirtschaftsleben vorantreiben und grenzüberschreitende Unternehmenstätigkeit und Arbeitsteilung ermöglichen, verändern auch den Qualifikationsbedarf von Arbeitskräften (vgl. Mann & Götz, 2006; Thomas, 2003). Dies gilt vor allem für ein rohstoffarmes, exportorientiertes Land wie die BRD. Das Beschäftigungspotenzial des deutschen Arbeitsmarktes wird zukünftig noch mehr vom Bestand an qualifizierten Erwerbspersonen abhängen. Mit wachsender Automatisierung findet darüber hinaus eine Verlagerung des menschlichen Arbeitseinsatzes hin zu personengebundenen marktnahen Dienstleistungen statt, so dass Organisations- und Managementtätigkeiten eine immer wichtigere Rolle einnehmen. Die Anforderungen an die Qualifikation der Erwerbstätigen steigen und das so genannte „Humankapital" entwickelt sich zu einem der bedeutendsten Bestimmungsfaktoren für die Höhe des Wirtschaftswachstums und der Beschäftigung.

Besondere Qualifikationserfordernisse entstehen mit der zunehmenden Internationalisierung von Unternehmenstätigkeit und grenzüberschreitender Arbeitsteilung (vgl. Götz & Bleher, 2007, 2006; Peuker, Schmal & Götz, 2002; House, Hanges, Javidan, Dorfman & Gupta, 2004; Porter, 2004a,b). Da die öffentlichen Erziehungseinrichtungen mit dem schnellen Wandel der Qualifikationsanforderungen an Arbeitskräfte offensichtlich nicht Schritt gehalten haben, versuchen viele Großunternehmen den Defiziten entgegenzuwirken, indem sie ihre Mitarbeiter im eigenen betrieblichen Bildungssystem weiterbilden. Aus diesem Grund müssen die Personalverantwortlichen einerseits Kenntnisse und Fähigkeiten besitzen, internationale Stellen mit den richtigen Personen zu besetzen, und andererseits Instrumente entwickeln und bereitstellen, die einen erfolgreichen Auslandseinsatz der Mitarbeiter(innen) ermöglichen.

Im ersten Teil dieses Beitrags wird zunächst auf Zusammenhänge zwischen Kultur und Unternehmensführung eingegangen. Im Mittelpunkt steht die Darstellung verschiedener Möglichkeiten, wie sich der im Ausland eingesetzte Mitarbeiter der Landes- und Unternehmenskultur annähern kann, um so den fremden Sozialkörper besser zu verstehen.

Der zweite Teil bietet eine zusammenfassende Darstellung für Vorbereitungsmaßnahmen, die das betriebliche Bildungssystem für seine Auslandsentsendungen treffen kann. Hier möchten wir vermitteln, dass neben dem Ausbau von Sprachkenntnissen und Wissen um internationale wie landesspezifische Handels- und Arbeitsbedingungen auch die soziale Qualifizierung der Mitarbeiter eine besonders wichtige Rolle für Weiterbildungsmaßnahmen einnimmt.

2 Kulturkonzeption und Unternehmenskultur

Zunächst wird in Grundzügen die Frage nach dem theoretischen Konzept von Kultur behandelt, da wir uns der Meinung anschließen,

> ... that theory based-training is more effective than other kinds of intercultural training. (Bhawuk & Triandis, 1996, S. 17)

Die theoretische Grundlage soll drei Funktionen erfüllen: Sie soll erklärend wirken und damit den Verständnisprozess für kulturbedingte Unterschiede beschleunigen; sie soll Voraussagen für Verhaltensmuster in einem bestimmten Kulturkreis ermöglichen und sie soll die Lernenden dazu befähigen, sich Methoden anzueignen bzw. selbst zu kreieren, wie man Verständnisschwierigkeiten kultureller Art methodisch angeht (vgl. Götz & Diel-Khalil, 1999).

2.1 Was bedeutet „landesspezifische Kultur"?

> Immer wenn die Menschen sich zu einer besonderen Gesellschaft zusammenschließen, entsteht unter ihnen auch eine Ehre, d. h. eine Gesamtheit der ihnen gemäßen Auffassungen von dem, was zu loben oder zu tadeln ist; und diese besonderen Regeln entspringen stets den besonderen Gewohnheiten und eigentümlichen Interessen der Vereinigung. (de Tocqueville, 1959, S. 254)

> Culture is for a group what personality is for an individual. (Laurent, 1991, S. 1)

> One must understand the concept of culture and its characteristics before a manager can fully benefit by the study of cultural specifics and a foreign language. (Harris & Moran, 1991, S. 219)

2.1.1 Kulturkonzept

Nach dem Ursprung des Wortes umfasst der Begriff Kultur inhaltlich all das, auf was sich ein Sozialkörper „zu pflegen" verständigt hat. Die Begriffsbedeutung beinhaltet jedoch heute weit mehr als früher. Unter dem Konzept von Kultur setzen sich die Menschen mit der Bedeutung des individuellen und des gemeinschaftlichen Lebens sowie der Objektwelt an sich auseinander.

> Kultur umfasst das gesamte soziale Erbe, bestehend aus dem Wissen, den Glaubensvorstellungen, den Sitten und Gebräuchen. ... Die individuelle Persönlichkeit entwickelt sich also auf der Basis einer bestimmten Kultur. ... Trotz individueller Unterschiede bestehen Ähnlichkeiten zwischen den Persönlichkeitsstrukturen der Mitglieder gleicher Kultur. (Kammerl & Teichelmann, 1994, S. 35)

Im Kulturkonzept (vgl. Asgary & Walle, 2002; House, Javidan, Hanges, & Dorfman, 2002) spiegeln sich auch die jeweiligen Erwartungen wider, die ein Sozialkörper an den Einzelnen innerhalb der Gemeinschaft stellt und es beschreibt die in einer Gesellschaft bestehenden Denk-, Fühl- und Handlungsmuster. Versucht man nach diesem Verständnis für den Wortinhalt von Kultur das Gemeinschaftsleben eines Sozialkörpers auf seine Kultur hin zu untersuchen, kann die Analyse daraufhin abzielen, für den Fremdbetrachter Auffallendes – weil von der eigenen Kultur verschieden – herauszuarbeiten, damit diejenigen, die sich im untersuchten Kulturkreis als Fremde bewegen, mit der neuen Umgebung zurechtkommen können.

2.1.2 Kulturbedingte Kommunikationsbarrieren

Nicht allein die Sprachunterschiede zwischen Kommunikationspartnern aus unterschiedlichen Kulturkreisen können den präzisen Informationsaustausch stören, denn Gesprächspartner sollten nicht nur über ein gemeinsames Reservoir an Wörtern verfügen, um erfolgreich zu kommunizieren, sondern müssen den einzelnen Wörtern auch dieselbe Bedeutung zumessen (vgl. Pausenberger, 1994, S. 102). Der Kommunikationsprozess stößt damit an folgende äußere Grenzen: Subjektive und selektive Realitätswahrnehmung: Auch die Wahrnehmungsprozesse sind ein Produkt der Erziehung und kulturkreisbedingten Sozialisation, d. h. es bestehen Unterschiede darin, was wahrgenommen wird und wie das Wahrgenommene interpretiert wird. Häufig werden aus diesem Grund politische oder gesellschaftliche Faktoren zu Konfliktfeldern.

- *Kategorisierung – „Stereotyping":* Zur Vereinfachung der zwischenmenschlichen Kommunikation neigen wir dazu, unsere Kommunikationspartner in Kategorien einzuteilen und ihnen auf Grund einzelner Merkmale ein bestimmtes Verhalten zu unterstellen.

- *Nationale Überheblichkeit:* Auch die Tendenz innerhalb einer Nation, die eigenen Wertvorstellungen als überlegen anzusehen, stellen Hindernisse für die interkulturelle Kommunikation dar. Nicht selten ist das Festhalten an der erlernten, gewohnten Unternehmensorganisation und dem eingeübten Managementkonzept Ausgangspunkt für Spannungen.

Das Ergebnis dieser Kommunikationsbarrieren sind Missverständnisse, unbeabsichtigte Beleidigungen, das Brechen von kulturbedingten Tabus. Auf Seiten der Gesprächspartner führen solche Störungen zu Irritationen, Unsicherheiten, dem Unvermögen, ein Gespräch zu interpretieren und damit letztendlich zur emotionalen Ablehnung des Kommunikationspartners, schlimmstenfalls eines ganzen Kulturkreises (vgl. auch Kammel & Teichelmann, 1994, S. 50).

Neben den offensichtlichen „Vereinbarungen", die sich sowohl im Rechtssystem als auch in allgemeinen Verhaltensregeln manifestieren, gibt es die „ungeschriebenen" Gemeinschaftsgesetze. Allgemein akzeptierte Werte und Normen führen durch alltägliche Praxis zu einem erfahrungsbestimmten Verhalten, so dass die Art und Weise miteinander zu kommunizieren oft in nicht mehr reflektiertem oder hinterfragtem Gewohnheitshandeln resultiert. Unbewusst sind Handlungen so häufig das Ergebnis eines „cultural conditioning" (mentale Programmierung innerhalb eines Kulturkreises auf bestimmte Grundwertvorstellungen, Symbole, Rituale) und für den Gast im Ausland schwer zugänglich. Nicht nur in den verschiedenen Ländern, sondern auch innerhalb eines Sozialkörpers entwickeln sich darüber hinaus verbale Äußerungen und Handlungsweisen zum Ausdruck von Einstellungen und Emotionen, die jedoch in verschiedenen Kulturmilieus unterschiedliche Bedeutungen erhalten können. Dieser Prozess schließt auch die Fortentwicklung bestimmter Erwartungshaltungen der Gemeinschaft gegenüber den einzelnen Mitgliedern mit ein (Konventionen).

Im Zuge der geschichtlichen Prozesse, die sich auf einen Sozialkörper auswirken, wird zum einen die Kulturgemeinschaft selbst und zum anderen das Individuum in ihr sozialisiert. Versucht nun ein Fremder, sich in diesen, für ihn unbekannten Sozialkörper zu integrieren, stößt er üblicherweise auf Schwierigkeiten. Aus diesem Grund ist die Kommunikation zwischen ihm und seiner neuen Umgebung zunächst eingeschränkt. Verstärkt wird dieser Effekt durch Empfindungen, die mit dem Schlagwort „culture shock" umschrieben werden. Der Entsandte leidet an Unsicherheitsgefühlen, da er die ihm bekannten, alltäglich praktizierten zwischenmenschlichen Kommunikationsmuster nicht weiter anwenden kann bzw. seine gewohnten „codes" vom neuen Umfeld nicht entschlüsselt werden. Für den Manager im Auslandseinsatz hat Kultur damit folgende pragmatische Auswirkung:

Management heißt, Dinge durch andere Leute erledigen zu lassen. ... Um dies erreichen zu können, muss man natürlich die „Dinge" kennen, die es zu tun gilt und auch die Leute, die sie tun sollen. Die Leute zu verstehen heißt, deren Hintergrund bzw. Vergangenheit zu verstehen, aus dem sich gegenwärtiges und künftiges Verhalten vorhersagen lässt. (Hofstede, 1992, S. 304)

2.2 Kulturanalyse und Unternehmenskultur

Die Analyse und der Vergleich verschiedener Kulturen sollen es dem Kulturfremden ermöglichen – innerhalb jener Grenzen, die verallgemeinernde Theorien in sich bergen und insofern menschliches Handeln überhaupt vorhersagbar ist – Prognosen für Einstellungen und Verhaltensweisen der Angehörigen eines bestimmten Kulturkreises zu stellen. Darüber hinaus soll die Kulturanalyse Erscheinungen wie Außenseiter- oder Gruppenzugehörigkeitsempfindungen erklären und die Selbstwahrnehmung verbessern.

... recognizing what is involved in one's image of self and role; or personal needs, values, standards, expectations; all of which are culturally conditioned.
(Harris & Moran, 1991, S. 10)

Mit diesem Wissenshintergrund sollte es dem international tätigen Manager möglich sein, Fehlverhalten zu vermeiden.

2.2.1 Bereiche der Kulturanalyse

Folgt man der Argumentation Trompenaars (1993, S. 46), so gibt es fünf grundsätzliche, alle Kulturen betreffende Problemlösungsbereiche menschlichen Daseins:

1. Wie ist die Beziehung des Einzelnen zu anderen?
 (Beziehungsorientierung)
2. Mit welcher Zeitvorstellung wird das menschliche Leben betrachtet?
 (Zeitorientierung)
3. Wie ist die Einstellung zur menschlichen Arbeit?
 (Aktivitätsorientierung)
4. Wie ist die Beziehung des Menschen zur Natur?
 (Mensch-Natur-Orientierung)
5. Wie ist die Beschaffenheit des Menschen selber?
 (Menschorientierung)

Wenn sich Sozialkörper (größere wie Nationen, aber auch kleinere wie Organisationen, Interessengruppen, Familien ...) mit diesen Fragen beschäftigen und sie zu beantworten versuchen, spiegeln die unterschiedlichen, daraus resultierenden Problemlösungsansätze das wider, was unter dem Begriff „unterschiedliche Kulturen" verstanden werden kann.

> Culture gives people a sense of who they are, of belonging, of how they should behave, and of what they should be doing. (Harris & Moran, 1991, S. 12)

Für die Analyse der Unternehmenskultur eines Unternehmens in einem bestimmten Land sind vorrangig die Bereiche eins, zwei und drei von Bedeutung.

2.2.2 Kriterien zur Unterscheidung von (Unternehmens-)Kultur

In der Managementforschung herrscht heutzutage weitgehend Übereinstimmung darüber, dass es den universalen, optimalen Führungsstil nicht gibt, denn

> Management is not simply a collection of techniques: it is an art, and art is a product of a particular culture. (Laurent, 1991, S. 1)

Zur Erschließung einer fremden Kultur benötigt man Kriterien, anhand derer man Gemeinsamkeiten und Unterschiede beschreiben, analysieren und schließlich verstehen kann. Der bekannteste Ansatz zur Kulturanalyse und Profilerstellung stammt von Hofstede (1993, S. 1397-1406; sowie 1992, S. 306-314). Er hat in seinen Studien nachgewiesen, dass die nationale Kultur der wichtigste Einflussfaktor auf die Unterschiede in arbeitsbezogenen Werten und Einstellungen darstellt.

> Hofstede concludes that we should not expect convergence of leadership styles of Management practices across these different cultural forms, since they are dependent on the implicit model of organizational functioning prevalent in the particular culture. (Pugh, 1993, S. 92)

Für seine Erhebungen entwickelte Hofstede Bewertungskriterien, gemäß derer die verschiedenen Kulturen untersucht wurden:

> What these scales are doing is describing the common values of the central core of the culture. This comes about through the 'collective mental programming' of a number of people ... who are conditioned by the same life experience and the same education. (Pugh, 1993, S. 88)

Machtdistanz

Die Machtdistanz bringt die in einer Gesellschaft allgemein akzeptierte Machtverteilung zum Ausdruck. Eine *hohe* Ausprägung des Bewertungskriteriums Machtdistanz kann als breite Akzeptanz autoritärer Verhaltensformen und ungleicher Machtverteilung gedeutet werden – selbstverständlich bestehen kultur-unterschiedliche Vorstellungen von Autorität. Auf die Arbeitswelt bezogen bestünde eine Richtlinie zur Messung von Machtdistanz im Ausmaß der Mitbestimmung der Unternehmensmitarbeiter. *Geringe* Machtdistanz bedeutet dann, dass die Rollenungleichheit aus praktischen Gründen zwar häufig noch hingenommen wird, der Untergebene aber in die Unternehmensführung einbezogen werden will.

Individualismus versus Kollektivismus

Diese Kategorie beschreibt die Intensität der zwischenmenschlichen Bindungen innerhalb einer Gesellschaft, d. h. den Grad individueller Lebensplanung und -gestaltung gegenüber dem Ausmaß der Einbindung in ein den Lebenslauf bestimmendes Kollektiv. Bezogen auf den Arbeitsplatz bedeutet dies, dass in *kollektivistischen* Gesellschaften die Kollegen als Gruppenmitglieder angesehen werden, die zwischenmenschlichen Beziehungen die Arbeitsaufgabe dominieren und die Arbeitgeber-Arbeitnehmer Beziehung eine moralische Dimension erlangt. Die vorherrschenden Werte sind Gruppenzugehörigkeit und Loyalität, Kooperation und Harmonie sowie enge und langfristige Beziehungen innerhalb der Gruppe. Das Verhalten wird nach den vereinbarten Normen und Konventionen ausgerichtet, ungleiche Macht- und Rollenverteilung akzeptiert. Kollektivisten neigen überdies dazu, die an ihrer Person geäußerte Kritik nicht von der Person zu trennen, von der die Kritik stammt. Im umgekehrten Fall werden in stark *individualistischen* Gesellschaften die Kollegen gemäß ihrem Nutzen und ihrer Leistung beurteilt; die Aufgabe dominiert die zwischenmenschlichen Beziehungen und die Arbeitgeber-Arbeitnehmer Beziehung ist vorrangig zweckbezogen. Es werden individuelle Werte und Verhaltensweisen entwickelt und persönliche Ziele verfolgt.

Vermeidung von Unsicherheit, Ungewissheit

Der Grad der Vermeidung von Ungewissheit gibt an, in welchem Ausmaß die Mitglieder einer Kultur dazu tendieren, sich in neuen, unbekannten oder überraschenden Situationen wohl bzw. unwohl zu fühlen. Kulturen mit einem *hohen* Ausmaß von Unsicherheitsvermeidung versuchen anhand von Richtlinienklarheit und Bestimmtheit von Werten, Normen und Handlungsanweisungen, das jeweils korrekte Situationshandeln bereits im Voraus eindeutig festzulegen. Kulturen, die Ungewissheit in höherem Ausmaß akzeptieren können, neigen insgesamt zu *weniger* Regulierungen, sind offen für vielfältige Meinungs- und Glaubensströmungen und verhalten sich weniger emotional. Am Arbeitsplatz werden Vorschriften, Formalisierungen und Standardisierungen auf das Nötigste reduziert, während Kulturen mit *starker* Tendenz zur Ungewissheitsvermeidung ein Bedürfnis nach präzisen und umfangreichen Reglementierungen haben sowie Symbole, Rituale und Formalien intensiv pflegen.

Die Bewertungskriterien können weiter ausdifferenziert werden in:

Individueller Materialismus versus Altruismus: Diese Kategorie soll messen, inwieweit innerhalb einer Gesellschaft der Wert individueller Güteransammlung mehr wiegt als die soziale Bindung zwischen den Menschen durch immaterielle Güter und gegenseitige Unterstützung.

Kommunikationsweise: Diese Kategorie soll helfen, Kulturkreise anhand der vorherrschenden Kommunikationsart in „high und low context Kulturen" zu unterscheiden. In *high context* Kulturen findet Kommunikation auf einer konnotativen (Anspielungen, Umschreibungen des Gesprächsthemas) Sprachebene statt. Um den Inhalt der Botschaft zu verstehen, sind detaillierte Kenntnisse des Kontextes und das Wissen über die Bedeutung von Symbolen und Körpersprache notwendig. In *low context* Kulturen ist die Kommunikation auf direkte unmittelbare Verständigung und Informationsübermittlung ausgerichtet.

2.3 Firmentypologisierung

Die Arbeitswelt ist nur ein Bereich menschlichen Lebens und kultureller Sozialisation. So

> ... ist eine Organisaton ein subjektives Gebilde, und ihre Mitarbeiter suchen sich dort den Sinn, auf den sie durch ihre eigene kulturelle Prägung vorprogrammiert sind ... Die Mitarbeiter haben eine gemeinsame Vorstellung von ihrer Organisation, und ihre Auffassung hat reale Auswirkungen auf die Entwicklung der Organisations- und Firmenkultur. (Trompenaars, 1993, S. 199)

Eine Einteilung in Firmentypen birgt die Gefahr von Stereotypisierung. Ist dem Betrachter jedoch bewusst, dass es sich hierbei lediglich um Modelle handelt, die so in der Realität nicht existieren, kann eine Typologisierung ein hilfreiches Instrument sein und dem Entsendungskandidaten eine vorläufige Groborientierung für das Verständnis der fremden Firmenkultur bieten. Auch sollte nie außer Betracht geraten, dass sich jedes Unternehmen aus Persönlichkeiten mit eigenständiger Geschichte und individuellem Sozialisationshintergrund zusammensetzt. Versucht man – unter Rücksichtnahme des Modellcharakters jeder Typologisierung – eine Einteilung in Hauptgruppen von Firmenkultur vorzunehmen, lässt sich folgende tabellarische Übersicht erstellen:

Land	hierarchisch	egalitär	aufgaben-orientiert	personen-orientiert	vorherrschender Firmentyp
Frankreich	stark		stark		Familienkultur

Deutschland	mittelmäßig		stark		Leistungskultur
G.B.	mittelmäßig		stark		Leistungskultur
Schweden		stark	mittelmäßig	stark	Kreativitätskultur
Italien	Stark		mittelmäßig	stark	Familienkultur
Spanien	Stark		wenig	stark	Familienkultur
Tschechien	Stark		wenig	stark	Familienkultur

Darstellung 1: Dominante Firmenkulturen in einzelnen Ländern[1]

Darüber hinaus gibt es Erhebungen, die dazu dienen, den in einem bestimmten Land vorherrschenden Führungsstil ausfindig zu machen:

Zunehmend partizipativer Führungsstil	
Länder	Führungsstilmerkmale
Schweden	Formelle Normen für Entscheidungs- und Führungsinstanzen verhindern weitgehend Machtmissbrauch; selbstverantwortliche Arbeitsgruppen, hohe Mitarbeitermitbestimmung
Großbritannien	Die Unterstellten haben ein geringes Sicherheitsbedürfnis, arbeiten weitgehend selbstständig und eigenverantwortlich

---

1 Die Kategorien sind inhaltlich den Ausführungen von Trompenaars, 1993, S. 200-226, entnommen. Die Firmentypen wurden für diese Arbeit jedoch teilweise umbenannt. Auch die Einteilung der Länder mit den in ihnen vorherrschenden Firmentypen basiert auf den Erhebungen Trompenaars.

Frankreich	Die Führung orientiert sich an der Meinung bzw. am Rat der Mitarbeiter
Spanien, Deutschland, Italien	Die Unterstellten erwarten keinen hohen Grad an Entscheidungsautonomie

Darstellung 2: Führungsmerkmale in verschiedenen Kulturkreisen[2]

Einzeltypologisierungen

Die Einteilung in Firmentypen basiert auf den für eine Firmenkultur typischen Merkmalen in den Bereichen „zwischenmenschliche Beziehungen", „Unternehmensstruktur", „Aufgabenverteilung", dem „Austauschverhältnis zwischen Arbeitgeber und -nehmer" sowie der Art und Weise, wie zwischenmenschliche Kommunikation im Unternehmen stattfindet.

a) Die Familienkultur

Zwischenmenschliche Beziehungen:

Vorherrschend sind enge direkte Mitarbeiter-Mitarbeiter-, Mitarbeiter-Vorgesetzte-Beziehungen, die stark emotional sein können. Häufig gehen die in der Firma entwickelten Beziehungen über das Firmenleben hinaus. Die älteren Mitarbeiter genießen „natürlichen" Vorrang (Senioritätsprinzip).

Unternehmensstrukturen:

Die Verantwortungs- und Entscheidungskompetenzen sind eindeutig verteilt, Konflikte werden autoritär vom Vorgesetzten „beseitigt" und an den Hierarchiespitzen befinden sich akzeptierte „Vaterfiguren".

Aufgabenzuweisung:

Die Zuweisung erfolgt personengebunden, d. h. nach dem Stand der persönlichen Beziehungen zwischen Mitarbeiter und Vorgesetztem.

Austauschverhältnis:

Das Unternehmen bietet „familiären Schutz", Sicherheit, Zugehörigkeit, entsprechende Entlohnung und übernimmt Verantwortung für seine Mitarbeiter bis ins Privatleben hinein. Im Austausch erhält es von seinen Angestellten „Zuneigung" bzw. Loyalität, Akzeptanz der Hierarchiespitzen und Übernahme

---

2 Von Rosenstiel stützt sich bei der Bewertung der Führungsstile in den einzelnen Ländern auf die Untersuchungen von Keller, 1992, S. 830-831.

der vorgegebenen „Firmen-Werte und -Normen". Die Mitarbeiter erfüllen die ihnen zugeteilten Rollen, ohne die Arbeitsverteilung und -organisation zu hinterfragen.

Kommunikation:

Die Kommunikation innerhalb des Unternehmens ist stark kontextgebunden. Um den Kommunikationsinhalt optimal „entschlüsseln" zu können, muss man die gemeinsame Firmengeschichte, firmeninterne Traditionen und Sitten kennen. Kommt der Entsendungskandidat in ein Unternehmen, das dem Modell der Familienkultur ähnelt, ist die Integration umso schwerer, je stärker die Kommunikation kontextgebunden ist. Auf der anderen Seite kann die Familienkultur die Führungsaufgabe erleichtern, wenn die von der Zentrale gesandte Führungskraft von den Mitarbeitern als „Vater-" bzw. Autoritätsperson anerkannt und akzeptiert wird. Ein anderes Problem stellt die Delegation von Verantwortung auf einzelne Personen der unteren Arbeitsebenen dar. Hier verläuft die Vermittlung von Eigenverantwortung innerhalb eines Entwicklungsprozesses. Die Führungsperson wird die Selbstverantwortung der einzelnen Personen für den relevanten Arbeitsbereich immer wieder bekräftigen müssen. Im „familienorientierten" Unternehmen erwartet man die Lösung von Konflikten zumeist von den Vorgesetzten. Ist der Entsendungskandidat auf gemeinsame Problemlösung in der Entsendungsgesellschaft sozialisiert, erfordert die Übernahme dieser Aufgabe gute Vorbereitung.

b) Die Leistungskultur

Zwischenmenschliche Beziehungen:

Die Beziehungen zwischen Vorgesetztem und Untergebenem sind vorrangig auf Aufgabenerfüllung konzentriert und auf das Arbeitsverhältnis reduziert.

Unternehmensstrukturen:

Verantwortung und Aufgaben werden einzelnen Führungspositionen eindeutig zugewiesen. Es gibt ein fest definiertes schmales Machtzentrum mit einer starken Abstufung der Entscheidungsebenen. Konfliktbeseitigung erfolgt autoritär anhand der Entscheidungskompetenz einiger weniger.

Aufgabenzuweisung:

Die Aufgabenzuweisung erfolgt nach dem Leistungsprinzip. Entscheidend sind Leistungsfähigkeit und -bereitschaft.

Austauschverhältnis:

Als Gegenleistung für pflichtbewusste und korrekte Aufgabenerfüllung werden Mitarbeiterleistungen nach sachlichen Kriterien bewertet. Darüber hinaus sollen die Unternehmensmitarbeiter Aufstiegschancen gemäß nachgewiesener Leistung bekommen.

Kommunikation:

Es herrschen eindeutige Spielregeln: Verständigung erfolgt über Funktion und Stellung von oben nach unten und spielt sich auf einer stark rationalen Ebene ab. Die arbeitsorientierten Kulturen untergliedert Hofstede (1992, S. 318-321) weiterhin in prozessorientierte und ergebnisorientierte Organisationskulturen. Während bei ersterer das Gewicht auf technischen und bürokratischen Mechanismen liegt (stärker formalisierte und standardisierte Arbeitsorganisation), hat in der ergebnisorientierten Kultur die Erreichung vorgegebener Zielvorgaben Priorität. Eine Firma mit prozessorientierter Leistungskultur kann auf Schwierigkeiten stoßen, wenn es darum geht, sich rasch an Veränderungen auf dem Markt anzupassen. Dies betrifft auch die Notwendigkeit, sich auf Produktbedürfnisse und Prozessbedingungen des kulturspezifischen Milieus umzustellen.

Probleme entstehen dann, wenn neue Zielsetzungen (landesspezifische Marktstrategien) nicht mit der bisherigen Aufgabenverteilung einhergehen, sondern Aufgaben und Funktionen neu definiert werden müssen. Auf diese Konflikte trifft der Auslandsentsandte beispielsweise, wenn er Produkt- oder Prozessinnovationen im Auslandsunternehmen durchsetzen soll. Auf der anderen Seite können rationale Beziehungsstrukturen, eine hierarchische Aufgabenverteilung und eindeutig definierte Umgangsformeln zur raschen Integration eines „Neulings" beitragen. Voraussetzung dafür ist die Leistungsfähigkeit und -bereitschaft des Entsandten. Während in diesem Fall die Integration in die Arbeitswelt ein geringeres Problem darstellt, kann andererseits jedoch die soziale und emotionale Integration in die neue Lebenswelt Schwierigkeiten bereiten. Dann muss sich das Vorbereitungstraining für den Auslandseinsatz stärker auf Maßnahmen konzentrieren, die dem Entsendungskandidaten Perspektiven und Möglichkeiten zum Aufbau zwischenmenschlicher Beziehungen und sinnerfüllender Freizeitbeschäftigung in der neuen Umgebung aufzeigen.

c) Die Expertenkultur als „Aufsatz" zur Leistungskultur

Zwischenmenschliche Beziehungen:

Im Team der Experten herrschen rationale Beziehungen zwischen den Teammitgliedern vor, was mitunter eine Folge der häufig wechselnden Teamzusammensetzung sein kann. Die Beziehungen sind funktionaler Art, durch Kooperation und den Austausch von Fachwissen sollen Aufgaben zielgerichtet erfüllt werden. Die Funktion der Vorgesetzten ist es, zentral und fachübergreifend Ergebnisse zu bündeln.

Unternehmensstrukturen:
Hierarchien sind nur flach ausgebaut und erfüllen rein funktionale Aufgaben. Die Arbeitsorganisation ist aufgabenorientiert und erfolgt über Team-, Projekt- und Gruppenarbeiten. Die Problemlösung wird vom Team selbstständig übernommen, so dass die Entscheidungskompetenzen weitgehend bei den einzelnen Fachbereichen liegen.

Aufgabenzuweisung:
Die Aufgabenverteilung erfolgt, orientiert am Arbeitsziel, nach dem Leistungs- und Expertenprinzip.

Austauschverhältnis:
Gegen eine hohe Entlohnung und die Möglichkeit zur selbstständigen, zielorientierten Arbeit erbringen die Mitarbeiter hoch qualifizierte Spezialleistungen.

Kommunikation:
Unter den Experten ist der jeweilige Fachjargon und eine nur gering kontextgebundene Kommunikation vorherrschend. Vom Projekt- bzw. Teamteilnehmer wird unabhängig von der Landes- und Firmenkultur ein hohes Niveau an Fachwissen verlangt. Die Gruppe arbeitet selbstverantwortlich an einem Ziel, so dass der Austausch und die Integration von Fachwissen zur Hauptaufgabe der Teilnehmer wird. Dabei verfügen die Teilnehmer über ein gemeinsames Kommunikationsmittel: die Fachsprache. Neben den hohen Qualifikationsanforderungen an die Entsendungsperson ist ein hohes Maß von Mobilitätsbereitschaft erforderlich. Da die sozialen Bindungen oft auf die Arbeitsbeziehungen und darüber hinaus zeitlich begrenzt sind, kann Mobilitätsbereitschaft vor allem dadurch gefördert werden, dass Maßnahmen zum emotionalen Ausgleich ergriffen werden. Hierzu gehören Freizeitangebote, die kurzfristig in soziale Kontakte vor Ort integrieren oder auch die Möglichkeit, Ehepartner ins Ausland mitzunehmen.

d) Die Kreativitätskultur

Zwischenmenschliche Beziehungen:
Die Organisation stellt den Rahmen zum kreativen Selbstausdruck bzw. Tätigwerden der Mitarbeiter dar; die engen Beziehungen zwischen den Mitarbeitern dienen der gegenseitigen Inspiration und Motivation zu Innovationen. Die Organisationsmitglieder wollen den Sozialkontakt im Unternehmen zu ihrer Weiterentwicklung nutzen.

Unternehmensstrukturen:
Hierarchien sind ungeeignet, gegenseitige konstruktive Kritik ist angebracht. Es existieren kaum feste Arbeitsstrukturen.

Aufgabenzuweisung:
Die Aufgabenzuweisung erfolgt nach der Innovationsfähigkeit der Mitarbeiter. Individuelle Ideen werden selbstständig in Innovationen umgesetzt.

Austauschverhältnis:
Das Unternehmen bietet seinen Mitarbeitern Raum und Infrastruktur zur persönlichen Entfaltung. Dafür arbeiten die Angestellten selbstständig und versuchen das Produktionsergebnis durch Produkt- und Prozessinnovationen zu verbessern.

Kommunikation:
Die Kommunikation unter den Mitarbeitern dient dem Austausch von Erfahrung, Kritik und Inspiration. Kommunikation kann deshalb sowohl auf sachlicher als auch auf emotionaler Ebene stattfinden. Die stark individualistische und unabhängige Einstellung der Mitarbeiter schafft Mobilität, sofern diese im Eigeninteresse steht. Aus diesem Grund können sich Kreativitätsorganisationen zwar relativ schnell entwickeln, weisen jedoch häufig hohe Mitarbeiterfluktuationsraten auf, so dass nur selten eine integrative Firmengeschichte oder Traditionen entstehen. Weil Erfahrungsaustausch dem Eigennutzen der individualistischen Mitarbeiter dient, herrscht eine hohe Kommunikationsbereitschaft, die nach nicht vorgegebenen Regeln verläuft. Der Schöpfungswille verbindet sozial-emotional.

Für den in eine Kreativitätskultur entsandten Teilnehmer dürfte es kaum zu Integrations- und Verständigungsschwierigkeiten kommen, sofern der Kandidat die notwendigen Eigenschaften und Motivationen wie Schöpfungswille, Kritikfähigkeit, Umsetzungskompetenz und allgemeine Kommunikationsbereitschaft mitbringt. Die engen Sozialbindungen in der Arbeitswelt können als persönliche Bereicherung empfunden werden.

Schlussfolgerungen

Im Allgemeinen neigen große Unternehmen eher zur Leistungskultur; sie bedürfen klarer Strukturen, Kommunikationscodes und sachlicher Mitarbeiterbeurteilungen. Bei kleineren Unternehmen hingegen ist eine Tendenz zur Familienkultur feststellbar. Hochgradige Experten- und Innovationsunternehmen sind zumeist in kleinen oder mittelgroßen Unternehmen organisiert.

Mit einiger Wahrscheinlichkeit dürfte es zu Missverständnissen und Kommunikationsschwierigkeiten kommen, wenn Mitarbeiter aus stark leistungsorientierten Unternehmenskulturen in familiäre Unternehmenskulturen (und umgekehrt) entsendet werden. Darüber hinaus kann es ebenso konfliktträchtig werden, wenn es zu wechselseitigen Entsendungen zwischen familiären Unternehmenskulturen kommt. Die genaue Ausprägung einer Familienkultur ist stark vom landesspezifischen Umfeld beeinflusst, so dass Familienkulturen in unterschiedlichen Ländern genau entgegengesetzt geprägt sein können. Kommunikationsdefizite sind auch wahrscheinlich, wenn Experten oder innovative Individualisten in Unternehmen mit Familienkultur entsandt werden. In diesen Fällen mangelt es dem Entsendungsunternehmen und -kandidaten häufig an der Einsicht, dass man zunächst eine gemeinsame Kommunikationsebene mit Mitarbeitern familiärer Unternehmenskulturen schaffen muss. Alle beschriebenen Variationsmöglichkeiten von Kommunikationsdefiziten können jedoch durch gezieltes interkulturelles Training beeinflusst werden. Das Ziel der Vorbereitungsmaßnahmen ist vorrangig die Vermittlung von

> ... Respekt vor den fundamentalen Denkweisen ausländischer Kulturen und den Idealvorstellungen, mit denen sie sich identifizieren. (Trompenaars, 1993, S. 246)

Das ist schon deshalb für ein Unternehmen lebensnotwendig, weil sich in der Unternehmenskultur, in den Wertvorstellungen und Weltanschauungen die Menschen und lokalen Marktbedürfnisse widerspiegeln. Die vorurteilsfreie Offenheit und Neugier für kulturell verschiedenartige Unternehmensführung kann zur persönlichen Bereicherung der Entsandten beitragen:

Beim Studieren verschiedener Wertprioritäten in verschiedenen Kulturen gelangt man zu vitalen Erkenntnissen, wie man seine eigenen Angelegenheiten besser bewältigen kann. (Trompenaars, 1993, S. 249)

3 Selektionskriterien, Auswahlverfahren und interkulturelles Training

Die fortschreitende Integration der EU und damit die Entstehung des gemeinsamen europäischen Binnenmarktes hat in den letzten Jahren immer wieder auf bestehende Defizite in der Qualifikation für grenzüberschreitend einsetzbare Führungskräfte aufmerksam gemacht. Aus diesem Grund versuchen global operierende Unternehmen durch Neustrukturierung und Ausbau der betrieblichen Personalentwicklung und Mitarbeiterausbildung den bestehenden Mängeln entgegenzuwirken.

3.1 Was sind die Anforderungskriterien, die einen Erfolg im internationalen Einsatz vermuten lassen?

3.1.1 Gewichtung der Selektionskriterien

Zuerst muss festgestellt werden, dass die Kriterien und Fähigkeiten, die eine im Ausland einsetzbare Führungskraft mit sich bringen sollte, in ihrer Gewichtung je nach der zu erfüllenden Aufgabe unterschiedlich zu bewerten sind. Bevor die spezifischen auf Führungskraft und Zielland ausgerichteten Selektionskriterien aufgestellt werden können, müssen Aufgabe und Position im Ausland sowie Zeitraum und Ziel der zu entsendenden Stammhausführungskraft genau geklärt werden. Ziele der Auslandsentsendung könnten Unternehmensaufbau, die Vermittlung einer einheitlichen Unternehmenspolitik, Koordination und Kontrolle, Know-How-Transfer oder aber die Entwicklung von globalen Managementfähigkeiten einer Führungskraft sein. Anhand solcher Grunddaten kann ein land- und aufgabenspezifisches Anforderungsprofil erstellt werden, das mit dem Qualifikationsprofil von Bewerbungskandidaten verglichen wird. Die auf diese Weise nach ihrem Gewicht für einen speziellen Auslandseinsatz ausgearbeiteten Selektionskriterien sollen helfen, das Potenzial von Personen zu erkennen, welches einen erfolgreichen Auslandseinsatz wahrscheinlich werden lässt.

In Anlehnung an Hawes und Kealey (1981, S. 239-258) ist dieser Einsatz folgendermaßen zu umschreiben: Der Entsandte kann effektiv im Zielland leben und arbeiten, d. h. er hat sich (samt Familie) an die neue Umgebung angepasst und fühlt sich wohl. Er kann seine beruflich-fachlichen Fähigkeiten so in die Zusammenarbeit mit seinen Kollegen einbringen, dass er die ihm zugewiesene Aufgabe zu erledigen vermag. Schließlich ist der „Expatriate" interkulturell aktiv, d. h. er nimmt bereitwillig am Sozialleben der fremden Kultur teil.

3.1.2 Auswahlkriterien und theoretische Grundlage

Die Auswahlkriterien, die den Personalverantwortlichen helfen sollen, geeignete Kandidaten für die Auslandsentsendung ausfindig zu machen, basieren optimalerweise auf einem theoretischen Rahmen. Hierbei stellt sich die Frage, welche Selektionskriterien aus welchem Grund dazu führen, dass eine Person erfolgreich im Ausland tätig sein kann. Geht man von der Annahme aus, dass der Einsatz dann erfolgreich verläuft, wenn sich der Entsandte an die fremde Umgebung anpassen kann, fußt die Wahl der Selektionskriterien auf der Frage, welche fachlichen und sozialen Fähigkeiten sowie persönlichen Merkmale einer Anpassung an die neue Umwelt förderlich (funktional) bzw. hinderlich (dysfunktional) sind.

Ein anderer theoriefundierter Ansatz, der Richtlinien für den erfolgreichen Auslandseinsatz aufstellt, basiert auf der Frage, welche Fähigkeiten und Persönlichkeitsmerkmale interkulturelle Kommunikation fördern oder behindern. Des Weiteren gibt es Theorien, die auf der Annahme beruhen, dass der Erfolg größtenteils von der Situation (politische, wirtschaftliche, institutionelle Gegebenheiten) und weniger von der Aufgabe, die eine Führungskraft zu erfüllen hat, abhängt. Folgt man dieser Theorie, überwiegen im Selektionsprozess jene Auswahlkriterien, die das fachliche und technische Wissen einer Person anzeigen, während bei Vertretung der Gegentheorien, die sozial-kommunikativen Fähigkeiten und Persönlichkeitsmerkmale (Selbst- und Umweltwahrnehmung, persönliche Motivation, Wirkung nach außen) eine bedeutendere Rolle im Auswahlprozess spielen. In diesem Fall sollte man mehr Wert auf Persönlichkeitstests, psychologisch ausgerichtete Interviews und verhaltensorientierte Assessmentprozeduren legen.

Sowohl die Auflistung der Auswahlkriterien als auch die nachfolgend angeführten Trainingsmaßnahmen beruhen auf einer Verschmelzung der angeführten Annahmen, die zu der These führt, dass sowohl situations- und aufgabenbezogene Faktoren als auch sozial-kommunikative Fähigkeiten und Persönlichkeitsmerkmale Einfluss auf den Erfolg des Auslandseinsatzes haben.

3.1.3 Ausdifferenzierung der Selektionskriterien

Um die potenziell erforderlichen Selektionskriterien übersichtlich darzustellen, ist eine Untergliederung in vier Haupttypen sinnvoll (Götz & Häfner, 2010):[3]

a) Fachliche Qualifikation (wissenstechnisch)

Die fachlichen Qualifikationen sind eine Zusammenfassung des positionsgebundenen speziellen Fachwissens, des generellen interdisziplinären Wissens, den akademischen Qualifikationen, Kenntnisse über die Zentrale und das Einsatzunternehmen im Ausland (Produktion, Verwaltung, Vertrieb, Kundenkreis, Firmenphilosophie, Führungsstil), Fremdsprachenkenntnisse und Auslandserfahrungen.

---

3 Die Aufgliederung in verschiedene Typen von Selektionskriterien folgt den Gedankengängen von Best, Blättner, Knotz u. a., 1993, S. 11-18, sowie Kealey, 1996, S. 86-87. Detaillierte Ausführungen über Qualifikationsanforderungen enthält die tabellarische Übersicht von Engelhard & Wonigeit, 1991, S. 49.

b) Methodische Qualifikationen

Hierzu gehören individuelle Arbeits-, Entscheidungs-, Problemlösungs-, Kreativitäts- und Gruppenarbeitstechniken sowie Informations- und Kommunikationsmethoden.

c) Konzeptionelle Qualifikationen

Unter diesem Begriff versteht man Innovationsfähigkeit, analytisches, ganzheitliches und visionäres Denkvermögen, vorausschauende Vorstellungskraft und Kreativität, einschließlich der Fähigkeit und Bereitschaft zum Umgang mit Unsicherheiten.

d) Persönlichkeitsmerkmale

Die persönlichkeitsbezogenen Qualifikationen unterscheiden sich vom Fachwissen in der Hinsicht, dass sie Fähigkeiten und Charaktereigenschaften beschreiben, die über rein kognitive Prozesse, die für eine Person charakteristisch sind, hinausgehen und in emotionelle und affektive Bereiche der Persönlichkeit hineinreichen. Innerhalb der Kategorie der personenbezogenen Qualifikationen kann man zwischen drei Merkmalsgruppen unterscheiden:

Charaktereigenschaften, die sich auf die Persönlichkeit selbst beziehen (persönliche Kompetenz) und einer Anpassung an kulturell fremde Umgebungen förderlich sind:

Personen mit ausgeprägter Reiselust empfinden weniger schnell (oder überwinden relativ rasch) Gefühle von Entfremdung und Isolation. Die generelle physische Belastbarkeit umfasst Aspekte wie eine positive Grundeinstellung zum Auslandseinsatz, emotionale Stabilität, Selbstvertrauen und Offenheit für fremde Situationen, Wertmaßstäbe und Verhaltensweisen. Dazu gehören aber auch Eigenschaften wie hohe Stressresistenz und Frustrationstoleranz, die es dem Entsandten ermöglichen, mit Fehl- und Rückschlägen sowie unerfüllten Erwartungen konstruktiv umzugehen. Andere persönlichkeitsbezogene Merkmale, die eine wichtige Rolle spielen können, sind Mobilitäts-, Anpassungs- und Lernfähigkeit sowie selbstständige Entscheidungsfähigkeit (oft ist die Rückkoppelung zwischen Auslandsführungskraft und Stammhaus zeitlich verzögert, so dass verstärkt selbstständiges und eigenverantwortliches „unternehmerisches" Handeln erforderlich wird).

Charaktereigenschaften, die das Verhältnis zu anderen bestimmen:

Dazu gehört die Fähigkeit zur Entwicklung neuer zwischenmenschlicher Beziehungen, d. h. der Entsendungskandidat bedarf eines hohen Maßes an Kommunikationsbereitschaft, um das bestehende Netzwerk von Beziehungen nutzen zu können. Darüber hinaus wird der Stammhausentsandte zunehmend mit Unterschieden und Widersprüchen bezüglich der Unternehmensphilosophie und -arbeitsorganisation in Stammhaus und Auslandsgesellschaft konfrontiert. Seine Aufgabe ist es, einen verträglichen Ausgleich zwischen beiden zu finden. Der Entsandte muss fähig sein, der Auslandsgesellschaft die Entscheidungen der Zentrale verständlich zu machen bzw. den Verantwortlichen in der Zentrale die jeweiligen Rahmenbedingungen, unter denen die „Tochter" operiert, zu übermitteln. Hierfür ist eine vorurteilsfreie Grundeinstellung nötig, ein persönliches emotionales Gleichgewicht sowie ein hohes Maß an Empathiefähigkeit, d. h. sich in verschiedene Rollen, Standpunkte, Aufgaben und Menschen einzudenken und „einzufühlen".

Sozial-kommunikative Charaktereigenschaften, im Besonderen solche, die zur Wahrnehmung kulturspezifischer Besonderheiten befähigen (umweltbezogene Kompetenz):

Diese Eigenschaften werden durch Begriffe wie Sensibilität, Motivationsvermögen, Teamfähigkeit, Kompromiss- und Kooperationsfähigkeit, Überzeugungskraft und Menschenkenntnis umschrieben. Im Besonderen gehört dazu persönliches Interesse, Offenheit für das natürliche und kulturelle Umfeld fremder Länder sowie die Fähigkeit, sich in fremde örtliche Rahmenbedingungen, in verbales und nonverbales menschliches Verhalten, in wesentliche gesellschaftspolitische Zusammenhänge, Wertvorstellungen und Verhaltensweisen der Arbeitskollegen einzufühlen. Um interkulturell sozialkommunikativ erfolgreich zu sein, muss der notwendigen Sensibilität für Fremdkulturen die Fähigkeit zur Interpretation von Besonderheiten folgen. Eine Anpassung ist erst dann vollzogen, wenn fremdartiges Verhalten nicht nur wahrgenommen und akzeptiert wird (passive Anpassung), sondern fremde Kommunikations- und Verhaltensmuster übernommen werden (aktive Anpassung).

3.2 Welches Auswahlverfahren bietet sich an?

Im Personalauswahlverfahren wird zunächst das Anforderungsprofil eines Auslandseinsatzes festgestellt. Zusätzlich zu Eignungsaspekten wie kognitive und sozial-kommunikative Fach- und Führungskompetenz ist die psychische und physische Belastbarkeit, aber auch die familiäre Situation von Bedeutung. Neben der Auswahl der Selektionskriterien anhand des erarbeiteten aufgaben- und situationsorientierten Anforderungsprofils besteht eine weitere Schwierigkeit darin, die Fähigkeiten und Persönlichkeitsmerkmale der möglichen Entsendungskandidaten korrekt einzuschätzen. An diesem Punkt stellt sich die Frage nach einem anforderungsbezogenen Auswahlverfahren der Potenzialeinschätzung. Während das Vorhandensein von technischem Fachwissen oder generelle Kenntnisse über die Kultur des betreffenden Einsatzlandes relativ leicht nachprüfbar sind, lassen sich Fähigkeiten wie Empathie, Rollenflexibilität, Widersprüchlichkeitstoleranz etc. weitaus schwieriger beurteilen.

3.2.1 Generelles Verfahren[4]

Die Auswahl erfolgt über Bewerbungsunterlagen, Beurteilung von bisherigen Mitarbeiterleistungen und von Entwicklungspotenzialen – anhand von persönlichen Interviews, Assessment Centers, psychologischen Tests, Simulationsspielen, Projektgruppenaufgaben zum internationalen Einsatz – in internationaler Zusammensetzung und mit Unterstützung von Assessoren aus den verschiedenen ausländischen Subunternehmen. Vorteile interner Rekrutierung sind Kosten- und Zeitersparnis, die Möglichkeit der Beurteilung fachlicher und sozialer Kompetenz auf Grund bereits nachgewiesener Leistungen sowie Kenntnisse über das Unternehmen. Für die externe Rekrutierung bieten sich Stellenannoncen in Fachzeitschriften und überregionalen Zeitungen an.

Die Auswahl folgt grundsätzlich dem dominierenden Zweck: Bei Wissens- und Technologietransfer liegt das Gewicht auf der fachlichen Eignung, während für den Austausch von Unternehmenskultur, Organiationsmustern, Arbeitsprozeduren und -mentalität zwischen Stammhaus und Auslandsgesellschaft die persönliche Eignung und interkulturelle Kompetenz (Vertrautheit mit Land, Sprache, Unternehmenskultur, aber auch pädagogische Eigenschaften) eine wichtigere Rolle spielen.

Instrumente der unternehmensinternen Auswahl sind:

- Erhebungen im Unternehmen nach bestehendem Interesse an einem Auslandseinsatz oder Gründen für Immobilität.

- Unternehmensinterne Stellenbörsen und „schwarze Bretter": Für die Mitarbeiter besteht so die Möglichkeit, vorhandenes Interesse an einem Einsatz in einem bestimmten Land zu bekunden.

- Ausarbeitung einer detailliertel Stellenbeschreibung, einschließlich der spezifischen Anforderungen an die Entsendungskraft, was sowohl die Arbeits- als auch die Lebensbedingungen angeht. Die Stellenbeschreibung wird dann intern an Führungskräfte und Abteilungsleiter weitergereicht.

- Aufstellen von Kriterien für Selektionsprozesse wie beispielsweise Alter oder Familienstand. So kann die Auswahl von Mitarbeitern, die noch

---

4 Allgemeine Vorschläge zum Auswahlverfahren macht Wirth, 1992; sowie Clackworthy, 1992, S. 809-825.

nicht durch Familie oder Eigenheim gebunden sind (Kostenfaktor), oder von älteren Mitarbeitern mit bereits erwachsenen Kindern, die über ein breites Erfahrungsreservoir verfügen, von Vorteil sein.

- „Match of interests": Die Entscheidungsfindung für einen bestimmten Kandidaten verläuft prinzipiell in einem Prozess, an dem die Stammhauspersonalabteilung, die Auslandspersonalabteilung, der Seminartrainer und der mögliche Einsatzkandidat gemeinsam teilnehmen.

- Verfahren, die auf der Selbsteinschätzung des Kandidaten basieren (Assessment der einzelnen Person): Dazu eignen sich biographische Fragebögen mit offenen und geschlossenen Fragen. Die Fragen sollten so konzipiert sein, dass sich der Befragte hinsichtlich Erfahrungen, Einstellungen und Verhaltensmerkmalen selber beschreiben muss. Die Antworten müssen dann mit den aufgabenbedingten Anforderungsprofilen (Idealprofil) und dem jeweiligen Gastland verglichen werden.

- Verfahren, die auf der Einschätzung durch andere (und in der Gruppe) beruhen; beispielhaft hierfür sind Assessment Centers. Mit diesem Instrument werden kleinere Gruppen von Teilnehmern über mehrere Tage hinweg in Einzel- und Gruppenaufgaben getestet, um die für die jeweilige Aufgabe nötigen Verhaltensanforderungen zu erfassen. Die Beurteilung durch Assessoren erfolgt nach einem definierten Kriterienkatalog, der in situationsbezogenen Verfahren (Rollenspiele, Stimulationen, Diskussionen, Fallstudienanalyse, Präsentationsverfahren) getestet wird. Aufgaben, Ziele und ideales Verhalten sollten von einer mulikulturell zusammengesetzten Assessorengruppe vordefiniert werden.

Bei der Auswahl einer Person für eine Position in der Auslandsniederlassung sollten sowohl die fachlichen als auch die verhaltensorientierten Anforderungskriterien, die das lokale Management und die lokale Personalabteilung als wichtig erachten, in die Entscheidung miteinbezogen werden. Die Auslandsverantwortlichen können als Trainer bei den Vorbereitungsmaßnahmen fungieren oder an den Interviews und Assessment Centers beteiligt werden.

3.2.2 Beispiel für ein Selektionsverfahren am Modell

- Erstellen eines Anforderungsprofils: Diese Aufgabe beinhaltet sowohl die Identifizierung der technisch-fachlichen und der sozialen Anforderungskriterien – bezogen auf das jeweilige Einsatzland – als auch die Identifizierung der umweltbezogenen Rahmenbedingungen (Lebens- und Arbeitsbedingungen).

- Das Stellenanforderungsprofil wird Bewerbern und deren Familien übermittelt. Die Interessenten bekommen einen bestimmten Zeitraum zur Verfügung gestellt, innerhalb dessen weitere persönliche Anfragen beantwortet werden.

- Die Kandidaten werden auf Grund ihrer Interessensbekundung und den persönlich beschriebenen Fähigkeiten in den Bewerbungsunterlagen zu der Teilnahme an Assessment Centers eingeladen.
- Der Betrieb stellt eine Assessor-Gruppe zusammen, die sich möglichst aus Verantwortlichen der Zentrale und der betreffenden Auslandsgesellschaft zusammensetzt.
- In verbalen und verhaltensbasierten Assessmentverfahren wie Rollenspielen, Fallstudien, Gruppendiskussionen, Selbsteinschätzungs-Interviews und -Fragebögen (mit offenen Fragen), Konfliktlösungs-, Kompromiss- und Entscheidungsfindungsübungen, die alle am Anforderungsprofil orientiert sind, werden die Kandidaten auf ihre Eignung beurteilt.
- Die Assessoren wählen die für die relevante Stelle am besten geeignete Person aus und übernehmen außerdem die Aufgabe, ein „needs assessment" für das betriebliche Trainingsprogramm zu erstellen, so dass Trainingsmaßnahmen an den unmittelbaren Bedürfnissen der Entsendungskandidaten ausgerichtet werden können.

3.3 Interkulturelles Training

Andere Kulturen sind fremd, ungewohnt, oft sogar schockierend. Es ist unvermeidlich, dass man im Umgang mit ihnen Fehler macht und sich häufig ratlos und verwirrt fühlt. Die Frage ist, wie schnell man bereit ist, aus Fehlern zu lernen, und wie ernsthaft man sich bemüht, ein Spiel zu verstehen ... Wer andere Kulturen (neben der eigenen) entdecken will, braucht ein gewisses Maß an Bescheidenheit und Sinn für Humor (Trompenaars, 1993, S. 251).

Bei der Vorbereitung für den Auslandseinsatz mittels Weiterbildungsmaßnahmen liegt der Schwerpunkt auf dem Ausbau von interkultureller Kompetenz (vgl. Govindarajan & Gupta, 2001). Aus diesem Grund konzentrieren sich die hier behandelten betrieblichen Trainingsprogramme auf die Vermittlung von kognitiven und sozial-kommunikativen Fähigkeiten, die u. a. auch einen Einfluss auf die persönlichen Einstellungen der Teilnehmer haben können.

Die betriebliche Bildung setzt bei jenen Kriterien an, die bereits im Auswahlprozess eine Rolle spielten. Die Annahme, dass eine Person alle wünschenswerten Qualifikationen erfüllt, ist unrealistisch. Aufgabe und Zielland, aber auch das vorhandene Potenzial der Teilnehmer, werden zur Grundlage für die Konzeption des Trainings.

3.3.1 Ziele interkulturellen Trainings

Schließt man sich der Annahme an, dass Kommunikationsfähigkeit mit den Mitgliedern einer fremden Kulturwelt die Voraussetzung von Technologie- und Wissenstransfer sowie für die Vermittlung von Unternehmensphilosophie und -kultur ist, kann man die Aufgabe eines interkulturellen Trainings wie folgt umschreiben: Zunächst sollte man den Teilnehmern die Kulturgebundenheit des Denkens und Handelns vermitteln, anschließend dazu beizutragen, dass sie die fremden Denk- und Erlebnisweisen „durchschauen" lernen und schließlich Verhaltensweisen und Konfliktlösungsmechanismen erarbeiten, die eine Anpassung an die fremden Verhältnisse ermöglichen. Von besonderer Bedeutung bleibt jedoch die Bereitschaft der Teilnehmer, sich auf eine fremde Kultur einzulassen. Dem interkulturellen Training wird vorrangig jene persönliche Einstellung zum Hindernis, die das, was fremd ist, für „falsch" erklärt. Dem „Verstehen" der fremden Kommunikationsweisen kann dann die Anpassung an die sozialen Interaktionsmuster eines Kulturkreises folgen. Bevor man sich für eine Reihe bestimmter Trainingsmaßnahmen entscheidet, ist es ratsam, die Ziele im Voraus genau zu definieren (vgl. dazu das vorangegangene „needs assessment") und die Trainingsteilnehmer in Zielgruppen einzuteilen. Dieses Verfahren erleichtert einerseits die Entscheidung für bestimmte Maßnahmen, andererseits kann das Training so direkt an den vorhandenen Bedürfnissen und Defiziten der Teilnehmer ansetzen.

Ein Beispiel für die Einteilung der Ziele interkulturellen Trainings in drei Hauptgruppen bietet folgende Kategorisierung:

a) Ziele kognitiven interkulturellen Trainings

Die Trainingsteilnehmer sollen lernen, dass ihre kulturelle Abstammung, aber auch die persönliche Einstellung gegenüber einer Fremdkultur, einen großen Einfluss auf die Interaktion mit Menschen aus der Fremdkultur ausüben. Ziel des kognitiven Trainings ist es deshalb, sowohl spezielle Kenntnisse über die jeweils relevante Kultur zu vermitteln als auch sich generell mit der Bedeutung von Kultur auseinander zu setzen.

b) Ziele affektiven interkulturellen Trainings

Ziel ist die Fähigkeit zur emotionalen Selbstkontrolle bei der Interaktion mit Menschen aus Fremdkulturen.

c) Ziele verhaltensorientierten Trainings

Die Teilnehmer sollen lernen, wie man sich Methoden aneignet und selbstständig entwickelt, um das eigene Verhalten an die Verhaltensmuster der jeweiligen Kultur anpassen zu können.

3.3.2 Trainingstechniken

Trainingstechniken lassen sich nach ihrem Ansatz unterscheiden. Die erste Methode basiert auf der faktenorientierten Wissensvermittlung, die Zweite auf dem Prinzip „Lernen durch persönliches Erleben":

a) Die didaktische Methode

Anhänger dieser Lehrmethode gehen davon aus, dass die Vermittlung von kognitivem Wissen über eine Fremdkultur Voraussetzung ist, um erfolgreich in einer fremden Kultur klar zu kommen. Zur Vermittlung dieser wissenstechnischen Kenntnisse eignen sich Vorträge und Gruppendiskussionen (wenn möglich in multikultureller Zusammensetzung), die sich mit der Bedeutung des Begriffes Kultur beschäftigen und Gemeinsamkeiten und Unterschiede der verschiedenen Kulturen herausarbeiten. Gleichzeitig können theoretische Konzepte für den Anpassungsprozess an eine Fremdkultur besprochen werden. Nach herrschender Auffassung in der Literatur durchlebt jede für eine längere Zeit ins Ausland übersiedelnde Person die Auswirkungen eines mehr oder minder schweren Kulturschocks. Die Auseinandersetzung mit dem Phänomen des Kulturschocks und einem Modell für kulturelle Anpassung kann neben dem Konzept von Kultur selbst Inhalt der wissenstechnischen Vermittlung des didaktischen Vorbereitungstrainings sein.[5]

b) Erfahrungslernen

Die auf dem Prinzip des Erfahrens und Erlebens fußende Methode der Wissensvermittlung stützt sich auf die Annahme, dass sich zusätzliches Wissen am effektivsten durch persönliches Erfahren aneignen lässt. Charakteristische Instrumente dieser Lernmethode sind Simulationen und Rollenspiele, die Situationen nachahmen, mit denen der Außenstehende im Gastland konfrontiert werden könnte. Diese Trainingsmethode des erfahrungsbasierten Lernens beansprucht von den Teilnehmern den Einsatz all ihrer Ressourcen: kognitives Wissen, emotionale Ressourcen und Verhaltensstrategien.

---

5 Torbiörn (1982) beschreibt in seinem Werk „Living Abroad: Personal Adjustment and Personnel Policy in the Overseas Setting" ein U-Kurven Modell, das den Prozess der kulturellen Anpassung veranschaulichen soll.

3.3.3 Trainingstypen

Neben der Aufteilung in zwei Lernmethoden (didaktisch/erfahrungsbasiert) bietet sich eine zusätzliche Differenzierung in kulturgenerelles und kulturspezielles Training an. Während die Teilnehmer im kulturgenerellen Training für Kulturbesonderheiten sensibilisiert werden sollen und die Kulturgebundenheit von menschlichem Verhalten behandelt wird, hat das kulturspezielle Training zum Ziel, Informationen über und Interaktions-Ratschläge für das Verhalten in einer bestimmten Kultur zu vermitteln. Folgt man der Aufgliederung in didaktisch und erfahrungsbasiertes Lernen sowie der Ausdifferenzierung in kulturgenerelles und -spezielles Training, kann man die betrieblichen Vorbereitungsmaßnahmen schließlich in vier verschiedene Trainingsarten einteilen:[6]

- Didaktisch kulturgenerelles Training
- Didaktisch kulturspezielles Training
- Erfahrungsbasiertes kulturgenerelles Training
- Erfahrungsbasiertes kulturspezifisches Training

3.4 Übungen

3.4.1 Didaktisch kulturgenerelle Übungen

Didaktische Übungen mit kulturgenerellen Inhalten dienen der Vermittlung von generellem Wissen über Kultur und deren Wirkungsmechanismen. Instrumente sind Vortrag, Diskussion, Videos, Assimilatoren.

a) Vorträge, Diskussionen

Inhaltlich können sich diese mit der Kulturgebundenheit von zwischenmenschlichen Kommunikationsweisen und Verhaltensmustern auseinander setzen. Zum anderen bietet es sich bei solchen Übungen an, Möglichkeiten zur Unterscheidung von verschiedenen Kulturkreisen anhand bestimmter Merkmalskategorien (subjektive Kategorien: individualistisch-kollektivistisch, Machtdistanz, Unsicherheit; objektive Kategorien: politisches, soziales, Behörden- und Rechtssystem ...) zu besprechen.

---

[6] Diese Einteilung folgt im Wesentlichen den Ausführungen von Gudykunst, Guzley & Hammer, 1966, S. 66-72.

b) Videokassetten

Beispiele sind Videokassetten, die Problembewusstsein schaffen und interkulturelle Kommunikations- und Anpassungsprozesse illustrieren.[7]

c) Kulturassimilatoren

Konfrontation mit und gemeinsame Analyse von exemplarischen Kurzgeschichten, welche die Kulturabhängigkeit von Verhalten veranschaulichen. Inhalt dieser Kurzdarstellungen können Ängste, Erwartungen, Unsicherheiten, Zweideutigkeiten, Vorurteile, Arbeitseinstellung, Zeit- und Raumempfinden, Rituale, Hierarchien, Werte und gruppendynamische Prozesse sein.[8]

3.4.2 Didaktisch kulturspezielle Übungen

Didaktische Übungen kulturspeziellen Inhalts dienen der Wissensvermittlung über einen spezifischen Kulturkreis. Instrumente sind Einführungsveranstaltungen in gebietsbezogene und landesspezifische Themen, in Sprache und spezielle Kulturstandards, in kulturkreisbezogene Assimilatoren und in jene Literatur, die im Zielland weite Verbreitung und allgemeine Beliebtheit genießt.

a) Einführung in landesspezifische Fakten

Diese sollen die Kommunikationsbedingungen der Teilnehmer verbessern und die Anpassung an Landesspezifika erleichtern. Vermittelt werden sollten Informationen über Geschichte und Mentalität eines Landes, Familienkonzept, Sozialstruktur, vorherrschende Glaubensrichtungen, Philosophie, Erziehung, Künste, Wirtschaftsordnung, Industrialisierungsgrad, Politik- und Regierungssystem, Gesundheitsstandards, Wissenschaftsstand, Sport- und Freizeitmöglichkeiten. Dabei sollten sich die Einführungsveranstaltungen weniger auf die so genannten „hard facts" eines Landes konzentrieren, da sich die Teilnehmer diese selbstständig erarbeiten können. Vielmehr sollte der Schwerpunkt auf der Einführung in Einstellungen, Werte und Verhaltensregeln eines bestimmten Kulturkreises liegen. Nach einem einführenden Vortrag ist es grundsätzlich sinnvoll, mit den Trainingsteilnehmern über mögliche Probleme auf Grund evidenter Mentalitätsunterschiede zu sprechen.

---

7 Weit verbreitet und allgemein anerkannt sind die Videokassettenserien von Copeland und Grigg: „Going International (1983) und Valuing Diversity (1987)", erhältlich bei Copeland Griggs Productions, 302 23rd Avenue, San Francisco, CA 94121.

8 Siehe die 100 Kurzdarstellungen von Brislin, Cushner, Cherrie & Yong (1986).

b) Sprachtraining

Erst die Kenntnis der Lokalsprache ermöglicht es dem Außenstehenden, tiefere Einblicke in eine Kultur zu erlangen. In der Lokalsprache spiegelt sich auch das lokale Bewusstsein wider. Das Sprechen der Landessprache ist Voraussetzung zur Teilnahme in allen Bereichen des gesellschaftlichen Lebens und trägt damit unmittelbar zur Stärkung des Selbstvertrauens und Wohlbefindens des Entsandten bei. Darüber hinaus erhöht die Kenntnis der Lokalsprache Ansehen und Aufnahme bei den Ortsangehörigen. Das Sprachtraining kann neben den üblichen Methoden der Sprachvermittlung, die zumeist einen rein dozierenden Charakter haben, auch auf Methoden zurückgreifen, die eine aktive Teilnahme der Trainees erfordern. Beispiele sind Kommunikations- und Rollenspiele in der Fremdsprache.

c) Kulturspezielle Assimilatoren

Diese dienen der Wissensvermittlung über ein bestimmtes Land. Es können Multiple Choice Fragebögen erstellt werden, die auf den Erfahrungen von Fachleuten außerhalb des Unternehmens basieren. In den Fragen können sich auch Konfliktsituationen widerspiegeln, die von den auslandserfahrenen Unternehmensmitarbeitern erlebt wurden. Im Multiple Choice Test haben die Teilnehmer die Möglichkeit, auf eine geschilderte Situation alternativ zu reagieren bzw. zu antworten. Die Auswertung des jeweils situationsangemessenen Verhaltens erfolgt gemeinsam – wenn möglich unter Anleitung von Landesangehörigen.

d) Landesbezogene Lektüre

Besonders aufschlussreich für das Einfühlen in die Fremdkultur ist ein „Literaturstudium" der im Land bevorzugten Schriftsteller, Tageszeitungen oder Magazine. Eine anerkannte Datenbank für ethnographische Informationen über 300 Kulturgruppen sind die „Human Relations Area Files".[9]

3.4.3 Erfahrungsbasierte kulturgenerelle Übungen

Um kulturgenerelle Kenntnisse und Fähigkeiten anhand von erfahrungsbasierten Übungen zu vermitteln, sollten die Trainingsmethoden dieser Kategorie so konzipiert sein, dass die Teilnehmer aktiv erfahren können, wie sich die eige-

---

9   Eine Liste zu Kategorisierungen von kulturellen Themen bietet *Murdock, G.*: „The Outline of cultural materials", 4th edition, New Haven, CT: Human Relations Area Files, 1971; sowie Beschreibungen zu bestimmten Kulturgruppen: „The outline of world cultures", 4th edition, New Haven, CT: Human Relations Area Files, 1972.

ne oder fremde Kultur auf Einstellungen und Handlungsparadigmen auswirkt. Angewandt werden hauptsächlich interkulturelle Kommunikations-Workshops, Assimilatoren und Selbsteinschätzungsübungen.

a) Interkulturelle Kommunikations-Workshops

Gemeinsam werden Gedankenführung, Verhaltensorientierung und handlungsleitende Werte und Normen der Teilnehmer aus unterschiedlichen Kulturen analysiert. Die Teilnehmer übernehmen die Aufgabe, ihren jeweiligen Kulturkreis zu repräsentieren. Die Gruppe wird vor konkrete Aufgaben oder auch Konfliktsituationen für Rollenspiele gestellt, die sie in gemeinsamer Interaktion lösen soll. Ist die Aufgabe beendet, diskutieren die Teilnehmer über Erfahrungen aus der gemeinsamen Teamarbeit. Dazu gehören Diskussionen über unterschiedliche Vorgehensweisen der Problemlösung, Arbeitsmethoden, Kommunikationsgewohnheiten, aber auch Kommunikationsbarrieren und unterschiedliche, emotionale Reaktionsmuster innerhalb der Gruppe sowie Entscheidungsfindungsprozesse.

b) Kulturgenerelle Simulationen

Darunter versteht man erfahrungsorientierte Übungen, in denen die Trainingsteilnehmer Situationen und Interaktionen nachstellen, die kontrastierende Merkmale der verschiedenen Kulturkreise zum Inhalt machen. Behandelt werden können Bereiche wie Werte, Sozialverhalten oder Motivationsformen eines Kulturkreises. Auch Vorstellungsdimensionen und Bedeutungszumessung für die umgebende Objektwelt eignen sich als thematische Grundlage der Übungen. Die Rollenspiele werden so konzipiert, dass die qualifizierenden Muster der Kulturen beabsichtigt in starkem Kontrast aufeinander treffen und die Teilnehmer zu einem emotionalen und für beide Gruppen akzeptablen Ausgleich kommen müssen.[10]

c) Selbsteinschätzungstraining

Dieses Training soll den Teilnehmern vermitteln, wie wichtig es ist, sich selbst und die Wirkung der eigenen Person auf andere immer wieder von neuem einzuschätzen. Die Teilnehmer lernen persönliche Einstellungen, Motivationen, Kommunikations- und Verhaltensweisen bewusst wahrzunehmen und einer Überprüfung zu unterziehen. Hierfür eignen sich Fragebögen, die z. B. den Grad der empfundenen (Un-)Sicherheit in der Kommunikation mit Menschen

---

10 Zu detailliert beschriebenen Übungen kulturgenereller Simulationen empfiehlt sich das Handbuch von Batchelder & Warner, 1977. Auf die Methode zur Entwicklung solcher kulturgenereller Simulationen konzentriert sich das Werk von Hoopes & Ventura, 1979.

aus anderen Kulturkreisen messen. Andere Fragebögen zielen darauf ab, versteckte oder verdrängte Vorurteile gegenüber fremden Kulturen offen zu legen. Außerdem sollen sie messen, über welche nonverbalen Kommunikationsfähigkeiten der Befragte verfügt und wie groß sein Verständnis für andere Kulturen ist. Aufschlussreich sind auch die Antworten des Befragten nach herausragenden Merkmalen, die er seiner Herkunftskultur zuteilen würde.[11]

3.4.4 Erfahrungsbasierte kulturspezielle Übungen

Entsprechend dem kulturgenerellen Training sollen auch die kulturspeziellen Übungen auf aktivem Erfahrungslernen basieren; sie unterscheiden sich nur dadurch, dass sie auf eine spezifische Kultur hin ausgerichtet sind. Dafür bieten sich bikulturelle Kommunikations-Workshops, landesspezifische Simulationen und Rollenspiele an.

a) Bikulturelle Kommunikations-Workshops

Gegenüber den kulturgenerellen Workshops sind die Teilnehmer auf zwei Kulturräume – Entsendungs- und Ziellandrepräsentanten – reduziert. Es können die gleichen Übungen wie beim kulturgenerellen Training durchgeführt werden. Dabei empfiehlt es sich jedoch, einen Teil der Kurse in der Sprache des Entsendungslandes, den anderen Teil in der Sprache des Ziellandes abzuhalten. Der Sprachwechsel vermittelt Eindrücke über den Einfluss der Sprache auf die zwischenmenschliche Kommunikation.

b) Kulturspezielle Simulationen und Rollenspiele

Simulationen und Rollenspiele werden so konzipiert, dass sie sich auf Interaktionen zwischen zwei betroffenen Kulturräumen beziehen. Dabei können die Teilnehmer im Wechsel die Repräsentation der eigenen und die der anderen Kultur übernehmen, so dass sie ihr Verhalten auf die Rolle der zu repräsentierenden Kultur umstellen müssen. Zur Einführung in kulturspezielle Simulationen können die Teilnehmer zunächst Rituale und Handlungsgewohnheiten des alltäglichen Lebens wie Begrüßungs- und Höflichkeitsformen der jeweils fremden Kultur einstudieren.

---

11 Geeignete Fragebögen entwickelten Gudykunst, 1994 sowie Brislin & Yoshida, 1994.

Aufbau eines Trainingsprogramms:[12]

1 Ausgangspunkt: Jedes Trainingsprogramm sollte auf einem theoretischen Rahmen basieren, so dass die einzelnen Übungen und deren Reihenfolge einerseits eine sinnvolle Gliederung darstellen, andererseits auf ein definiertes Ziel hin ausgerichtet sind und so für die Teilnehmer in einem nachvollziehbaren Kontext stehen. Für dieses Beispiel wird von der Theorie des Unsicherheitsmanagements ausgegangen. Diese basiert auf der Grundannahme, dass interkulturelle Anpassung die Fähigkeit voraussetzt, mit Unsicherheiten und Ängsten umgehen zu können.

2 In der Einführungssitzung stellen sich die Teilnehmer aus den verschiedenen Kulturräumen vor und werden in das Theoriekonzept und das Ziel der Trainingsmaßnahmen eingeführt. Den Teilnehmern wird das Abhängigkeitsverhältnis zwischen interkultureller Unsicherheit/Angst und Anpassung dargestellt. Ziel des an dieser Annahme ansetzenden Trainingsprogramms ist es, den Teilnehmern zu vermitteln, wie man erfolgreich Unsicherheiten und Ängste managen kann.[13]

3 Übungen zur Erlangung des ersten Ziels – sprich den Teilnehmern den Einfluss von persönlichen Unsicherheiten und Ängsten auf den interkulturellen Anpassungsprozess zu verdeutlichen – basieren auf erfahrungsorientierten Lehrmethoden. Geeignet sind kulturgenerelle Simulationen. Anschließend diskutiert die Gruppe, welche kulturellen Unterschiede unsichere oder ängstigende Emotionen bei den Teilnehmern auslösen. Repräsentanten eines bestimmten Kulturkreises bekommen schließlich die Aufgabe, das Verhalten der Repräsentanten einer anderen Kultur zu beschreiben und zu interpretieren.

---

12 Vgl. dazu die Ausführungen zum Trainingsprogramm, basierend auf der Theorie des Unsicherheitsmanagements, von Gudykunst, Guzley & Hammer, 1996, S. 73-77.

13 Die Darstellung des Phasenmodells durch die Verfasser soll den Trainingsteilnehmern den Kontext der Übungen aufzeigen und helfen, während des Trainingsablaufes den Überblick zu wahren.

I) Eingangsphase:

Kulturbewusstseins- und Informationsaneignungsphase

1. Ausgangspunkt: Theorie
2. Einführungssitzung der Trainingsgruppe
3. Übung: erfahrungsbasiert/kulturgenerell
4. Feed-back: Auswertung
5. Vortrag: didaktische Methode

II) Übungsphase:

Emotionale Konfrontation durch multikulturelle Konfrontation

6. Übung: erfahrungsbasierte Methode
7. Projektarbeit

III) Abschlussphase:

Verhaltensanpassung

8. Übung: Überprüfen des Lernerfolgs anhand der erfahrungsbasierten Methode
9. Feed-back: Bestätigung oder Neuausrichtung des Trainings

Darstellung 4: Modell eines interkulturellen Trainingsprogramms im Phasenablauf des Anpassungsprozesses

4 Die Angehörigen eines jeweiligen Kulturkreises haben dann abwechselnd die Aufgabe, die Interpretationsversuche der anderen Kulturgruppe richtig zu stellen. Die Teilnehmer erkennen, dass fremde Verhaltensweisen nicht erfolgreich mit den Maßstäben der eigenen Kultur beurteilt werden können. Kulturelle Unterschiede in der zwischenmenschlichen Kommunikation werden in ihrer ganzen Dimension (Denken, Fühlen, Äußern, Handeln) sichtbar.

5 Die anschließende Übung soll Grundlagen zur Entwicklung möglicher Beurteilungsmaßstäbe, anhand derer man Kulturen „einzuschätzen" versucht, vermitteln. Dazu eignen sich Vorträge, Kurzdarstellungen und Diskussionen über wissenschaftliche Merkmalskategorien, die als Instrumente dienen, Kulturen zu unterscheiden (individualistisch-kollektivistisch, Machtdistanz, Unsicherheitsvermeidung) und Verhalten vorherzusagen.

6 Damit die Trainingsteilnehmer lernen, mit Unsicherheiten und Ängsten umzugehen, ist es sinnvoll, mit Hilfe von Rollenspielen einerseits verstärkt auf die Auswirkung von Vorurteilen und Stereotypen auf das persönliche Empfinden und Handeln aufmerksam zu machen, andererseits situationsbezogen kulturangepasste Verhaltensmuster zu erlernen. Unsicherheiten können dadurch reduziert werden, dass Verhaltensvorhersagen und -einschätzungen optimiert werden. Dazu müssen die Übungen Gemeinsamkeiten und Unterschiede fokussieren, die die Gruppenteilnehmer bezogen auf relevante Sachverhalte, Situationen, zwischenmenschliche Beziehungen erarbeiten.

7 In der anschließenden Projektarbeit bekommen die Teilnehmer die Aufgabe, gemeinsam Beurteilungsmaßstäbe zu entwickeln, anhand derer das Denken, Fühlen und Handeln der am Projekt beteiligten Kulturkreise am besten beurteilt und prognostiziert werden kann.

8 In Rollenspielen werden die Teilnehmer vor neue Aufgaben und Situationen gestellt, die sie mit Hilfe der selbst entwickelten Beurteilungsmaßstäbe und gesammelten Informationen über die Fremdkultur meistern sollen.

9 Durch die Auswertung der Rollenspiele gewinnen die Teilnehmer einen Eindruck davon, wie erfolgreich die neu Erlernten Interpretationsinstrumente sind. Nach der Fehlerdiagnose erfolgt gegebenenfalls eine Neuausrichtung und -entwicklung der Interpretationsinstrumente.

Für die Theorie der Kommunikationsfähigkeit, die davon ausgeht, dass interkulturelle Anpassung auf der Fähigkeit beruht, umfassend mit den Menschen einer anderen Kultur kommunizieren zu können, kann ein ähnliches Trainingsprogramm entwickelt werden.

3.5 Zusammenstellung der Vorbereitungsmaßnahmen

In diesem Teil der Arbeit haben wir verschiedene Möglichkeiten des Trainings und der Vorbereitungsmaßnahmen, die von Seiten der betrieblichen Bildungsarbeit für Entsendungskandidaten angeboten werden können, zusammengestellt und weiter ausgebaut. Zunächst aber ein Exkurs zu aktuellen Ansätzen in der Weiterbildung und Personalentwicklung. Um einen gegliederten Überblick zu Vorbereitungsmaßnahmen zu erstellen, wurden die Möglichkeiten der Vorbereitung auf Auslandseinsätze in fünf Bereiche eingeteilt:

- kognitiv ausgerichtete Wissensvermittlung
- affektiv-emotional basierte Lernübungen

- Übungen zum Ausbau der individuellen Interpretations- und Kommunikationsfähigkeit
- betriebliche Datenbank mit länderspezifischen Informationen.
- Kognitiv ausgerichtete Wissensvermittlung: Vermittlung der landesspezifischen „hard facts"

Die zunächst angeführten Vorbereitungsmaßnahmen setzen kulturspezifisch an und dienen der Vermittlung der so genannten „hard facts", den wissenstechnischen Grundlagen:

> Thus, people going to Saudi Arabia will learn not to pass objects with the left hand or show the soles of their feet to locals; those going to China will learn to leave some food on their plate or in their bowl at the end of the meal; those going to Spain will learn that politeness does not require punctual arrival at meetings or a specific finishing time. (Brewster, 1995, S. 65)

Vorbereitungsmaßnahme	Inhalt des Trainings	Instrumente
Sprachtraining	Sprachtraining mit auf Kulturstandards bezogenen Lerninhalten. Das Erlernen der Fremdsprache beinhaltet so auch das Aneignen der Landessitten in Bezug auf Ansprache und Begrüßung sowie die Kenntnis, wann man was, wie sagt oder welche Tabus es gibt.	Besonders geeignet ist es, die Sprachkurse im ausländischen Einsatzort (eventuell ein-schließlich Ehepartner oder Familie) zu organisieren. So wird das Erlernen der Fremdsprache durch den alltäglichen Gebrauch und möglichen Kontakt mit fremden Landesangehörigen unterstützt.[14] ... the exclusion from informal discussions, the limitation on communication, the restriction of cultural empathy, and the inability to exchange common courtesies make the lack of language skills a major problem for expatriates. (Brewster, 1995, S. 65)

---

14 Während in außereuropäischen Ländern Englisch als gemeinsame Sprache in der Arbeitswelt akzeptiert und weit verbreitet ist, scheint es im europäischen Ausland nicht vermeidbar, die jeweilige Landessprache zu erlernen. So wird z. B. in der Literatur darauf hingewiesen, dass im frankophonen und spanischsprachigen Ausland Englisch als Geschäftssprache vielfach auf gefühlsmäßige Ablehnung stößt. (vgl. Dülfer, 1991, S. 468)

Vorberei-tungs-maßnahme	Inhalt des Trainings	Instrumente
Informations-vermittlung	Informationen über Verhaltensregeln, landesspezifische „Kundenwünsche", spezielle Produktentwicklung, Arbeitsorganisation und spezifische Marketingstrategien. Außerdem sollte der Entsendungskandidat einen Einblick in generelle Rechts- und Behördenstrukturen des Gastlandes erhalten.	Allgemeine Informationen geben z. B. Fremdenverkehrsämter, Botschaften, lokale Arbeitsmarktorganisationen und Ziellandvertreter im Inland. Hinzu kommen landesspezifische Videos, Filme, Dias, Folien, Vorträge und Messen. Hinweise auf Freizeitmöglichkeiten in der neuen Umgebung können als Integrationshebel dienen.
	Für das Studium der politischen, institutionellen und sozialen Strukturen des Gastlandes ist auf ...	... entsprechende Fachliteratur zurückzugreifen.[15]

Vorberei-tungs-maßnahme	Inhalt des Trainings	Instrumente
Informations-vermittlung	Praxisnahe Informationen und Erfahrungen sollten ...	... durch Personen vermittelt werden, die bereits im spezifischen Ausland tätig waren.[16]
	Zum Ausbau von Kontakten und Netzwerken im Einsatzunterneh-	... können zum einen „Kulturdolmetscher" (Mentor im Aus-

---

15 Als geeignete Informationsquellen benennt Dülfer, 1991, S. 465-466, die Bundesstelle für Auslandsinformationen (Köln), das *Statistische Bundesamt* (Wiesbaden), das *Bundesverwaltungsamt* (Köln), das *Bundesamt für gewerbliche Wirtschaft* (Eschborn), das *OECD-Publikations- und Informationszentrum* (Bonn), die *Industrie- und Handelskammern*, den *DIHT*, *Außenhandelsbanken*, die *Fachverbände des BDI*, die *Deutsche Gesellschaft für wirtschaftliche Zusammenarbeit* (Köln), die deutschen *Auslandshandelskammern* vor Ort in 38 Ländern und die *Amtlichen Deutschen Auslandsvertretungen*.

16 Externe Anbieter sind die Carl Duisberg-Gesellschaft in Köln, die Deutsche Stiftung für internationale Entwicklung sowie die Zentralstelle für Auslandskunde.

	men sowie Informationen über Unternehmenskultur und -geschichte, Arbeitsorganisation, Entscheidungsfindung, Problemlösung und Führungsstil ...	landsunternehmen) eingesetzt werden, andererseits kann man auf die Erfahrungen von Rückkehrern, Heimaturlau-bern, Vorgängern oder auch den in der Exportabteilung für ein bestimmtes Land Verantwortlichen zurückgreifen.

Darstellung 5: Tabellarische Übersicht zu Vorbereitungsmaßnahmen für den Auslandseinsatz von Mitarbeitern

3.5.2 Affektiv-emotionale Lernprozesse

Während sich die bisher angeführten Trainingsmaßnahmen darauf konzentrieren, Informationen über die Fremdkultur zusammenzutragen und dem Entsendungskandidaten zu vermitteln, wie man sich kognitiv-rationales Wissen über Land, Menschen, Geschichte und Gewohnheiten aneignet, sollen die folgenden Trainingsmethoden auf die affektiven, weniger einfach steuerbaren Fühlmechanismen der Entsendungskandidaten Einfluss nehmen. Ziel ist es, die Einstellung gegenüber der fremden Kultur zu verbessern. Dies bedeutet, dass eine zielgerichtete Auseinandersetzung mit zunächst negativ empfundenen Kulturunterschieden zum Inhalt des Trainings wird. Bezüglich der Lehrmethode, sollte dieser Teil der Vorbereitungsmaßnahmen den dozierenden Charakter überschreiten und die Kandidaten aktiv in den Lern- und Erfahrungsprozess einbeziehen.

Erfahrungslernen durch:	Konzepte, Inhalte	Instrumente
Training on the job	Ziel ist es, die Mitarbeiter und Arbeitsweisen sowie den Technologiestand „on the job" besser kennen zu lernen, die persönliche Eignung für einen längerfristigen Einsatz einzuschätzen und schließlich die Eigenmotivation, eine fremde Kultur zu begreifen, zu erhöhen.	Praktika, „Schnupperreisen", kurzfristige Abordnungen in ein ausländisches Tochterunternehmen zur Teilnahme an Trainingsprogrammen oder die Durchführung kleinerer Aufgaben in einzelnen Abteilungen der Auslandsgesellschaft sowie die Assistenz bei oder die Urlaubsvertretung für einen im Ausland tätigen Kollegen.
Projektarbeit	Die Entsendungskandidaten versuchen ihr jeweiliges Zielland anhand des erreichbaren Informati-	Auf die Präsentation folgende Diskussionen eignen sich, ein besseres Verständnis für kulturhistorisch- und ge-

	onsmaterials zu „erforschen" und anschließend ihren Kollegen vorzustellen. Auch sollte die „Durchforstung der Auslandsorganisation" unbedingt die Art und Weise der Wissensvermittlung und die spezifischen organisatorischen Lernprozesse einschließen. Die Kenntnis dieser Organisationseigenschaften ist Voraussetzung für das pädagogische Geschick der Trainingsteilnehmer, die als Entsendungskandidaten häufig die Aufgabe übernehmen, Informationen und Wissen zu übermitteln.	sellschaftsbedingte Gemeinsamkeiten und Unterschiede der Zielländer zu erhalten. Außerdem fördern sie das notwendige vorurteilsfreie Einlassen auf fremde Gewohnheiten. Aus diesem Grund sollte die Vorstellung des Gastlandes so konzipiert sein, dass sie zunächst eine Beschreibung der kulturellen Gegebenheiten, nicht aber eine persönliche Bewertung widerspiegelt. Es ist wünschenswert, die Projektgruppe um solche Mitarbeiter zu erweitern, die bisher in ständigem Kontakt mit einer Auslandsgesellschaft standen (Export, Vertrieb).
Kulturbewusstsein: Cultural self/other awareness	Generell kann die Sensibilität für andere Kulturen erhöht werden. Dazu eignen sich Kurse, die sich mit Werten, Denk- und Verhaltensmustern der eigenen Kultur und mit den generellen Einflussfaktoren für kulturgebundene Interaktionsmuster auseinander setzen. Dieses Training soll die Fähigkeit erhöhen, sich mit fremden Verhaltensmustern im jeweiligen Gastland so auseinander zu setzen, dass Rückschlüsse auf die Denk- und Fühlweisen der Gastlandbewohner gezogen werden können („cultural other awareness"). Auf der anderen Seite soll die Auseinandersetzung mit der eigenen Kultur zur Stärkung der eigenen kulturellen Identität beitragen. Dadurch soll Verunsicherung und Orientierungsverlust entgegengewirkt werden.	Geeignet sind Übungen, die auf das „Erlernen und Erfahren" der eigenen Persönlichkeit fokussiert sind - getreu der Annahme: Bevor man andere verstehen kann, muss man sich selbst kennen. Solche Kurse beinhalten Fragen und Antworten der persönlichen Standortbestimmung sowie Auseinandersetzungen mit persönlichen Werten, Zielen und Umgangsformen. Kurse, die auf die Gruppe als Gesamtheit bezogen sind, instrumentalisieren Diskussionen über gemeinsame Werte, gruppendynamische Prozesse oder auch situationsbedingte Rollenspiele. Von großem Vorteil kann es sein, die Teilnehmer so zusammenzustellen, dass verschiedene Generationen aufeinander treffen. Dadurch wird deutlich, wie sich im Laufe der Zeit Ideale, Beurteilungsmaßstäbe, Konventionen oder Verhaltensmuster innerhalb einer Gesellschaft wandeln.

| | The more aware the individual is of the forces at work within himself that affect behaviour, the more able that person is to control his or her own life space. (Harris & Moran, 1991, S. 30) | |

Darstellung 6: Tabellarische Übersicht zu affektiv-emotional orientierten Lernprozessen

3.5.1 Übungen zum Ausbau von Interpretations- und Kommunikationsfähigkeit

Während die affektiv-emotionalorientierten Übungen darauf abzielen, ein breiteres Verständnis zu schaffen, was Kultur für die Menschen innerhalb einer Gemeinschaft bedeutet, sollen die folgenden Übungen das Verständnis für fremde Kulturen so weit ausbauen, dass die Entsendungskandidaten ihr Verhalten an die neue Umgebung anpassen können.

Inhalte:

Um Beobachtungs- und Interpretationskompetenz zu fördern, damit kulturspezifische Besonderheiten vor Ort leichter erkannt werden und in situationsangepasste Kommunikationsformen übersetzt werden können, müssen Interpretations- und Kommunikationsbarrieren bekannt sein. Besondere Beachtung sollte auch der Interpretation nonverbaler Äußerungen geschenkt werden. Je mehr es die Übungen vermögen, dem Entsendungskandidaten bewusst zu machen, dass er als „Outsider" (kulturell und unternehmensbezogen) auf Interpretations- und Kommunikationsunterschiede trifft, desto höher ist die Wahrscheinlichkeit, dass er versucht, Kommunikationsstörungen zu überwinden. Geeignet sind Seminare, Rollenspiele, Simulationen und kommunikative Übungen, die das Zuhören, Beobachten, Einschätzen von Erwartungen und Einstellungen, aber auch das „Sich-mitteilen" und Kooperationsvermögen fördern. Unterbewertet wird häufig die Fähigkeit, zuhören zu können. Aktives Zuhören ermöglicht nicht nur den Erhalt von Informationen, sondern umfasst auch das „Wie" der Informationsübergabe und trägt damit zum Wissen um die Kommunikationscodes eines Landes bzw. Unternehmens bei. Der Inhalt einer zu übermittelnden Botschaft ist auf Grund der Aufgabengebundenheit und dem Fach- und Sachwissen der Fach- und Führungskräfte meist klar und festgelegt. Die Art und Weise der Informationsweitergabe hingegen ist oft unzureichend ausgebildet. Ziel des Trainings ist deshalb einerseits die verbale Kommunikation zu verbessern und andererseits für die nonverbale Kommunikation zu sensibilisieren. Auch Mimik, Gestik, Tonfall und

das gesamte äußerliche Erscheinen sind (auch kulturabhängig) vielseitig deutbar und bedürfen der Interpretation.
Bei allen Typen von Kommunikationsübungen ist die gemeinsame Auswertung der Hauptbestandteil. Wenn in den Übungen bewusst wird, dass es nicht einfach ist, einen Sachverhalt so in Worten wiederzugeben, dass ihn der Gesprächspartner eindeutig versteht, wird offensichtlich, wie wichtig es ist, im Feed-back zu erfahren, warum etwas falsch verstanden wurde oder warum ein bestimmter Ausdruck der nonverbalen Kommunikationen gerade so verstanden wurde. Besondere Bedeutung erhält dieses Training für die interkulturelle Kommunikation. So eignen sich die angeführten Übungen insbesondere für eine multikulturell zusammengesetzte Teilnehmergruppe.

Instrumente:

- Case method: Beispielhaft ist eine Projektaufgabe, bei der die multinational zusammengesetzte Projektgruppe eine Aufgabe bearbeitet, die sich über mehrere Kulturräume erstreckt. Die internationale Gruppenzusammensetzung erfordert erhöhte Sensibilität und Kompromissfähigkeit sowie notfalls die Revision bisheriger Verhaltensweisen, um die erwünschte Teamarbeit zu erreichen. Die Teilnehmer müssen einen empirischen Fall aktiv in Teamarbeit und unter Rückgriff auf das Wissen der gesamten Gruppe lösen.[17] So könnte die multikulturell zusammengesetzte Projektgruppe z. B. mit folgenden Fragestellungen konfrontiert werden: Woran krankt die Zusammenarbeit mit einer bestimmten Auslandsgesellschaft? Warum ist eine bestimmte Arbeitsorganisation für das spezifische Land effektiver? Warum löst ein bestimmter Führungsstil Konflikte mit Mitarbeitern aus? Im Auswertungsverfahren sollten Stärken und Schwächen des Teams anhand von Interviews, Gruppendiskussionen, Einschätzungsfragebögen analysiert sowie (interkulturelle) Hindernisse und Konflikte aufgearbeitet werden.

- Rollenspiel und Simulationen: Geeignete Rollenspiele und Simulationen fokussieren inhaltlich spezifische Konfliktsituationen während eines Auslandeinsatzes. Ein Beispiel wäre das wechselseitige Coaching zwischen Stammhausführungskräften und denen aus Auslandsgesellschaften in Verbindung mit Unternehmensplanspielen: Die Teilnehmer simulieren die Leitung eines Unternehmens im jeweiligen Ausland. Die Vertreter der Auslandsgesellschaft übernehmen die Aufgabe Arbeits-, Markt- und Umweltsituation realistisch wiederzugeben, während die Kulturoutsider situationsbezogene Entscheidungen treffen müssen. Die

---

17 Vgl. dazu die Erläuterungen zur „case method" von Dülfer, 1991, S. 463.

Kulturinsider erklären anschließend, welches Verhalten angebracht wäre. Daraufhin stellen die Angehörigen einer Kultur ihre Vorgehensweisen wie Methoden der Präsentation, Verhandlungs- und Mitarbeiterführung, Motivations- und Kritikäußerungstechniken vor. Kurz, sie geben eine Einführung in Unternehmens-, Kommunikations- und Führungskultur ihres Herkunftlandes, die dann im Gruppengespräch mit den Outsidern analysiert werden. Die Auseinandersetzung mit Meinungen, Ideen, aber auch Kritik – beeinflusst durch die unterschiedliche kulturelle Herkunft der Gruppenmitglieder – kann Problemerkenntnis und -lösungsmöglichkeiten verbessern und uniformes Denken überwinden helfen. Ein gemeinsames Projekt im Anschluss könnte das Entwickeln eines Führungskonzeptes sein, das eine synergetische Kombination der unterschiedlichen Führungsstile darstellt und das auf breites Verständnis und Akzeptanz stößt.

> Cultural synergy through collaboration emphasizes similarities and common concerns, integrating differences to enrich human activities and systems. By combining the best in varied cultures and seeking the widest input, multiple effects and complex solutions can result. (Harris & Moran, 1991, S. 11)

Die Projektteilnehmer sollen die Möglichkeit erhalten, ihren Führungsstil, ihre Umgangsformen, Mitarbeitermotivations-Instrumente an den Konzepten, die die übrigen Projektteilnehmer bevorzugen, zu überprüfen und notfalls an das Entsendungszielland anzupassen. Eine weitere Übung im Rahmen des wechselseitigen Trainings wäre der Einsatz von so genannten Kulturassimilatoren: Die Angehörigen eines Kulturkreises entwickeln Fragebögen, die verschiedene interpersonelle Beziehungen und Situationen beschreiben und bieten entsprechende Handlungsalternativen (multiple choice) für die Kulturfremden an. Anschließend werden die Fragen gemeinsam bearbeitet und die Kulturinsider geben zusätzliche Erläuterungen ab.[18]

Funktionsrolle als „Kulturdolmetscher": Die Übernahme der „Kulturdolmetscherfunktion" durch Entsendungskandidaten für Besucher aus ausländischen Tochtergesellschaften. Die Betreuung des Auslandsgastes durch den Entsendungskandidaten sollte sich nicht nur auf unternehmensinternes Arbeiten und Leben beschränken, sondern auch Freizeit- und Kulturunternehmungen einbeziehen. Das betriebliche Ausbildungswesen sollte die Kandidaten bei der Programmerstellung unterstützen und im Nachhinein Erfahrungen der „Kulturdolmetscher" in Kursen aufarbeiten helfen.

---

18 Das klassische Modell des „Cultural Assimilator" erläutert Stiefel, 1978, passim.

3.5.4 Die betriebliche Datenbank

Als Maßnahme der verbesserten Informationsversorgung kann die Unternehmensabteilung „Betriebliche Bildung" eine firmeninterne Datenbank erstellen, die in verschiedene Auslandseinsatzorte und unterschiedliche Sachbereiche aufgeteilt wird. Diese Datenbank kann sowohl mit Hilfe der bereits oben angesprochenen Informationsträger als auch mit Hilfe von Befragungen bereits zurückgekehrter Entsandter erstellt und aktualisiert werden:[19]

Daten zur Bevölkerung

Arbeitsmentalität und Lebensgewohnheiten, Bildungs- und Wissensstand, Arbeitseinstellung bzw. Motivationselemente, Lebensstandard, Größe und Zusammensetzung, dominierende Wertvorstellungen und Verhaltensregeln.

Daten zu politischen Verhältnissen, Stabilität des Regierungssystems

Machtverteilung, Regierungssystem, Stabilität, Freiheiten und Beschränkungen, Rechtssystem, Entwicklungstendenzen, politische Ziele und Prioritäten, denn „... politics shapes the economy" (Baliga & Baker, 1985, S. 30), aber auch über die Beziehungen zu Gewerkschaften, Organisationsgrade und der Macht von Verbänden.

Daten zur Kultur

Ausdrucksmöglichkeiten spiegeln sich u. a. in Essens- und Trinkgewohnheiten, Tradition, Sprache, Kunst und Musik, Freizeitgestaltung und Religionen wider.

Geographische Merkmale

Lage, Größe, Ressourcen, klimatische Bedingungen, Reiseattraktivität.

---

19 Mögliche Erhebungskategorien, die der Einschätzung der Rückkehrer unterbreitet werden könnten, sind: "Wie sind die Umgangsformen der Mitarbeiter untereinander?", "Nach welchen Wertmaßstäben werden Positionen an Arbeitnehmer verteilt?", „In welchen Strukturen wird Arbeit organisiert (Hierarchien, Entscheidungsfindung, Arbeitszeitaufteilung, Teamarbeit oder Individualarbeit, Technologisierungsgrad, Qualifikationsniveau der Arbeitnehmer...)?", „Sind die Mitarbeiter mit der Arbeitsorganisation einverstanden (Motivationsstand)?", „Wie ausgeprägt, einheitlich ist die Unternehmenskultur?"

Daten zum Gesundheitssystem und der sozialen Absicherung

Es ist zu klären, auf welche Infrastruktur bezüglich der medizinischen Versorgung der Entsandte zurückgreifen kann und inwieweit die soziale Absicherung unangetastet bleibt.

Besonderheiten aus der Perspektive „Landeserfahrener"

Die zurückgekehrten Mitarbeiter halten Sachverhalte und Erfahrungen fest, die für sie als Fremde im spezifischen Ausland von besonderer Bedeutung waren, oder sie beschreiben spezifische Eigenschaften des Landes, mit denen sie persönlich größere Schwierigkeiten hatten. Im Trainingsprogramm kann dann gemeinsam auf die Überwindung solcher Kulturbarrieren eingegangen werden. So können Verunsicherungsprozesse, die im kulturell fremdartigen Milieu leicht entstehen, im Voraus aufgefangen werden.

Neben der Bereitstellung dieser „hard facts" sollte zur Interessenwahrnehmung des Entsandten ein Stellvertreter im Stammhaus benannt werden, der sich um die Belange des Entsandten patenschaftlich kümmert und mit seiner Wiedereingliederung ins Stammhaus nach beendetem Auslandseinsatz betraut ist. Die permanente Interessenwahrnehmung während der Zeit der Nichtanwesenheit in der Zentrale fördert die Mobilitätsbereitschaft von Führungskräften in nicht zu unterschätzendem Ausmaß.

Literatur

Asgary, N. & Walle, A.H. (2002). The cultural impact of globalisation: Economic activity and social change. *Cross Cultural Management 9*(3), 58-70.

Baliga, G. M. & Baker, J. C. (1985). Multinational Corporate Policies for Expatriate Managers: Selection, Training, Evaluation. *SAM Advanced Management Journal 50*, (4), p. 30.

Batchelder, D. & Warner, E. (Eds.). (1977). *Beyond experience: The experiential approach to cross-cultural education*. Brattleboro, BT: Experiment in International Living.

Best, O., Blättner, K., Knotz, A. u. a. (1993). Der Euro-Manager. In H. Hardes & H. Wächter (Hrsg.), *Personalmanagement in Europa: Anforderungsprofile, Rekrutierung, Auslandsentsendung*. Wiesbaden: DUV.

Bhawuk, D. P. S. & Triandis, H. C. (1996). The Role of Culture Theory in the Study of Culture and Intercultural Training. In D. Landis & R. S. Bhagat (Eds.), *Handbook of intercultural training* (2nd edition). London, New Delhi: Sage Publications.

Brewster, Ch. (1995). Effective Expatriate Training. In J. Selmer (Ed.), *Expatriate management: new ideas for international business*. Westport: Quorum Books.

Brislin, R. W., Cushner, K., Cherrie, C. & Yong, M. (1986). *Intercultural interactions: A practical guide*. Beverly Hills, CA: Sage Publications.

Brislin, R. W. & Yoshida, T. (1984). *Improving intercultural interactions: Modules for cross-cultural training programs*. Thousand Oaks, CA: Sage Publications.

Clackworthy, D. (1992). Training von Stammhausfach- und -führungskräften für den Auslandseinsatz. In N. Kumar & H. Haussmann (Hrsg.), *Handbuch der Internationalen Unternehmenstätigkeit*. München: Beck.

Copeland & Grigg (Kassetten,, 1983,, 1987). *Going International* (1983) und *Valuing Diversity* (1987), erhältlich bei Copeland Griggs Productions, 302 23rd Avenue, San Francisco, CA 94121.

Djarrahzadeh, M. (1993). *Internationale Personalentwicklung – Ausländische Führungskräfte in deutschen Stammhäusern*. Wiesbaden: Deutscher Universitäts-Verlag.

Dülfer, E. (1991). *Internationales Management in unterschiedlichen Kulturbereichen*. München und Wien: Oldenbourg.

Engelhard, J. & Wonigeit, J. (1991). Euro-Manager: Veränderungen der Qualifikationsanforderungen an Manager durch die EG-Binnenmarktentwicklung. In R. Marr (Hrsg.), *Euro-strategisches Personalmanagement*. München und Mering: Hampp.

Götz, K. & Häfner, P. (2010). *Didaktische Organisation von Lehr- und Lernprozessen. Ein Lehrbuch für Schule und Erwachsenenbildung* (8., überarbeitete Auflage). (Reihe: „Grundlagen der Weiterbildung). Augsburg: Ziel-Verlag.

Götz, Klaus & Iwai, I. (Hrsg.). (2000). *Entwicklung und Struktur des japanischen Managementsystems*. (Reihe: „Managementkonzepte", hrsg. von K. Götz, Band 14). München und Mering: Hampp.

Götz, K. & Bleher, N. (2007). Zur Entwicklung transnationaler Unternehmensidentitäten in einer Weltgesellschaft. *Zeitschrift für Personalforschung, 21*(2), 118-137.

Götz, K. & Bleher, N. (2006). Toward the Transnationalization of Corporate Culture. In C. Mann & K. Götz (Eds.), *Borderless Business. Managing the Far-Flung Enterprise*. (Chapter 13, pp. 295-311). Westport (USA): Praeger Publishers

Götz, K. & Diel-Khalil, H. (1999). *Ethnologie und Organisationsentwicklung* (2. Auflage). München und Mering: Hampp.

Govindarajan, V. & Gupta, A.K. (2001). *The quest for global dominance; Transforming global presence into global competitive advantage*. San Francisco: Jossey-Bass.

Gudykunst, W. B. (1994). *Briding differences: Effective intergroup communication.* (2nd edition). Thousand Oaks, CA: Sage Publications.

Gudykunst, W., Guzley, R. M. & Hammer, M. R. (1996). Designing Intercultural Training. In D. Landis & R. S. Bhagat (Eds.), *Handbook of intercultural training* (2nd edition). London and New Delhi: Sage Publications.

Harris, Ph. & Moran, R. T. (Eds.). (1991). *Managing Cultural Differences* (3nd edition). Houston, Texas: Gulf Publishing Company.

Hawes, F. & Kealey D. J. (1981). An empirical study of Canadian technical assistance: Adaptation and effectiveness on overseas assignment. *International Journal of Intercultural Relations, 5*, pp. 239-258.

Hofstede, G. (1992). Die Bedeutung von Kultur und ihren Dimensionen im Internationalen Management. In N. Kumar & H. Haussmann (Hrsg.), *Handbuch der Internationalen Unternehmenstätigkeit*. München: Beck.

Hofstede, G. (1993). Cultural Dimensions in People Management. In V. Pucik, N. M. Tichy & C. K. Barett (Eds.), *Globalizing Management – Creating and Leading the Competititve Organisation*. New York.

Hoopes, D. & Ventura, P. (Eds.). *Intercultural sourcebook: Cross-cultural training methodologies*. Washington, DC: Society for intercultural Education, Training and Research.

House, R.J., Hanges, P.W., Javidan, M., P. Dorfman & V. Gupta (Eds) (2004). *Culture, Leadership, and Organizations: The GLOBE Study of 62 Societies*. New York: SAGE.

House, R., Javidan, M., Hanges, P. & P. Dorfman (2002). Understanding cultures and implicit leadership theories across the globe: an introduction to project. *Journal of World Business*.

Kammel, A. & Teichelmann, D. (1994). *Internationaler Personaleinsatz: konzeptionelle und instrumentelle Grundlagen*. München und Wien: Oldenbourg.

Kealey, D. J. (1996). The Challenge of International Personnel Selection. In D. Landis & R. S. Bhagat (Eds.), *Handbook of intercultural training* (2nd edition). London and New Delhi: Sage Publications.

Keller, E. (1992). Untersuchungen. In N. Kumar & H. Haussmann (Hrsg.), *Handbuch der Internationalen Unternehmenstätigkeit*. München: Beck.

Laurent, A. (1991). Relationship between Culture and Management. *Personalleiter-Gazette, 1* (2), 1.

Mann, C. & Götz, K. (Eds.). (2006). *Borderless Business. Managing the Far-Flung Enterprise*. Westport (USA): Praeger Publishers.

Murdock, G. (1971). *The Outline fo cultural materials* (4th edition). New Haven, CT: Human Relations Area Files.

Passenberger, E. & Glaum, M. (1994). Kommunikationsprobleme bei der Steuerung ausländischer Tochtergesellschaften. In E. Pausenberger (Hrsg.), *Internationalisierung von Unternehmungen – Strategien und Probleme ihrer Umsetzung*. Stuttgart: Schäffer-Poeschel.

Peuker, L., Schmal, O. & K. Götz (2002). Interkulturelles Coaching für Expatriates im Ausland. *Personalführung, 11,* 40-47.

Porter, M.E. (2004a). *The Global Competitiveness Report 2004-2005*. New York: Palgrave MacMillan.

Porter, M.E. (2004b). Competitive Advantage. Creating and Sustaining Superior Performance. New York: Simon & Schuster Inc..

Pugh, D. S. (1933). Cultural differences in attitudes und values. In Th. D. Weinshall (Ed.), *Societal culture and management*. Berlin and New York: de Gruyter.

Rosenstiel, L. von (1994). Motivation durch Mitwirkung: Wege und Ziele des Lernens. In L. M. Hofmann & E. Regnet (Hrsg.), *Innovative Weiterbildungskonzepte: Trends, Inhalte und Methoden der Personalentwicklung in Unternehmen*. Göttingen: Hofgrefe.

Stahl, G. K. (1998). *Internationaler Einsatz von Führungskräften*. München, Wien: Oldenbourg.

Stiefel, R. Th. (1978). *Internationale Managementschulung und Training für den Einsatz in fremden Ländern*. Frankfurt am Main: RKW, Schriftenreihe: Lernen und Leistung.

Thomas, A. (2003). Interkulturelle Kompetenz - Grundlagen, Probleme und Konzepte. *EWE, 14,* 1, 137-150.

Tocqueville, A. de (1959). *Über die Demokratie in Amerika* (Herausgegeben von J. P. Mayer). Frankfurt am Main und Hamburg: Fischer.

Torbiörn, I. (1982). *Living Abroad: Personal Adjustment and Personnel Policy in the Overseas Setting*. New York: Wiley.

Trompenaars, F. (1993). *Handbuch Globales Managen: Wie man kulturelle Unterschiede im Geschäftsleben versteht*. Düsseldorf, Wien, New York, Moskau: Econ.

Wirth, E. (1992). *Mitarbeiter im Auslandseinsatz: Planung und Gestaltung*. Wiesbaden: Gabler.

Interkulturelles Managementtraining

Jürgen Bolten

Interkultureller Trainingsbedarf aus der Perspektive der Problemerfahrungen entsandter Führungskräfte

Recherchiert man im Interkulturellen Portal als dem derzeit größten deutschsprachigen „Marktplatz" für interkulturelle Personalentwicklungsmaßnahmen (www.interkulturelles-portal.de), stößt man auf eine unüberschaubare Zahl von Angeboten und Anbietern von interkulturellen Sensibilisierungstrainings, E-Coachings, internetunterstützten interkulturellen Planspielen, interkulturellen Teamtrainings oder kulturspezifischen Vorbereitungskurse für nahezu alle Regionen der Welt: Das Spektrum der Dienstleistungen mit interkultureller Thematik scheint gegenwärtig einem ungebremsten Wachstum zu unterliegen.

Deutlich ernüchternder fällt allerdings eine Prüfung der inhaltlichen und methodischen Vielfalt der Angebote aus. Nach wie vor scheint die Arbeit mit „Kulturdimensionen"-Befunden aus den siebziger Jahren des vergangenen Jahrhunderts *en vogue* zu sein; genauso wie der Rückgriff auf Trainingstypen, die etwa zur gleichen Zeit in den USA – allerdings speziell für US-amerikanische Multikulturalitäts-Kontexte – entwickelt wurden. Und so existiert neben zahlreichen sehr innovativen und zielgruppengerechten Angeboten ein relativ gleich bleibendes Repertoire interkultureller Trainings, das sich seit Jahren mehr oder minder beständig reproduziert (vgl. Konradt/Behr 2002). Auch wenn dies häufig damit entschuldigt wird, dass den Trainern neben ihrem Alltagsgeschäft keine Zeit zur Erarbeitung neuer Konzeptionen bliebe: für die allseits geforderte Akzeptanzverbesserung interkultureller Personalentwicklungsmaßnahmen ist eine solche Reproduktionsdynamik wenig hilfreich, weil den aktuellen Zielgruppenbedürfnissen kaum mehr Rechnung getragen werden kann.

Um z. B. für Führungskräfte zielgruppengerecht interkulturelle Trainings konzipieren und durchführen zu können, ist ein detailliertes Wissen hinsichtlich der konkreten Anforderungen und Probleme des jeweiligen interkulturellen Handlungskontextes unverzichtbar. Jede Maßnahme ist ein Unikat – und zwar nicht nur in Hinblick auf die beteiligten Personen, sondern in sämtlichen konzeptionellen Details. Und je detaillierter ein Zielgruppen-Briefing erfolgt, desto größer ist die Chance inhaltlich und methodisch dem individuellen Anforderungsprofil gerecht zu werden.

In diesem Sinne können die nachstehenden Überlegungen zu Rahmenbedingungen von Konzeptualisierungen interkultureller Trainings auch nur ergänzende Anregungen bieten. Im Einzelnen sollen die folgenden – dementsprechend übergreifenden – Fragestellungen erörtert werden:

- Mit welchen Problemstellungen sehen sich entsandte Führungskräfte besonders häufig konfrontiert? Der exemplarische Fall deutscher Entsandter in Japan und den USA. (I)
- Reichen die landläufig unter dem Begriff „interkulturelle Kompetenz" subsumierten Kenntnisse, Fähigkeiten und Fertigkeiten aus, um die tatsächlichen Probleme „vor Ort" bewältigen zu können? (II)
- Greifen die derzeit gängigen Trainingstypen diese Problemaspekte auf und vermitteln sie in umfassendem Sinn interkulturelle Kompetenz? (III)
- Wie sollten interkulturelle Personalentwicklungsmaßnahmen konzipiert sein, um erstens dem aktuellen theoretischen Anforderungsniveau, zweitens dem tatsächlichen Bedarf international tätiger Mitarbeiter und drittens den organisatorischen Möglichkeiten des Personalmanagements weitgehend gerecht zu werden? (IV)

I

In Bezug auf die beruflichen, sozialen und privaten Probleme entsandter Führungskräfte liegen bislang kaum konkrete Daten in umfangreicherer Form vor. Unternehmensinterne Berichte, denen entsprechende Informationen entnommen werden könnten, sind in der Regel nicht standardisiert, und selbst wenn sie es wären, würden sie verständlicherweise nicht an die Öffentlichkeit gegeben werden. Andererseits ist das Wissen um derartige Probleme unabdingbar, um eine gezielte und effiziente Auslandsvorbereitung vornehmen zu können.

In diesem Zusammenhang kommt einer Studie von Stahl zum internationalen Einsatz von Führungskräften (Stahl 1998) das Verdienst zu, erstmals mit Hilfe der an die Critical Incident Technique angelehnten Interviewform der „Verlaufserkundung" (Franke/Kühlmann 1985, Stahl 1998, 125) umfangreichere Daten zu Problemkontexten deutscher Entsandter ermittelt zu haben. Bei den Befragten handelt es sich um Führungskräfte der oberen und mittleren Ebene, die (a) bis zu zwei Jahren, (b) zwischen zwei und sechs Jahren und (c) über sechs Jahre in den USA oder in Japan tätig waren.

Grundsätzlich konnte festgestellt werden, dass Entsendungsprobleme stärker vom Einsatzland als von der Hierarchieebene oder der Aufenthaltsdauer abhängen (Stahl 1998, 173). Von daher ist auch Vorsicht geboten, wenn nachfolgend von „den" Problemen entsandter Führungskräfte die Rede ist. So werden beispielsweise Problemklassen wie Sprache/ Kommunikation, Geschäftspraktiken und Gastlandkontakte in Japan erheblich schwerwiegender erfahren als in den USA, während hier rechtliche und bürokratische Probleme weit häufiger auftreten als in Japan (ebd. 171f). Wenngleich es daher methodisch nicht korrekt ist, Problembefunde ohne entsprechende Länderdifferenzierungen darzustellen, eignen sich derartige Generalisierungen dennoch, um zumindest Orientierungen hinsichtlich der tatsächlichen Problemkontexte zu gewinnen. Offenkundig ist freilich, dass Maßnahmen zur Auslandsvorbereitung schon aus diesem Grund länder- bzw. regionenspezifisch und -soweit Daten vorliegen- unter Berücksichtigung der jeweiligen konkreten Problemsituation konzipiert werden müssen.

Fasst man die von Stahl gewonnenen Ergebnisse zur Häufigkeit von Problemklassen bei den Entsandten in den USA und in Japan zusammen und differenziert sie nach der Aufenthaltsdauer, so ergibt sich folgendes Bild:

Problemklasse/ Beispiele	*Häufigkeit insgesamt (N = 116)*	*< 2 Jahre (N = 24)*	*2-6 Jahre (N = 54)*	*> 6 Jahre (N = 38)*
Reintegration (berufliche/ private Rückkehrprobleme, Zukunftsängste)	65%	46%	76% ↗	61% ↘
Stammhausbeziehungen (Autonomiekonflikt, fehlende Unterstützung)	60%	50%	61% ↗	63% →
Personal/ Führung (Personalbeschaffung, -führung, -entwicklung)	48%	50%	48% →	47% →
Sprache/ Kommunikation (Verständigungs-/ Orientierungsprobleme)	47%	58%	54% →	32% ↘
Gastlandkontakte (fehlende/ unbefriedigende Kontakte)	44%	46%	50% →	34% ↘
Arbeitszeit/ -menge (lange Arbeitszeiten, Termindruck, Geschäftsreisen)	43%	25%	56% ↗	37% ↘
Entsandtenrolle (Interessen-/ Loyalitätskonflikte, Vermittlerrolle)	39%	29%	35% ↗	50% ↗
(Ehe-)Partner (Fehlende Arbeitsmöglichkeiten, Isolation)	38%	58%	44% ↘	16% ↘
Lebensqualität (Freizeit, Wohnverhältnisse, Klima)	35%	33%	37% →	34% →
Arbeitsinhalte/ -abläufe (Aufgabenneuheit, Überforderung, interne Abläufe)	29%	33%	30% →	26% ↘
Geschäftspraktiken (Kontaktaufbau, abweichende Geschäftsgepflogenheiten)	23%	22%	22% →	26% ↗

Nach: Stahl (1998, 157 u. 171)

In bezug auf die Intensität, mit der die einzelnen Problemklassen erfahren werden, resultiert bis auf zwei deutliche Ausnahmen eine ähnliche Rangfolge: Partnerprobleme werden überproportional häufig als besonders intensiv erfahren, während Gastlandkontakte hinsichtlich ihrer Intensität zumeist als tolerierbar eingestuft werden (ebd., 158). Offenkundig sowohl in Hinblick auf die Intensität als auch die Häufigkeit der Problemklassen ist jedoch die Tatsache, dass die Einzelprobleme nie losgelöst aus ihrem Interdependenzverhältnis mit anderen Problemklassen gesehen werden können: Wenn die Problemklasse Sprache/Kommunikation stark ausgeprägt ist, wird dies Einflüsse auf Gastlandkontakte, die Entsandtenrolle usw. nach sich ziehen.

Eine Interpretation der Daten aus Sicht der interkulturellen Trainingsforschung legt in einem ersten Schritt folgende Befunde nahe:

Sämtliche Problemklassen enthalten Aspekte, die mehr oder minder direkt auf die Spezifik der interkulturellen Handlungskontexte im Ausland bezogen sind. Daher ist die üblicherweise vorgenommene Differenzierung zwischen „harten" und „weichen" Faktoren der Entsendung weder plausibel noch hilfreich. Interkulturelle Personalentwicklungsmaßnahmen sollten vielmehr das Zusammenspiel (und die faktische Undifferenzierbarkeit) beider Bereiche bewusst thematisieren und in dieser Weise integrativ verfahren.

- Nur für den geringeren Teil der angeführten Problemklassen gilt, dass die Häufigkeit und Intensität ihres Auftretens nach 2 bzw. 6 Jahren abnimmt. In der überwiegenden Zahl der Fälle ist eine gleichbleibende oder auch zunehmende Virulenz der Probleme festzustellen. Daraus folgt, dass interkulturelle Trainings, die als off-the-job-Maßnahmen der Entsendung vorgeschaltet sind, nicht ausreichen. Ein viel stärkeres Augenmerk sollte stattdessen auf Betreuungsmaßnahmen während der Entsendungszeit gelegt werden. Entsprechende Möglichkeiten bieten –wie noch zu zeigen sein wird- Trainings-on-the-job, aber auch spezifische Formen des Coachings.

- Die am häufigsten und intensivsten auftretenden Problemklassen, nämlich „Reintegration" und „Stammhausbeziehungen" sind gleichzeitig diejenigen, die am wenigsten unmittelbar durch interkulturelle Handlungskontexte verursacht sind, die aber durchaus interkulturelle Probleme (z.B. durch die Einengung von Handlungsspielräumen) hervorrufen können. Von daher ist es plausibel, dass interkulturelle Personalentwicklung nur dann erfolgreich zu sein vermag, wenn sie als Bestandteil einer übergreifenden interkulturellen Organisationsentwicklung realisiert wird (Bolten 2000, Brajer 1998, Breuer/Barmeyer 1998).

II

„Interkulturelle Kompetenz" firmiert in der interkulturellen Trainingsforschung und mehr noch in der Praxis als eine Art Zauberwort, um entsprechende Personalentwicklungsmaßnahmen bedarfsgerecht konzipieren, vermarkten und durchführen zu können. Unbeschadet der zum Teil sehr stark divergierenden Vorstellungen hinsichtlich dessen, welche Teilkompetenzen einer interkulturellen Kompetenz zuzuordnen seien, besteht Übereinstimmung in jedem Fall darin, eine wirksame Prophylaxe in Bezug auf die Problemstellungen interkultureller Handlungszusammenhänge zu schaffen. Generell auffallend ist hierbei ein relativ ausgeprägtes Vermeidungsdenken, so dass zumeist der Eindruck erweckt wird, interkulturelle Kompetenz bestünde primär in der Verhinderung von Krisensituationen, nicht aber in der Entwicklung von Synergiepotentialen. Hierauf soll weiter unten noch näher eingegangen werden.

Um das Spektrum dessen, was als interkulturelle Kompetenz bezeichnet werden kann, sinnvoll einzugrenzen, ist es letztlich unverzichtbar, jene zumeist intuitiv eingesetzten Bewältigungsformen zu kennen, auf die in realen Problemkontexten primär zurückgegriffen wird.

Bezogen auf die genannten Problemklassen hat Stahl im Rahmen seiner Interviews den Einsatz eine Reihe derartiger Bewältigungsformen ermittelt, die deutsche Entsandte (wiederum in Japan und den USA; N = 966) vorzugsweise einsetzen. Aufschlussreich ist hierbei der Vergleich zwischen der Häufigkeit des Einsatzes spezifischer Formen der Problembewältigung und dem jeweils kontextbezogen ermittelten Erfolgsrating:

Bewältigungsform	Beispiel	Häufigkeit %	Häufigkeit (Rang)	Bewältigungserfolg	B.-erfolg (Rang)
Problemumbewertung	Bagatellisieren	36%	1	2,20	5 ↑
Situationskontrolle	Verantwortungsübernahme	27%	2	1,92	10 →
Identitätsbewahrung	Ethnozentrismus	25%	3	0,59	16 ↓
Positiver Vergleich	Situationsaufwertung	24%	4	2,22	4 ↑
Duldung/ Akzeptanz	resignatives Abfinden	22%	5	0,39	17 ↓
Negativer Vergleich	Ethnozentrismus	21%	6	0,10	18 ↓
Instrumentelle Hilfen	Feedbacksuche, Delegieren	20%	7	2,19	6 ↑
Erwartungsanpassung	Erwartungsänderung	19%	8	1,45	12 →

Beziehungsaufbau	Kontakte knüpfen	18%	9	2,38	3 ↑
Perspektivenwechsel	Einfühlung	18%	10	1,16	13 →
Konfliktentschärfung	Kompromißbildung	17%	11	2,10	8 ↑
Assimilation	Normübernahme	17%	12	2,19	7 ↑
(Kultur-)Lernen	Beobachtungslernen	16%	13	2,76	1 ↑
Zukunftsorientierung	Optimismus	15%	14	1,77	11 →
Problemlösehandeln	Problemanalyse	15%	15	1,95	9 →
Selbstentlastung	Fremdbeschuldigung	14%	16	0,99	14 ↓
Konfrontation	Aggression	13%	17	0,92	15 ↓
Organisationsmaßn.	Regeleinführung	9%	18	2,43	2 ↑

* Mittelwert M = 0-4: erfolgreich: M > 2,0 (↑); uneinheitlich: M 1,0 - 1,99 (→); erfolglos: M < 1 (↓) nach Stahl (1998, 183 u. 201)

Die in der internationalen Praxis am häufigsten eingesetzten Bewältigungsmaßnahmen sind offenkundig keineswegs auch die erfolgreichsten. Im Gegenteil: Mit „Identitätsbewahrung", „Duldung/ Akzeptanz" und „Negativvergleich" rangieren die drei erfolglosesten Strategien unter den sechs am häufigsten praktizierten Maßnahmen, während die drei erfolgreichsten Maßnahmen, nämlich „(Kultur-)Lernen", „Organisationsmaßnahmen ergreifen", „Beziehungsaufbau und -pflege" eher selten realisiert werden. Bezogen auf die o. g. Problemklassen stellt Stahl fest, dass nur ungewohnte Arbeitsinhalte und -abläufe auch tatsächlich wirksam gelöst werden (ebd. 208).

Für die interkulturelle Trainingsforschung folgt hieraus, dass es keineswegs ausreicht, Trainingsmaßnahmen ausschließlich an positiv zu bewertenden Kompetenzen zu orientieren. Mit gleicher Dringlichkeit sollten auch die Konsequenzen negativer Strategien thematisiert werden. Ähnlich wie bei der Häufigkeit und der Intensität des Auftretens der unterschiedlichen Problemklassen gilt auch für die Bewältigungsmaßnahmen, dass sie regionenabhängig und über den Entsendungszeitraum hinweg unterschiedlich eingesetzt werden (ebd. 198, 343), womit das Plädoyer für eine intensivere entsendungsbegleitende Betreuung i. S. eines Coachings nochmals zu bekräftigen ist.

Setzt man die aus der Praxis der interkulturellen Managementtätigkeit heraus ermittelten Befunde zur Häufigkeit und Intensität von Problemen sowie zu erfolgreichen Formen ihrer Bewältigung in Relation zu dem, was in der Trainingsforschung bzw. -praxis mit dem Lernziel „Interkulturelle Kompetenz" verbunden wird, so ergeben sich z. T. recht deutliche Divergenzen. Da auf die äußerst umfangreiche und kontrovers geführte Diskussion um den Begriff „interkulturelle Kompetenz" an dieser Stelle nicht ausführlicher Bezug genommen werden kann, muss die Darstellung auf eine knappe (und damit notwendigerweise auch vergröbernden) Skizze des diesbezüglichen state of the art beschränkt bleiben.

Unbeschadet sehr unterschiedlicher inhaltlicher Detailbestimmungen des Begriffs „Interkulturelle Kompetenz" (vgl. Dinges/Baldwin 1996, Benseler 2003, Rathje 2006) wird die von Gertsen (1990) vorgeschlagene übergreifende Differenzierung in affektive, kognitive und verhaltensbezogene Dimensionen interkultureller Kompetenz immer noch weitgehend akzeptiert. Eine der ausführlichsten Zuordnungen von Teilkompetenzen zu diesen Dimensionen hat Stüdlein (1997, 154ff) vorgenommen, wobei sie allerdings sehr ausdrücklich sowohl auf die Vagheit der Forschungsresultate hinweist als auch darauf, dass nicht alle der genannten Merkmale in allen Situationen und unabhängig von den spezifischen interkulturellen Kontexten erfolgreich sind. Erweitert um weitere als wesentlich einzustufende Teilaspekte wie Rollendistanz und Metakommunikationsfähigkeit in der Fremdsprache (u. a. Bolten 2000) ergibt sich folgende Strukturierung interkultureller Kompetenz:

Affektive Dimension	*Kognitive Dimension*	*Verhaltensbezogene Dimension*
• Ambiguitätstoleranz • Frustrationstoleranz • Fähigkeit zur Stressbewältigung und Komplexitätsreduktion • Selbstvertrauen • Flexibilität • Empathie, Rollendistanz • Vorurteilsfreiheit, Offenheit, Toleranz • Geringer Ethnozentrismus • Akzeptanz/ Respekt gegenüber anderen Kulturen • Interkulturelle Lernbereitschaft	• Verständnis des Kulturphänomens in bezug auf Wahrnehmung, Denken, Einstellungen sowie Verhaltens- und Handlungsweisen • Verständnis fremdkultureller Handlungszusammenhänge • Verständnis eigenkultureller Handlungszusammenhänge • Verständnis der Kulturunterschiede der Interaktionspartner • Verständnis der Besonderheiten interkultureller Kommunikationsprozesse • Metakommunikationsfähigkeit	• Kommunikationswille und -bereitschaft i. S. der initiierenden Praxis der Teilmerkmale der affektiven Dimension • Kommunikationsfähigkeit • Soziale Kompetenz (Beziehungen und Vertrauen zu fremdkulturellen Interaktionspartnern aufbauen können)

Im Gegensatz zu älteren Konzeptionen interkultureller Kompetenz werden heute vor allem zwei Aspekte in grundlegend anderer Weise perspektiviert: Innerhalb der *kognitiven Dimension* ist eine einseitige Gewichtung fremdkulturellen Wissens abgelöst worden durch ein gleichwertiges Verhältnis des Wissens um eigen-, fremd- und interkulturelle Prozesse. Für die Trainingsforschung impliziert dies eine Neuorientierung in mehrfacher Hinsicht: (a) Faktenorientiert-deskriptives Denken wird ersetzt durch erklärende Ansätze (in Bezug sowohl auf Eigen- als auch Fremdkultur); (b) kulturvergleichende Betrachtungen werden erweitert um interaktionsorientierte, da das Wissen um kulturelle Unterschiede noch nichts darüber aussagt, wie ein konkreter Interaktionsprozess zwischen Angehörigen dieser Kulturen verlaufen wird.

Mit der Ergänzung der *affektiven* durch die *verhaltensorientierte Dimension* wird der Tatsache Rechnung getragen, dass die der affektiven Dimension zugeordneten Eigenschaften und Einstellungen auch adäquat in Verhalten und Handlungen umgesetzt werden müssen, um interkulturell erfolgreich agieren zu können. Zweifellos sind solche Beschreibungen interkultureller Kompetenz sehr komplex, und es stellt sich die berechtigte Frage, inwieweit Teilkompetenzen insbesondere der affektiven Dimension tatsächlich spezifisch für interkulturelles Handeln sind. So zählen Frustrationstoleranz, Flexibilität oder Selbstvertrauen fraglos zu grundlegenden Kompetenzen eines erfolgreichen Führungsverhaltens schlechthin.

Hier zeigt sich, dass es methodisch keineswegs unproblematisch ist, interkulturelle Kompetenz als eigenständigen Bereich einer allgemeinen Handlungskompetenz zu verstehen. Sinnvoller wäre es wahrscheinlich, von einer übergreifenden internationalen Handlungskompetenz zu sprechen, die sich aus den interdependenten Bereichen der individuellen, sozialen, fachlichen und strategischen Kompetenz konstituiert und dabei jeweils auf Merkmale der beschriebenen interkulturellen Kompetenz rekurriert. Ansonsten wird mit großer Wahrscheinlichkeit z.B. die Tatsache ausgeblendet, dass das beste Fachwissen im internationalen Handlungskontext nicht viel nützt, wenn es nicht unter Bezugnahme auf das realisiert wird, was oben als interkulturelle Kompetenz bezeichnet worden ist. Die Konsequenz wäre eine weitere Verhärtung des wenig einträglichen und in der Alltagspraxis irrelevanten Gegensatzes von „weichen" und „harten" Faktoren internationalen Handelns.

Für eine Integration interkultureller Teilkompetenzen in den Gesamtrahmen internationalen Handelns spricht nicht zuletzt auch die dargestellte Bestandsaufnahme der Problembereiche und Bewältigungsstrategien im internationalen Wirtschaftsalltag. Denn gerade für die primären Problemklassen wie Reintegration und Stammhausbeziehungen gilt, dass sie einerseits in einem ursächlichen Zusammenhang mit dem Erfolg oder Misserfolg des Interaktionsverhaltens der

Entsandten vor Ort stehen, dass sie andererseits aber für sich genommen nicht unmittelbar dem Bereich interkultureller Kompetenz zugeordnet werden können und dementsprechend auch aus Trainings ausgeblendet werden. Ähnliches gilt in Bezug auf einige der als erfolgreich eingestuften Problembewältigungsmaßnahmen: Der Einsatz von instrumentellen Hilfen und Organisationsmaßnahmen (z. B. Regelfestlegung) wird in der Literatur nicht als Bestandteil interkultureller Kompetenz genannt, weil dies eher als allgemeine strategische Fähigkeit verstanden wird. Wie gezeigt werden konnte, sind aber gerade diese Strategien (wie auch z.b. Problemumwertung oder positiver Vergleich) für den Erfolg interkulturellen Handelns in der internationalen Wirtschaft entscheidend und dürfen dementsprechend nicht abgekoppelt von interkultureller Kompetenz betrachtet werden.

Eine solche Integration interkultureller Kompetenz in den Bereich internationalen Management-Handelns insgesamt lässt sich wie folgt darstellen:

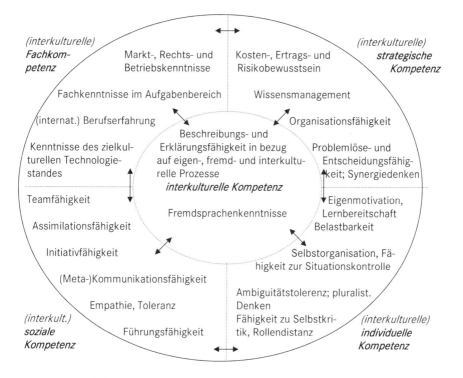

Abb. 1: Komponenten interkultureller Management-Kompetenz

Wie die vier Kompetenzfelder des äußeren Bereiches untereinander interdependent sind, so gilt gleiches jeweils in Bezug auf den Bereich interkultureller Kompetenz So realisiert sich beispielsweise das Problemlöseverhalten als Teil der strategischen Kompetenz immer in Wechselwirkung sowohl mit fachlichen, individuellen und sozialen als auch interkulturellen Teilkompetenzen und umgekehrt. In diesem Sinn prägt das – wie auch immer ausgewogene - Zusammenspiel der äußeren vier Kompetenzfelder jede Form beruflichen Handelns, während der Bezug dieser Dynamik auf die innere Kreisfläche als dem eigentlichen interkulturellen Handlungsfeld als interkulturelle Kompetenz bezeichnet werden kann. So wie allgemeine „Handlungskompetenz" keine fünfte Kompetenz *neben* Personalkompetenz, Sozialkompetenz, Fachkompetenz und Methodenkompetenz darstellt (Erpenbeck 2001), so ist auch interkulturelle Kompetenz vermutlich nichts anderes als ein synergetisches Resultat des Interdependenzverhältnisses dieser vier Teilkompetenzen, sofern sie auf ein interkulturelles Handlungsfeld bezogen sind.

Die Bedeutung der Interdependenz der Einzelkompetenzen für den Handlungserfolg wird deutlich, wenn man die Gründe für das Scheitern von Auslandsentsendungen näher analysiert (Kiechl/Kopper 1992, 112f, Warthun 1997, 116f, Stüdlein 1997, 91ff). Hier zeigt sich, dass gerade die am häufigsten genannten Misserfolgsursachen wie etwa mangelnde Anpassung an die neue Umwelt, unrealistische Erwartungshaltungen, familiäre/ persönliche Probleme, Führungsschwäche oder unzureichende Einlösung der Stammhausinteressen nicht auf Defizite in einem einzigen der genannten Kompetenzbereiche zurückgeführt werden können. So setzt Teamfähigkeit in einer fremdkulturellen Umwelt das gelungene Zusammenspiel von fachlicher, strategischer, interkultureller individueller und sozialer Kompetenz beispielsweise in dem Sinne voraus, dass jemand in der Lage sein muss, fachlich fundierte Entscheidungsprozesse kommunikativ so zu steuern, dass innerhalb eines internationalen Teams eine größtmögliche kognitive und emotionale Akzeptanz entsteht. Fremdsprachenkenntnisse, Führungsfähigkeit, Empathie oder fremdkulturelles Wissen sind hierfür u. a. Voraussetzung, führen aber – jeweils für sich genommen - noch nicht zum Erfolg.

In einer Art Umkehrschluss gilt für die Konzeption interkultureller Personalentwicklungsmaßnahmen und Trainings, dass sie der Komplexität ihres Lernziels dann nicht gerecht werden, wenn sie nicht in der Lage sind, (a) affektive, kognitive und verhaltensbezogene Aspekte interkultureller Kompetenz miteinander zu verknüpfen und sie (b) in einen Handlungszusammenhang zu integrieren, der das Zusammenspiel mit den anderen genannten Teilbereichen internationaler Kompetenz einschließt (vgl. Kiechl 1997). Um keine Missverständnisse aufkommen zu lassen: Es geht natürlich nicht darum, in interkulturellen Trainings beispielsweise grundlegende strategische Kompetenzen zu vermitteln, sondern darum, erfahrbar und zugleich begreifbar zu machen, wie sich erworbene strategische Kompetenzen in interkulturellen Handlungskontexten bewähren oder nicht und welche Auswirkungen dies z. B. auf die jeweilige individuelle und soziale Handlungsfähigkeit hat. Dementsprechend sollte die Entwicklung und Verbesserung interkultureller Kompetenz unter dem Aspekt ihres Anwendungsbezugs im internationalen Wirtschaftsalltag integrativ und nicht als Selbstzweck erfolgen.

III

Auch wenn in der interkulturellen Trainingsforschung und -praxis zunehmend ein kognitiv-/ verhaltensorientierter Methodenmix propagiert wird (Stüdlein 1997, 323), ist die Trainingsstrukturierung durchweg immer noch der isolierten Förderung von ziel- oder interkulturellen Einzelkompetenzen verpflichtet. In Anlehnung an die von Gudykunst/Guzley/Hammer (1996) vorgeschlagene Typologisierung interkultureller Trainings lassen sich gegenwärtig vier Trainingstypen ausmachen:[1]

Kulturübergreifend-informatorische Trainings	Kulturspezifisch-informatorische Trainings
• Culture-general Assimilator • Seminare zur interkulturellen Kommunikationstheorie, Kulturanthropologie und kulturvergleichenden Psychologie • Trainingsvideos • Diskursanalytisch fundierte Trainings • Fallstudienbearbeitung	• Culture-specific Assimilator • Fremdsprachenunterricht • Kulturspezifische Seminare zu Geschichte, Alltagsgeschichte und Wertewandel eines Kulturraums • Fallstudienbearbeitung
Positiv: Hoher kognitiver Lerneffekt in bezug auf das Verständnis interkultureller Kommunikationsprozesse.	*Positiv:* Tiefgehendes Verständnis in bezug auf die Entwicklung eines spezifischen kulturellen Systems ist möglich, sofern nicht nur deskriptiv, sondern auch erklärend verfahren wird.
Negativ: Zumeist eher akademischer Ansatz, der von Führungskräften als zu abstrakt bewertet wird.	*Negativ:* Bei deskriptivem oder faktenhistorischem Vorgehen Reduktion auf Do's and Taboos; damit Gefahr der Stereotypenverstärkung.

---

1 Zu Beispielen und Quellenangaben für die einzelnen Trainingstypen siehe ausführlich Gudykunst/Guzley/Hammer (1996).

Kulturübergreifend-interaktionsorientierte Trainings	Kulturspezifisch-interaktionsorientierte Trainings
• Interkulturelle Workshops (multikulturelle Gruppen) • Simulationen, Rollenspiele zur interkulturellen Sensibilisierung • Self-Assessment-Fragebögen	• Bikulturelle Communication Workshops • Kulturspezifische Simulationen • Verhandlungs-Rollenspiele • Sensitivity-Trainings
Positiv: Interkulturalität wird bei kulturell gemischten Gruppen erfahrbar.	*Positiv: Semiauthentische Erfahrung von wirtschaftsbezogenem interkulturellen Handeln, sofern das Training bikulturell besetzt ist.*
Negativ: Simulationen etc. sind oft fiktiv und werden von den Teilnehmern nicht ernstgenommen.	*Negativ: Kulturspezifische Kenntnisse werden in der Regel nicht vermittelt.*

Kulturübergreifend-informatorische Trainings werden in Unternehmen relativ selten angeboten und sind eher dem Kanon einer Universitätsausbildung zuzurechnen. Als Beispiele zu nennen sind u. a. Seminare zur Theorie interkultureller Kommunikation, zur Kulturanthropologie und zur kulturvergleichenden Psychologie sowie umfangreichere Fallstudienbearbeitungen.

Kulturspezifisch-informatorische Trainings sind kognitiv orientiert und werden im Rahmen von Personalentwicklungsmaßnahmen in Deutschland zur Zeit am häufigsten durchgeführt. Sie bauen auf Studien der kulturvergleichenden Managementforschung auf und umfassen Informationen zum Zielland insbesondere in Bezug auf Führungsstilmerkmale und alltagskulturelle Handlungskonventionen.

Als problematisch erweisen sich Trainings dieses Typs dann, wenn sie kulturspezifische Merkmale lediglich beschreiben, nicht aber in ihrem komplexeren kulturhistorischen Zusammenhang erklären. Hierzu zählt ein deskriptives Vorgehen nach dem sog. 4D-Modell (Hofstede 1980) ebenso wie Culture-Assimilator-Übungen, die sich bei der Analyse kritischer interkultureller Interaktionssituationen auf Lösungsvorgaben nach dem multiple-choice-System beschränken. In beiden Fällen resultiert ein an „Do's und Taboos" ausgerichtetes Rezeptwissen, das eher stereotypenbildend als stereotypenabbauend wirkt.

Für ein Verständnis komplexer kultureller Systemzusammenhänge und -entwicklungen besser geeignet sind Ansätze, die Kultur als Kommunikationsprodukt verstehen und dementsprechend umgekehrt über die Analyse von Kommunikation spezifische kulturelle Stilmerkmale zu erschließen versuchen. Um individuenspezifische Varianzbreiten weitgehend ausschließen zu können, erweist sich diesbezüglich ein Zugang über kulturvergleichende Analysen kommunikativer (als kultureller) Stile (Geschäftsberichte, Verkaufsprospekte etc.) sinnvoller als eine Untersuchung mündlicher Kommunikationsprozesse.

Kulturübergreifend-interaktionsorientierte Trainings: Hierzu zählen allgemeinkultursensibilisierende Simulationen und Rollenspiele nach dem Vorbild von "Barnga" oder "Bafa-Bafa". Als Mitglieder fiktiver und zumeist sehr gegensätzlich konstruierter Kulturen müssen die Teilnehmer ein interkulturelles „Dazwischen" aushandeln und realisieren. Im Zentrum stehen hierbei affektive und verhaltensorientierte Lernziele wie Empathie, Ambiguitätstoleranz und der Umgang mit Plausibilitätsdefiziten. Aufgrund ihres mangelnden Realitätsbezugs und der Ausklammerung wirtschaftskommunikativer Aspekte werden derartige Trainings von Führungskräften in der Regel allerdings kaum akzeptiert.

Kulturspezifisch-interaktionsorientierte Trainings setzen als off-the-Job-Trainings Teilnehmergruppen voraus, in denen Personen sowohl aus dem Ziel- als auch aus dem Entsendungsland vertreten sind. Sie werden entweder in der Form von „Sensitivity Trainings" oder aber mittels Planspielen durchgeführt. Das primäre Ziel besteht in der gegenseitigen Auseinandersetzung mit Vorurteilen, Stereotypen und Verhaltenskonventionen. Als kontraproduktiv können sich derartige Trainings erweisen, wenn mangels Teilnehmern aus den Zielkulturen Mitglieder der eigenen Kultur entsprechende „Rollen" übernehmen.

Die Problematik, die alle der genannten Trainingstypen verbindet, besteht darin, dass für sich genommen keiner in der Lage ist, der Komplexität des Lernziels „interkulturelle Kompetenz" gerecht zu werden: Die beiden erstgenannten Trainingstypen vermitteln kulturelle Kenntnisse bzw. ein Wissen *über* interkulturelles Handeln; sie sind jedoch nicht in der Lage, Interkulturalität erfahrbar zu machen. Bezogen auf den Alltag der zu Entsendenden bleiben sie daher abstrakt. Die beiden letztgenannten Trainingstypen sind unter der Voraussetzung einer entsprechenden Teilnehmerauswahl zwar geeignet, um Interkulturalität auch tatsächlich zu erzeugen. Hierbei bleiben jedoch insbesondere die rollenspielorientierten culture awareness-Seminare in Bezug auf die Berufspraxis der Entsandten weitgehend inhaltsleer.

Der in jüngster Zeit verschiedentlich vorgeschlagene Methodenmix bietet demgegenüber zwar den Vorteil, dass innerhalb eines einzelnen Trainings kognitive und verhaltensbezogene Aspekte kombiniert werden (u. a. Stüdlein 1997, 323). In der Praxis erfolgt diese Kombination jedoch im Sinne eines vormittags-/nachmittags-Schemas in der Regel additiv und nicht integrativ, was nicht zuletzt auch zu Lasten der Intensität des Vermittelten geht.

IV

Integrierte interkulturelle Trainings, die im Rahmen von mehrsprachigen Planspielen interaktionsorientierte und informatorische Aspekte verknüpfen, stehen erst am Beginn der Entwicklung. Langfristig dürften solche integrierten Trainingsformen jedoch schon deshalb auf positive Resonanz stoßen, weil aufgrund der ständig wachsenden internationalen Fusionsgeschwindigkeit und der damit verbundenen kurzfristigeren Entsendungsentscheidung die Vorbereitungszeit off-the-job auch zunehmend knapper bemessen sein wird: Für eine Ausbildung, die außer dem von Unternehmen nach wie vor primär eingestuften Fremdsprachenunterricht (Scherm 1995, 173; Schreyögg u. a. 1995, 86) unterschiedliche Trainings der o. g. Typen beinhaltet, steht bereits heute das notwendige Zeitbudget nicht zur Verfügung. Integrierte Trainings hingegen sind hinsichtlich ihres Entwicklungsaufwandes zwar sehr umfangreich, bieten aber den Vorteil, dass sie ohne weiteres z.b. als multinationale Unternehmensplanspiele konzipiert und damit auch auf die fachlichen und strategischen Anforderungen des realen Aufgabenumfeldes der Teilnehmer zugeschnitten werden, so dass eine prozessorientierte Integration der verschiedenen Teilbereiche internationaler Kompetenz möglich wird (Bolten 2000). Zwischengeschaltete Plenarphasen können dazu dienen, den Verlauf des (sinnvollerweise videounterstützt durchgeführten) Planspiels gemeinsam mit den Teilnehmern in Hinblick auf die Spezifik interkulturellen Handelns zu resümieren und aufgetretene negative Problembewältigungsstrategien (Identitätsbewahrung, negativer Vergleich etc.) bewusst zu machen. Sie bieten darüber hinaus auch die Möglichkeit, unter dem Aspekt eines planspielbezogenen Inputs informatorische Einschübe in Bezug auf kulturspezifisches Wissen vorzunehmen. Insofern wird ein relativ hoher Integrationsgrad in bezug auf Kompetenzen, Methoden, Zielgruppen, Lernziele und Inhalte erreicht; der aufgrund der erzielten Effizienzsteigerung nicht zuletzt auch zu einer Akzeptanzverbesserung interkultureller Trainings off-the-job beitragen kann (Bolten 1998).

Selbst unter der Vorraussetzung, dass interkulturelle Trainings *off-the-job* in beschriebenem Sinne integrativ, prozessorientiert und arbeitsplatznah konzipiert sind, können sie die Komplexität der Entsendungsrealität nur bedingt antizipieren. Aus diesem Grund erweisen sich interkulturelle Personalentwicklungsmaßnahmen *on-the-job* heute als nahezu unverzichtbar. Die oben ausgewerteten Befunde der Untersuchung von Stahl (1998) geben hierbei allerdings auch mehr als deutlich zu erkennen, dass sich die internationale Personalentwicklung on-the-job nicht auf look-and-see-trips, Briefings durch Ziellandangehörige bzw. Repatriates und einführende Mentorenprogramme beschränken kann (Schreyögg u. a. 1995, 95). Notwendig ist vielmehr eine permanente Betreuung vor Ort, die einerseits auf das internationale Teambuilding focussiert ist, die andererseits aber auch individuelle Problemkontexte zu erkennen in der Lage ist. Dies gilt – wie gezeigt- insbesondere in Hinblick auf Problemklassen, die ihre stärkste Ausprägung nicht zu Beginn, sondern erst im weiteren Verlauf der Entsendungszeit aufweisen (Reintegration, Stammhausbeziehungen, Arbeitszeit/ -menge, Entsandtenrolle, Geschäftspraktiken).

Vielversprechend erscheint diesbezüglich das Konzept des interkulturellen Coachings (vgl. Stüdlein 1997, 328ff; Breuer/Barmeyer 1998, Mönikheim 1998, Thomas/ Kinast/ Schroll-Machl in diesem Band). Bei einem solchen Coaching, das sich auch unter den Begriff der „Prozessberatung" subsumieren ließe, werden bi- oder multinationale Arbeitsgruppen während ihres –eo ipso „interkulturellen"- Interagierens am Arbeitsplatz von einem interkulturell kompetenten Coach begleitet und im Rahmen von Teamsessions aktiv in die Auswertung der (z.B. per Video dokumentierten) Beobachtungen einbezogen

Die Idee des Coaches wird derzeit in einem Pilotprojekt der Daimler-Benz Aerospace wie folgt konkretisiert: „Als 'neutrale' Person, die nicht auf die Inhalte fixiert ist und nicht für das inhaltliche Ergebnis Verantwortung tragen muss, hat sie den Kopf frei, um sich auf die Prozess- und interkulturelle Ebene zu konzentrieren und, wo nötig, sie auch zu thematisieren. Gleichzeitig wird dadurch ein Bewusstseins- und Lernprozess in Gang gesetzt. Das Team hat die Möglichkeit, an und mit seinen eigenen realen Problemen zu lernen und so ein tieferes Verständnis für die Auswirkungen der kulturellen Unterschiede in ihrem täglichen Arbeitsleben zu entwickeln" (Mönikheim 1998, 117).

Die Vorteile eines solchen Coachingverfahrens liegen auf der Hand, da einerseits der Zeitaufwand für gesonderte interkulturelle Trainings off-the-job entfällt oder zumindest stark reduziert wird. Andererseits kann – beispielsweise auch via E-Coaching - sehr unmittelbar auf Dysfunktionen interkultureller Teamprozesse (vgl. Diel-Khalil/Götz 1999, 98f) bzw. auf individuenspezifische Problemaspekte reagiert werden.

Auch wenn diesbezüglich noch keine Erfahrungsberichte vorliegen, dürfte sich die „neutrale" Rolle des Coaches allerdings nicht in jedem Fall als unproblematisch erweisen. So stellt sich sicherlich die Frage, inwieweit ein externer Beobachter von internationalen Teams akzeptiert und integriert wird, bzw. inwieweit dessen Gegenwart nicht unter Umständen auch Einfluss auf den „natürlichen" Interaktionsprozess der Gruppe nimmt.

Langfristig wäre es vor diesem Hintergrund sicherlich empfehlenswert, wenn die inhaltlich involvierten Teammitglieder im Sinne eines „Intercultural Officer" (Schreier 2001) selbst die Kompetenz interkultureller Coaches erlangen würden.

Dies setzt freilich eine kontinuierliche interkulturelle Organisationsentwicklung voraus, die derzeit zumeist noch als Vision zu betrachten ist, weil der überwiegende Teil der gegenwärtigen Generation von Führungskräften in der Regel nur am Rande mit interkulturellen Ausbildungsinhalten konfrontiert worden ist.

Auch aus diesem Grund wird künftig viel stärker als bisher ein grundlegendes Maß an interkultureller Kompetenz zu den wesentlichen Qualifikationsmerkmalen des internationalen Führungskräftenachwuchses *vor* Berufseintritt zählen müssen.

Aktuelle Bestrebungen einer Reihe deutscher Universitäten und Fachhochschulen, wirtschaftswissenschaftliche Studiengänge mit Fremdsprachenkursen, Cultural-Studies-Seminaren und Veranstaltungen zur interkulturellen (Wirtschafts-)kommunikation zu kombinieren, bzw. eigenständige integrierte Studiengänge wie „BWL/ Interkulturelles Management" oder „Interkulturelle Wirtschaftskommunikation" einzurichten, stellen diesbezüglich einen wichtigen Baustein dar (Bergmann/ Bergmann 2005). Idealiter müsste dies durch eine Vermittlung entsprechender grundlegender Kenntnisse und Fertigkeiten bereits im Sekundarstufenbereich. untermauert werden. Unter solchen Voraussetzungen wäre es dann in der Tat denkbar, dass sich der Schwerpunkt interkultureller Personalentwicklung künftig auf Maßnahmen on-the-job wie Coaching und Prozessberatung verlagern könnte.

Kurzfristig ist eine solche Veränderung freilich nur sukzessive realisierbar, so dass es nach wie vor durchaus sinnvoll und wichtig erscheint, neben dem Aufbau interkultureller Coachingmaßnahmen auch weiterhin interkulturelle Trainings off-the-job anzubieten. Dies sollte jedoch nicht auf den „Brandfall" der Entsendungsentscheidung beschränkt sein, sondern im Sinne des Konzepts eines eigenverantwortlichen „lebensbegleitenden Lernens" (Achtenhagen/Lempert 1999) erfolgen. Als geeignetes Instrument der Personalentwicklung kann in diesem Zusammenhang unternehmensintern ein (internationaler) Weiterbildungspass eingeführt werden, der Führungskräfte sämtlicher Ebenen dazu anhält, innerhalb eines bestimmten Zeitraums über die Teilnahme an internationalen Personalentwicklungsmaßnahmen eine bestimmte Mindestanzahl an „credit points" zu erwerben. Von der Art und Weise der Sollerfüllung können dann z.B. Entsendungsentscheidungen abhängig gemacht werden. Bei der Gewichtung der Maßnahmen in Hinblick auf die jeweils zuzuordnenden credit points sollten integrierte Trainings zwar höher gewichtet werden als punktuelle. Auf letztere sollte jedoch gerade im Sinne des lebensbegleitenden Lernens keineswegs verzichtet werden - zumindest dann nicht, wenn sie auf konkrete Problemerfahrungen des jeweiligen Zielgruppentypus hin konzipiert sind.

Literatur

Achtenhagen/ Lempert 1999 = Frank Achtenhagen/ Wolfgang Lempert: Lebenslanges Lernen. Ms. Göttingen/ Berlin 1999.

Barmeyer/ Stein 1998 = Christoph Barmeyer/ Volker Stein, Deutschland denkt's, Frankreich tut's? Die virtuelle Personalabteilung im Kulturvergleich. In: C. Barmeyer/ J. Bolten (Hg.), Interkulturelle Personalorganisation. Sternenfels/ Berlin 1998, 71-106.

Benseler. u. a. 2003 = Frank Benseler u. a. (Hrsg.): Interkulturelle Kompetenz – Grundlagen, Probleme und Konzepte. In: Erwägen, Wissen, Ethik Jg. 14, H.1, 137-228.

Bolten 1998 = Jürgen Bolten, Integrierte interkulturelle Trainings als Möglichkeit der Effizienzsteigerung und Kostensenkung in der internationalen Personalentwicklung. In: C. Barmeyer/ J. Bolten (Hg.), Interkulturelle Personalorganisation. Sternenfels/ Berlin 1998, 157-178

Bolten 1999 = Jürgen Bolten, InterAct. Ein wirtschaftsbezogenes interkulturelles Planspiel für die Zielkulturen Australien, Deutschland, Frankreich, Großbritannien, Niederlande, Rußland, Spanien und USA. Sternenfels/Berlin 1999.

Bolten 2000 = Jürgen Bolten: Internationales Personalmanagement als interkulturelles Prozessmanagement: Perspektiven für die Personalentwicklung internationaler Unternehmungen. In: A. Clermont/ W. Schmeisser (Hg.), Personalführung und Organisation. München 2000, 841-856

Bolten 2006 = Jürgen Bolten: Förderung interkultureller Kompetenz durch E-Learning. In: A. Hohenstein/ K. Wilbers: Handbuch E-Learning, H.16

Brajer 1998 = Jens Brajer: Corporate Identity und soziales Handeln. In: Christoph Barmeyer/ Jürgen Bolten (Hg.), Interkulturelle Personalorganisation. Sternenfels/ Berlin 1998, 59-70

Breuer/ Barmeyer 1998 = Jochen P. Breuer/ Christoph I. Barmeyer: Von der interkulturellen Kompetenz zur Kooperationskompetenz. Beratung und Mediation im deutschfranzösischen Management. In: Christoph Barmeyer/ Jürgen Bolten (Hg.), Interkulturelle Personalorganisation. Sternenfels/ Berlin 1998, 179-202

Diel-Khalil/ Götz 1999 = Helga Diel-Khalil / Klaus Götz: Ethnologie und Organisationsentwicklung. In: Dies. (Hg.), Ethnologie und Organisationsentwicklung. München/Mering 1999, 85-114

Dinges/ Baldwin 1996 = Dinges, Norman G./ Baldwin, Kathleen D.: Intercultural Competence. A Research Perspective. In: Dan Landis/ Rabi S. Bhagat: Handbook of Intercultural Training. Thousand Oaks/ London/ New Delhi 1996, 106-123

Erpenbeck 2001 = John Erpenbeck: Wissensmanagement als Kompetenzmanagement. In: G. Franke (Hg.): Komplexität und Kompetenz. Ausgewählte Fragen der Kompetenzforschung

Franke/ Kühlmann 1985 = J. Franke und T. M. Kühlmann: Erkunden. Zur Handhabung einer variantenreichen Führungsaufgabe. In: Zeitschrift für Führung und Organisation 54 (1985), 337-341

Gertsen 1990 = M.C.Gertsen, Intercultural competence and expatriates. In: The International Journal of Human Resource Management 1(1990) No.3, 341-362

Gudykunst/ Guzley/ Hammer 1996 = William B.Gudykunst/ Ruth M.Guzley/ Mitchell R.Hammer, Designing Intercultural. In: D. Landis/ R. S.Bhagat, Handbook of Intercultural Training. Thousan Oaks/ London/ New Dehli 1996, 61-80.

Hasenstab 1998 = Michael Hasenstab, Interkulturelles Management. Sternenfels/ Berlin 1998.

Herzog/Peña 2002 = Julia Herzug/ Jorge Pena: Personalentwicklung mittelständischer Unternehmen für internationale Märkte. Ein computergestütztes interkulturelles Assessment Center. In: www.Interculture-online 1 (2001), 2.

Hofstede 1980 = Geert Hofstede, Culture's Consequences. Beverly Hills 1980

Horsch 1996 = Jürgen Horsch, Reif fürs Ausland? In: Personalwirtschaft 7/1996, 22-24.

Kiechl 1997 = Rolf Kiechl, Interkulturelle Kompetenz. In: E. Kopper/ R. Kiechl (Hg.), Globalisierung: von der Vision zur Praxis. Zürich 1997.

Kiechl/ Kopper 1992 = R. Kiechl/ E. Kopper, Führungskräfte in fremden Kulturen. In: Strutz/ Wiedemann (Hg.), Internationales Personalmarketing. Wiesbaden 1992, 111-123.

Konradt / Behr 2002 = Udo Konradt/ Blanka Behr: Interkulturelle Managementtrainings. Eine Bestandsaufnahme von Konzepten, Methoden und Modalitäten in der Praxis. In: Zs. für Sozialpsychologie 33 (2002), 197-207.

Kühlmann 2004 = Torsten M. Kühlmann: Auslandseinsatz von Mitarbeitern. Göttingen u. a. 2004

Lüsebrink 2005 = Hans-Jürgen Lüsebrink: Interkulturelle Kommunikation. Stuttgart 2005.

Mönikheim 1998 = Sabine Mönikheim, Die Entwicklung des interkulturellen Managements am Beispiel der Dasa. In: C. Barmeyer/ J. Bolten (Hg.), Interkulturelle Personalorganisation. Sternenfels/ Berlin 1998, 107-122.

Müller-Jacquier 2000 = Bernd Müller-Jacquier, Linguistic Awareness of Cultures. Grundlagen eines Trainingsmoduls. In: J. Bolten (Hg.), Studien zur internationalen Unternehmenskommunikation. Waldsteinberg, 30-49

Podsiadlowski/ Spieß 1996 = Astrid Podiadlowski/ Erika Spieß, Zur Evaluation eines interkulturellen Trainings in einem deutschen Großunternehmen. In: Zeitschrift für Personalwesen 1/96, 48-66.

Rathje 2006 = Stefanie Rathje: Interkulturelle Kompetenz – Zustand und Zukunft eines umstrittenen Konzepts. In: Zeitschrift für interkulturellen Fremdsprachenunterricht H. 1, 2006

Scherm 1995 = Ewald Scherm, Internationales Personalmanagement. München/ Wien 1995.

Schmeisser 1999 = Wilhelm Schmeisser: Qualifizierung zur Erreichung interkultureller Kompetenz im Rahmen eines internationalen Management Training Programms. In: Helmut K. Geißner u. a. (Hg.), Wirtschaftskommunikation in Europa. Tostedt 1999, 227-247

Schreier 2001 = Claus Schreier, Kulturelle Integration grenzüberschreitender Akquisitionen. Osnabrück.2001

Schreyögg/Oechsler/Wächter 1995 = Georg Schreyögg, Walter A. Oechsler/Hartmut Wächter: Managing in a European Context. Wiesbaden 1995

Stahl 1998 = Günter Stahl: Internationaler Einsatz von Führungskräften. München/Wien 1998

Südlein 1997 = Yvonne Stüdlein, Management von Kulturunterschieden: Phasenkonzept für internationale strategische Allianzen. Wiesbaden 1997

Thomas/Hagemann 1992 = Alexander Thomas/Katja Hagemann, Training interkultureller Kompetenz. In: N. Bergemann/ A. L. J. Sourisseaux, Interkulturelles Management. Heidelberg 1992, 173-199.

Thomas/Kinast/Schroll-Machl 2003 = Alexander Thomas/E.-U Kinast/S. Schroll-Machl, (Hrsg.): Handbuch interkulturelle Kommunikation und Kooperation. 2 Bände. Göttingen 2003

Warthun 1997 = Nicole Warthun, Zur Bedeutung von interkultureller Kommunikation für ein deutsches Industrieunternehmen. Eine Untersuchung zu den Erfahrungen von Mitarbeitern der Thyssen Stahl AG mit interkultureller Kommunikation. Bochum 1997

Weber 1997 = Susanne Weber, Zur Notwendigkeit des interkulturellen Lernens in der Wirtschaftspädagogik. In: Zs. F. Berufs- und Wirtschaftspädagogik 93, 1997, 30-47.

Winter 1994 = Gerhard Winter, Trainingskonzepte auf dem Prüfstand: Theoriebezug, Ethik, Evaluation. In: Institut für Auslandsbeziehungen (Hg.), Interkulturelle Kommunikation und interkulturelle Trainings. Stuttgart 1994

Wirth 1992 = Ekkehard Wirth, Mitarbeiter im Auslandseinsatz. Wiesbaden 1992.

Udo Konradt

Hypermediale Lernsysteme zum Training interkulturellen Managements

1 Die globale Führungskraft

Die gegenwärtige Globalisierung der Märkte stellt viele Unternehmen vor neue Aufgaben. Durch Fusionierung und strategische Allianzen entstehen zunehmend mehr Unternehmen und Konsortien, die auf globalen Märkten gemeinsam und koordiniert agieren. Diese Tendenz wird durch die Informationstechnik zusätzlich dynamisiert. Das Internet schafft die Voraussetzungen zur Bildung unternehmensübergreifender virtueller Arbeitsgruppen und virtueller Unternehmen, die befristet zusammenarbeiten und deren Mitglieder häufig unterschiedlicher Nationalität sind. Aus Sicht der Fach- und Führungskräfte bedeutet dies, dass sie mit Zulieferern, Kunden und Kollegen anderer kultureller Herkunft kooperieren können müssen. Zusammenfassend liegen die Anforderungen an die globale Führungskraft darin,

- sich in den drei wichtigsten Märkten (Europa, Nordamerika, Asien) auszukennen,
- Kulturen als verschiedene Ausdrücke derselben menschlichen Basiserfahrungen aufzufassen,
- sich an verschiedene Umwelten anzupassen und darin zurechtfinden zu können, ohne das eigene kulturelle Erbe zu vergessen,
- Unterschiede im Umgang mit Menschen anderer Kulturen zu erfassen und zu berücksichtigen,
- die eigenen Werte und Verhaltensweisen zu überprüfen und gegebenenfalls verändern zu können,
- sich als Weltbürger zu verstehen und an der Verbesserung der Lebenschancen und Ausgangslagen mitzuarbeiten (vgl. Schlick, 1989).

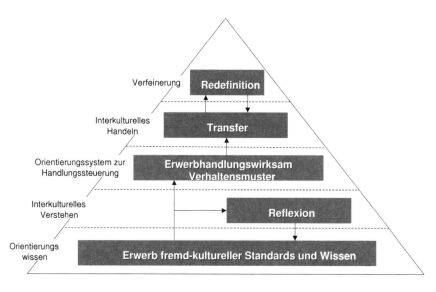

Abbildung 1: Lernzielpyramide interkultureller Trainings

Um diese Anforderungen zu erfüllen ist neben der im engeren Sinne *fachlichen Kompetenz* vor allem die *interkulturelle Kompetenz* (vgl. Spieß, 1997) von Bedeutung. Dazu zählen die Fähigkeit und Bereitschaft

- sich Wissen über fremde Kulturen anzueignen,
- sich in fremde Kulturen hineinzuversetzen und
- die eigene kulturelle Prägung zu reflektieren.

Im Rahmen von systematischen Personalentwicklungsansätzen wird deshalb bei der Auswahl von Managern für den internationalen Einsatz die soziale Umweltorientierung berücksichtigt. Eine Befragung von Personalabteilungen führender Großunternehmen ergab, dass neben strategischem Bewusstsein und Anpassungsfähigkeit an neue Situationen, Merkmale der Sensibilität für andere Kulturen und die Fähigkeit, in internationalen Teams zu arbeiten, Schlüsselmerkmale für den internationalen Einsatz von Manager sind (Barham & Oates, 1991). Zur Diagnostik interkultureller Kompetenz liegen bereits Verfahren vor (Twisk, 1995; Deller, 1996).

Untersuchungen in globalen Teams zeigen jedoch gleichzeitig, dass diese Forderung in der Praxis mit einer Reihe von Problemen verknüpft ist (Hofner Saphire, 1996). Globale Manager verstehen multikulturelle Sichtweisen nicht genau, fassen die Überwindung kultureller Unterschiede nicht als ihre Aufgabe auf, sondern als die anderer Gruppenmitglieder (*bridge people*). Häufig werden auch keine Funktionen und Rollen unterschieden, die Akteure in interkulturellen Teams einnehmen können. Neben der Personalauswahl stellt deshalb die Schaffung interkultureller Kompetenz eine zweite Säule der Personalentwicklung dar.

2 Ein Modell interkulturellen Lernens

Nach Thomas (1994) findet interkulturelles Lernen immer dann statt, „wenn eine Person bestrebt ist, um Umgang mit Menschen einer anderen Kultur deren spezifisches Orientierungssystem der Wahrnehmung, des Denkens, Wertens und Handelns zu verstehen, in das eigenkulturelle Orientierungssystem zu integrieren und auf das eigene Denken und Handeln im fremdkulturellen Handlungsfeld anzuwenden" (S. 3). Interkulturelles Lernen zielt also ab auf den Erwerb der fremdkulturellen Wahrnehmungs-, Denk- und Handlungsmuster, der Reflexion des eigenkulturellen Orientierungssystems, dem Erwerb handlungswirksamer Muster und der Übertragung der erworbenen Kompetenzen auf neue Situationen.

Obgleich keine einheitliche und präzise Definition des Orientierungsbegriffs vorliegt (vgl. zur Diskussion des Orientierungsbegriffs Dadder, 1987) sind damit schon wesentliche Strukturmerkmale der Orientierung bezeichnet.

In Abbildung 1 ist ein Phasenmodell interkulturellen Lernens dargestellt. In der ersten Phase, die dem *Erwerb fremdkulturellen Wissens* (Phase 1) dient, kommt es zu einer Aneignung allgemeinen Orientierungswissens, wie Sprache, Ausdruck und Gewohnheiten. Es dient der Führungskraft einerseits, sich in der fremdkulturellen Umgebung zurecht zu finden und andererseits die anschließende Phase der *Reflexion* (Phase 2) vorzubereiten. Aufgaben der Phase der Reflexion bestehen darin, bereits bestehende fremdkulturelle Auffassungen einer Neubewertung zu unterziehen und die eigenkulturelle Sozialisation und Wahrnehmungsmuster zu relativieren. Ziel ist es, ein interkulturelles Verständnis vor dem Hintergrund der geschichtlichen Entwicklung, Lebensweisen sowie Welt- und Menschenbilder zu erlangen. In der anschließenden Phase, dem *Erwerb handlungswirksamer Verhaltensmuster* (Phase 3), steht der Erwerb konkreter Verhaltensweisen im Vordergrund. Diese Phase zielt darauf ab, ein Orientierungssystem zur Handlungssteuerung in der fremdkulturellen Umgebung zu entwickeln und dient als unmittelbare Vorbereitung zum Praxiseinsatz, der Phase des *Transfers* (Phase 4). In dieser Phase sollen vier Ziele erreicht werden (vgl. Stiefel, 1976). Zunächst werden konkrete Probleme am Arbeitsplatz bewältigt. Zweitens werden Problemlösungen am Arbeitsplatz eingeführt und Bewältigungsmuster erprobt. Ein drittes Ziel besteht in der Vermittlung von Problemlösungen an andere Mitarbeiter in der Abteilung. Das vierte Ziel besteht in der Bewältigung neuer Probleme am Arbeitsplatz durch selbstgeplantes Lernen. Als Folge parktischen interkulturellen Handelns kommt es zu einer Adaption in Form einer *Redefinition* der Handlungsmuster (Phase 5), die eine sukzessive Verfeinerung und Veränderung darstellt.

Interkulturelle Trainings werden selten in dieser idealtypischen Vollständigkeit durchlaufen. Drei Einschränkungen sollen erwähnt werden. Erstens wird mit interkulturellen Trainings nicht immer intendiert, die in aller Regel bereits bestehende Werthaltungen zu verändern. Das Mutterunternehmen kann unter bestimmten markt- und geopolitischen Konstellationen daran interessiert sein, Elemente des eigenkulturellen Verständnis zu exportieren und die Trainingsmaßnahmen gegebenenfalls ethnozentrisch auszulegen (s. Tabelle 1). Im Rahmen des Lernphasenmodells kann dies durch die erste Phase abgedeckt werden.

Der ethnozentrische Manager	... sieht die fremden Kulturen als minderwertig an. Produkte, Dienstleistungen und Vorgehensweisen, die im Mutterland erfolgreich angewendet werden, sollten weltweit exportiert werden. Geprägt durch eine dominante Haltung.
Der polyzentrische Manager	... ist für kulturelle Unterschiede sensibilisiert, kann sie jedoch nicht überwinden. Zweigniederlassungen mit einheimischen Personal werden angestrebt. Geprägt durch eine Laissez-faire Haltung.
Der geozentrische Manager	... hat sich kulturelle Unterschiede angeeignet und ist in der Lage, kulturspezifische Techniken und Vorgangsweisen anzuwenden. Geprägt durch eine aktive, vermittelnde Haltung.

Tabelle 1: Typologie der Werthaltungen von Managern (verändert nach Zucha, 1995, S. 236 f)

Zweitens zeigt die Praxis interkulturellen Trainings, dass nicht zuletzt aufgrund des bestehenden Leistungs- und Kostendrucks insbesondere auf die fortgeschrittenen Trainingsphasen, die eine Prozeßberatung vorsehen, verzichtet wird. Schließlich wird nicht immer sichergestellt, dass das in Weiterbildungsmaßnahmen erworbene Wissen am Arbeitsplatz zur Anwendung kommt. Der Transfer findet oft nicht statt, da die in traditionellen Weiterbildungsmaßnahmen vermittelten Inhalte zu wenig an Praxisprobleme angebunden und zu allgemein präsentiert werden (Beitinger & Mandl, 1992). Es besteht die Herausforderung, dieses Hindernis zu beseitigen, indem die Eigenverantwortung der Mitarbeiter gestärkt wird und damit die Trennung von Arbeitstätigkeit und Qualifizierung zum Teil überwunden wird.

3 Hypermediale Lernsysteme

Computerunterstützte Lernsysteme werden seit geraumer Zeit in der betrieblichen Weiterbildung eingesetzt. Die Einsatzformen des Computers als Trainingsinstrument liegen in Online-Hilfen, Lernprogrammen, tutoriellen Systemen, Simulationen und Problemlösungssystemen. Eine Sonderform computergestützter Lernsysteme stellen hypermediale Lernsysteme dar. Darunter sind Systeme zu verstehen, deren Informationseinheiten (Texte, Bilder, Animationen und Videoclips) durch Hyperlinks in nicht linearer Form untereinander verknüpft sind.

Für multimediale Lernsysteme in der betrieblichen Weiterbildung gibt es zahlreiche Beispiele (Götz & Tschacher, 1995; Friedrich et al., 1997; Tenbusch & Hohenstein, 1997; Schwarzer, 1998; Konradt et al., 1998). Entgegen früheren Formen computerbasierten Trainings ermöglichen hypermediale Lernsysteme dem Benutzer durch die nicht-lineare Organisation der Informationen ein hohes Maß an Individualisierung und Selbststeuerung des Lernverlaufs. Das Ziel, Lernende zu motivieren, sich mit dem Lernstoff auseinanderzusetzen, individuelle geeignete Lösungsmuster zu finden und eine Kontrolle des Lernfortschritts selbständig durchführen zu können, soll dadurch unterstützt werden.

Hypermediale Lernsysteme lassen sich – wie andere Trainingsformen auch – nach verschiedenen Gesichtspunkten klassifizieren. Im Folgenden sind einige Aspekte im Zusammenhang mit interkulturellem Training dargestellt.

- *Inhaltliche Differenzierung.* Unterschieden wird zwischen allgemein kulturellen und kulturspezifischen Trainingsansätzen. Allgemein kulturelle Ansätze zielen auf eine Sensibilisierung für kulturelle Unterschiede ab. Kulturspezifische Ansätze zielen dagegen auf die Besonderheiten in den Gebräuchen, Werten und Interpretationsmustern einer spezifischen Kultur ab.
- *Lernziele.* Interkulturelle Trainingsprogramme können kognitive, affektive und Verhaltensziele beinhalten. Kognitive Lernziele zielen auf den Erwerb von Wissen und die Entwicklung intellektueller Fähigkeiten und Fertigkeiten ab. Zu den affektiven Lernzielen zählen die Veränderung von Einstellungen, Wer-

ten und Interessen. Verhaltensziele sind schließlich auf die Herausbildung von Verhaltensweisen und Handlungsschemata gerichtet.

- *Zeitpunkt der Maßnahme.* Trainingsmaßnahmen können vor oder während des Auslandseinsatzes durchgeführt werden. Während sich die Mehrzahl interkultureller Trainings auf die Vorbereitung beziehen, umfasst die Prozessberatung auch die Unterstützung der Führungskraft während des Einsatzes, insbesondere im Hinblick auf den Umgang mit auftretenden Missverständnissen und Konflikten.
- *Nähe zum Arbeitsort.* Trainings können in Abhängigkeit zur Nähe des Arbeitsortes drei Formen annehmen: Arbeitsplatzferne Trainings (*off the job*) sind u. a. Workshops, Planspiele und Vorträge. Arbeitsplatznahe Trainings (*near the job*) können in Form von Zirkelarbeit, Lernstätten oder Projektgruppen realisiert werden. Trainingsmaßnahmen, die vollends in den Arbeitsplatz integriert sind (*on the job)*, bestehen in Coaching oder Mentoring.
- *Einzel vs. Gruppenmaßnahme.* Trainingsmaßnahmen können als Einzel- oder Gruppenmaßnahme durchgeführt werden, letztere wiederum mono- oder multikultureller Zusammensetzung sein. Auch Mischformen zwischen zunächst monokulturellen Lerngruppen, die zu einem späteren Zeitpunkt multikulturell zusammengesetzt werden, existieren (vgl. Clackworthy, 1996).

Darüber hinaus weisen hypermediale Lernsysteme Besonderheiten auf, die in Tabelle 2 nach Kompetenzen, Lernorganisation, Schulungspersonal und Topologie des Lernfeldes differenziert sind.

Merkmal	Beschreibung	Hypermediale Lernsysteme
Angestrebte Kompetenzen	Lernziele und Lernzuwächse	- Handlungswissen - Auffrischen von bereits Gelerntem - Förderung des beruflichen Transfers
Lernorganisation	Lernprinzipien und Lernformen	- fallorientiertes Lernen - arbeitsplatznahes Lernen - bedarfsorientiertes Lernen
Medien und Instrumente	Unterstützung der Lernprozesse	- hypermediales Lernsystem
Schulungspersonal	Lernkooperation und Lernortkombination	- Weitergabe von Erfahrungswissen durch Kollegen/innen und/oder geschulte Trainer

| Topologie des Lernfeldes | räumlich-örtliche Positionierung | • dezentraler Lernort
• zeitlich unabhängig
• mobiler Lernort |

Tabelle 2: Merkmale und Ansatz hypermedialer Lernsysteme

Mit hypermedialen Lernsystemen können eine Vielzahl von Vorteilen erzielt werden, die im Folgenden zusammenfassend aufgeführt sind.

- *Verbesserung der Vorbereitung.* Schulungsmaterial, das auf verhaltensorientierte Trainingsmaßnahmen vorbereitet, kann vor der Schulung erarbeitet werden, um unter den Teilnehmern(innen) einen vergleichbaren Kenntnisstand zu erzielen. Im Gegensatz zu schriftlichem Material liegt dabei der Anreizwert multimedialer Materialien höher.

- *Steigerung der Lernmotivation.* Die Lernbereitschaft und Teilnahmemotivation kann gesteigert werden, indem die Bedeutung der Vorbereitungsmaßnahmen verdeutlicht wird. Dies ist insbesondere mit Blick auf die Entsendungspraxis von Bedeutung, die zeigt, dass zwischen Entsendungsentscheidung und Ausreise in der Regel lediglich sechs bis zwölf Wochen liegen (vgl. Bittner, 1996), in denen zusätzlich zahlreiche begonnene Vorgänge im Mutterunternehmen abgewickelt werden müssen.

- *Erleichterte Lernbedingungen.* Da die Mitarbeiter(innen) im Ausland häufig unter großem Zeit- und Erfolgsdruck stehen, bieten sich dezentrale und on-the-job-orientierte Trainingsmaßnahmen an, die am (mobilen) Einsatzort selbst stattfinden.

- *Unmittelbare Rückmeldung.* Der Lernende erhält über die Bearbeitung von Wissensfragen und Fallbeispielen ständig Rückmeldung über seinen Lernfortschritt und kann gezielt Lerndefizite aufarbeiten.

- *Fallorientiertes Lernen.* Die Vermittlung von fremdkulturellen Einstellungen, Werten und Normen kann in authentischen, kontext-sensitiven Lernaufgaben vermittelt werden, die sich in Art und Inhalten an realen Situationen aus dem beruflichen Alltag orientieren.

- *Perspektivenwechsel.* Die kognitive Flexibilität des Lernenden kann gefördert werden, indem ein Sachverhalt aus mehreren Perspektiven dargestellt wird. Durch das Anbieten von alternativen Vorgehensweisen und Möglichkeiten der Problemauffassung werden auch individuellen Ansichten Raum gegeben.

- *Gestaltung von Trainingsmaterial.* Für die didaktische und inhaltliche Konzeption von Trainingsmaßnahmen sind Ideenpools im Lernsystem nutzbar. Dabei können Merkmale der Konfliktsituation erfasst und später im Training rekonstruiert werden. Dies dient auch dazu, nahe liegende und vertraute Übungsaufgaben zu entwickeln.

- *Persönliche Lernplattform.* Hypermediale Lernsysteme können durch Annotationen, die die Benutzer hinzufügen, erweitert und dadurch zusätzlich individualisiert werden. So entsteht eine an die persönlichen Voraussetzungen und Erfahrungen angepasste Wissens- und Erfahrungsbasis.

4 Konstruktivistische Lernansätze

Die Gestaltung von Trainingsmaßnahmen stehen im Zusammenhang mit Grundannahmen des Lernens, zu denen behavioristische, kognitive und soziale Lerntheorien zählen. Einen Ansatz der insbesondere im Zusammenhang mit hypermedialen Lernsystemen von Bedeutung ist, stellt der konstruktivistische Lernansatz dar. Im Folgenden werden zwei konstruktivistische Ansätze, der cognitive apprenticeship-Ansatz und der cognitive Anchoring-Ansatz kurz dargestellt und auf die Gestaltung hypermedialer Lernsysteme bezogen.

Der *cognitive apprenticeship-Ansatz* (Collins, Brown & Newmann, 1989) basiert auf der einstufigen Berufsausbildung und wurde auf intellektuelle Aufgaben übertragen. Zunächst bildet der Lernende eine modellhafte Vorstellung von einer Aufgabenlösung, die durch einen Experten vorgestellt wird (modeling). Anschließend soll der Lernende konkrete realistische Aufgaben durch Nachahmung lösen. Die Aufgaben eines Lernsystems im Rahmen des cognitive apprenticeship beziehen sich u.a. auf Aufgaben, bei der die Unterstützung durch Hilfestellungen, Rückmeldungen und Empfehlungen mit zunehmendem Lernfortschritt reduziert und zurückgenommen werden kann.

Der *cognitive anchoring-Ansatz* (Bransford et al., 1990) sieht als Lernform ein Ankerbeispiel, eine Aufgabenstellung oder eine Problemsituation vor, das zu Beginn das Interesse und das Problemverständnis des Lernenden wecken soll. Dabei sollte das Ankerbeispiel einen hohen Grad an Komplexität und Authentizität aufweisen und möglichst realitätsnah und in hinreichendem Umfang unterschiedliche Problemaspekte darzustellen.

Für die Gestaltung von Lernsystemen ergeben sich unter konstruktivistischer Sicht eine Reihe von Prinzipien, die realisiert werden können (Friedrich et al., 1997):

- *Authentizität.* Lernerfahrungen sollten hinsichtlich der Relevanz und des Anwendungsbezugs unmittelbar einleuchten.

- *Situiertheit.* Die Lernenden sollen in Situationen versetzt werden, die den Anwendungskontext deutlich vor Augen führen.
- *Multiple Kontexte.* Anwendungsmöglichkeiten von erworbenem Wissen auf neue Situationen. Lernsysteme sollten unterschiedliche Anwendungssituationen aufzeigen.
- *Multiple Perspektiven.* Es sollten unterschiedliche Sichtweisen und Rollen eingenommen werden. Lernsysteme sollten Sachverhalte aus unterschiedlichen Perspektiven schildern und bearbeiten lassen.
- *Sozialer Kontakt.* Lernsituationen sollten soziale Kontakte und Kontakte zwischen Lernenden und Lehrenden zulassen.

Darüber hinaus müssen bei der Gestaltung eines Lernsystems die Anforderungen der Zielgruppe berücksichtigt werden. Lernende unterscheiden sich in ihren individuellen Fähigkeiten, Motivationen, Interessen, Einstellungen, Zielen und bringen unterschiedliche Voraussetzungen für die Auseinandersetzung mit einem Lernsystem mit.

5 Anwendungsbeispiele

Zum gegenwärtigen Zeitpunkt existieren nur wenige hypermediale Lernsysteme zum Training interkulturellen Managements. Zwei Systeme sollen jedoch beispielhaft skizziert werden.

Für die Förderung der interkulturellen Kommunikation und Management in Innovationsprogrammen der EU wurde ein interaktives Lernprogramm „Innovation across Cultural Borders", ICB) entwickelt (Krewer, 1996). Es zielt darauf ab, in transnationalen Projektteams kulturelle Unterschiede im Führungsstil einzelner Teammitglieder bewusst zu machen, die Teamfähigkeit der Gruppenmitglieder zu entwickeln, zu lernen, mit diesen Unterschieden umzugehen und das gegenseitige Verständnis zwischen Partnern mit unterschiedlichem kulturellem Hintergrund zu verbessern.

ICB ist modular aufgebaut und enthält insgesamt drei Module. Modul 1 enthält sechs Fallbeispiele („Critical incidents"), zu denen jeweils eine von vier Begründungen auszuwählen sind. Das Trainingsprogramm gibt anschließend die Wahrscheinlichkeit wieder, mit der eine gewählte Alternative zutrifft. Modul 2 behandelt Führungsstile (Generelle Regeln vs. Ausnahmen; Bevorzugung individuellen

Handlungsfreiraum vs. Gruppenkonsens; traditionelle vs. Zukunfts-Orientierung), die anhand von zwölf Dilemmata zu bearbeiten sind. In Modul 3 kann ein Selbsttest des persönlichen Managementprofils anhand eines 30-Fragen-Tests durchgeführt werden. ICB bedient sich jedoch nur herkömmlichen Bild- und Textmaterial.

HyperFühr© ist ein interaktives, multimediales Lernprogramm zur zielorientierten Führung für die berufliche Fort- und Weiterbildung von Führungskräften (Konradt et al., 1998). Es besteht aus acht Modulen, u. a. aus (1) zwei Einleitungsmodulen zu Zielen, Aufbau und Interaktionsformen, (2) drei Lernmodulen (Grundlagen, Anwendungsbedingungen, Techniken), (3) zwei Modulen zur Wissensüberprüfung und zum Transfer (Wissenstest und Fallbeispielsammlung) und (4) einem Modul mit Schulungsmaterialien zur Vertiefung und zum weiteren Selbststudium. Die Lernmodule 1 bis 3 weisen einen ähnlichen Aufbau auf. Auf die Formulierung der Inhalte und Lernziele folgt die Präsentation des Fakten- und Anwendungswissens in Form von geschriebenem und gesprochenem Text, Animationen, Grafiken und Videosequenzen. Auf dieser Grundlage wird gegenwärtig ein Cross Cultural Training (HyperCCT©) zur Unterstützung selbsttragender Weiterbildungsstrukturen entwickelt und umgesetzt (Konradt, 1999).

6 Bewertung hypermedialer Lernsysteme

Ähnlich defizitär wie die Entwicklungspraxis stellt sich gegenwärtig zumindest aus wissenschaftlicher Sicht die Bewertung der Wirksamkeit hypermedialer Lernsysteme dar. Erschwert wird die Bewertung dadurch, dass der Nutzen hypermedialer Lernsysteme nicht grundsätzlich zu erfassen ist, sondern im Zusammenhang mit der Aufgabe und den spezifischen Lernbedingungen gesehen werden muss, der Kosten-/Nutzenaspekte alternativer Lernformen mit einbezieht (Schulmeister, 1996). Von wenigen Ausnahmen abgesehen, fehlen bisher insbesondere Untersuchungen zur Wirkungsanalyse im praktischen Einsatz außerhalb des universitären Umfeldes. Gegenwärtig beschränken sich die Aussagen in erster Linie auf die Akzeptanz der Benutzer zu der allerdings zahlreiche Einzelerfahrungen – auch in der Praxis - vorliegen.

Ein Bericht über den Einsatz computergestützten Lernens bei der Daimler-Benz AG (Götz & Tschacher, 1995) zeigte beispielsweise, dass computerunterstützte Lernformen von den Mitarbeitern als sinnvolle Schulungsform anerkannt werden. Besondere Bedeutung kamen dabei der Interaktivität, der Multimedialität und der Adaptierbarkeit an individuelle Bedarfe unter den Benutzern zu.

Erfahrungen der BMW AG mit dem Einsatz eines interaktiven Selbstlernprogramms „Change Management" sowie weiterer multimedialer Instrumente in der Führungskräfteentwicklung sind ebenfalls positiv (Herrmann, 1996). Blumstengel (1998) entwickelte ein hypermediales Lernsystem zum Operation Research. Allerdings war dieses System auf die universitäre Ausbildung beschränkt.

In einer Untersuchung zum computerunterstützten kooperativen Lernen mit Angestellten im Postdienst wiesen Strittmatter et al. (1994) eine hohe Akzeptanz der Benutzer nach. Ähnlich wie Götz und Tschacher (1995) zeigen auch experimentelle Untersuchungen, dass neue Informationsmedien zuallererst an ihrem Informationsgehalt und an der Bedeutung des Themas für die individuelle Lage gemessen werden (Hasebrook & Wagner, 1997). Erst in zweiter Linie ist die multimediale Darstellungsform von Bedeutung.

Das bereits erwähnte System zum Training zielorientierter Führung – HyperFühr© – wurde in einer laborexperimentellen Untersuchung getestet. Die umfassende experimentelle Evaluation des Programms mit 60 zukünftigen Führungskräften befasste sich mit den Fragen, ob das Programm zu einem nachweisbarem Lernerfolg führt, ein Interesse und Lernmotivation bei den Benutzern weckt, welche speziellen Interaktionsformen und Informationsangebote von den Benutzern bevorzugt benutzt werden und ob die Benutzerführung als intuitiv und leicht erlernbar eingeschätzt wird. Es zeigte sich, dass ein deutlicher Lerngewinn eintrat und die Akzeptanz und die Motivation der Lernenden hoch waren.

Hypermediale Lernsysteme werden klassische Seminarangebote zwar auf Dauer nicht ersetzen können, zukünftig aber insbesondere in der Vorbereitungs- und Transferphase einen festen Platz in der betrieblichen Weiterbildung einnehmen. Im Zuge der fortschreitenden Verbreitung und des Einsatzes von videoconferencing im Zusammenhang mit business television und virtual reality wird die Verfügbarkeit an computerbasierten Weiterbildungsangeboten zunehmen.

Literatur

Barham, K. & Oates, D. (1991). *The International Manager.* London: The Economist Books.

Beitinger, G. & Mandl, H. (1992). *Konzeption und Entwicklung eines Medienbausteins zur Förderung des selbstgesteuerten Lernens im Rahmen der betrieblichen Weiterbildung.* Forschungsbericht Nr. 8 des Lehrstuhls für Empirische Pädagogik und Pädagogische Psychologie der LMU, München.

Bittner, A. (1996). Psychologische Aspekte der Vorbereitung und des Trainings von Fach- und Führungskräften auf einen Auslandseinsatz. In A. Thomas (Hrsg.). *Psychologie Interkulturellen Handelns* (S. 316-339). Göttingen: Hogrefe.

Blumstengel, A. (1998). *Entwicklung hypermedialer Lernsysteme*. Berlin: Wissenschaftlicher Verlag Berlin.

Bransford, J.D., Sherwood, R.D., Hasselbring, T.S., Kinzer, C.K. & Williams, S.M. (1990). Anchored instruction: Why we need it and how technology can help. In D. Nix & R. Spiro (Eds.). *Cognition, Education and Multimedia: Exploring Ideas in High Technology* (S. 115-142). Hillsdale NJ: Erlbaum.

Clackworthy, D. (1996). Training germans and americans in conflict management. In M. Berger (Hrsg.). *Cross-Cultural Team Building* (S. 91-100). London: McGraw-Hill.

Cushner, K. & Brislin, R.W. (1996). *Intercultural Interactions. A Practical Guide (2nd Ed.)*. Thousand Oaks: Sage.

Collins, A., Brown, J.S. & Newmann, S.E. (1989). Cognitive apprenticeship: Teaching the crafts of reading, writing and mathematics. In L.B. Resnick (Ed.). *Knowing, Learning and Instruction* (S. 452-494). Hillsdale NJ: Erlbaum.

Dadder, R. (1987). *Interkulturelle Orientierung. Analyse ausgewählter interkultureller Trainingsprogramme*. Saarbrücken: Breitenbach.

Deller, J. (1996). Interkulturelle Eigungsdiagnostik. In A. Thomas (Hrsg.). *Psychologie Interkulturellen Handelns* (S. 283-316). Göttingen, Hogrefe.

Friedrich, H.F., Eigler, G., Mandl, H., Schnotz, W., Schott, F. & Seel, N.M. (Hrsg.) (1997). *Multimediale Lernumgebungen in der betrieblichen Weiterbildung*. Neuwied: Luchterhand.

Götz, K. & Tschacher, W. (1995). *Interaktive Medien im Betrieb*. Weinheim: Deutscher Studien Verlag.

Hasebrook, J.P. & Wagner, J. (1997). Subjektive Bewertung von gedruckten und elektronischen Medien zur Berufsorientierung. *Medienpsychologie, 9*, 89-104.

Herrmann, N. (1996). Erfahrungen mit dem Einsatz multimedialer Instrumente in der Führungskräfteentwicklung. *Personalführung, 11*, 938-941.

Hofner Saphire, D.M. (1996). Productive behaviors of global business teams. *International Journal of Intercultural Relations, 20*, 227-259.

Konradt, U. (1999). *Hyper Cross Cultural Training (HyperCCT) – Ein multimedial unterstütztes Weiterbildungskonzept zur Entwicklung unternehmensübergreifender und selbsttragender Personalentwicklungsstrukturen*. Universität Kiel.

Konradt, U., Glaser, F., Keitzel, K., Sulz, K., Thomsen, S. & Voß, M. (1998). *HyperFühr© – Ein interaktives, multimediales Lernprogramm zur zielorientierten Führung* [CD-ROM]. Universität Kiel.

Krewer, B. (1996). *Innovation Across Cultural Borders*. Universität Saarbrücken. URL: http://www.cordis.lu/tvp/src/culture1.htm

Kühlmann, T.M. (1998). Kooperation in multikulturellen Arbeitsgruppen. In E. Spieß & F. W. Nerdinger (Hrsg.). *Kooperation in Unternehmen* (S. 61-78). München, Hampp Verlag.

Schlick, S.D. (1989). Die ganze Welt ein Markt? Wer dabei sein will, braucht die globale Führungskraft. *Zeitschrift für Sozialpsychologie und Gruppendynamik*, 14 (2).

Schulmeister, (1996). *Grundlagen hypermedialer Lernsysteme: Theorie – Didaktik – Design*. Bonn: Addison-Wesley.

Schwarzer, R. (Hrsg.) (1998). *Multimedia und Telelearning*. Frankfurt: Campus.

Spieß, E. (1997). Personalentwicklung unter Berücksichtigung der Internationalisierung. In L.v. Rosenstiel, T. Lang-von Wins & E. Sigl (Hrsg.). *Perspektiven der Karriere* (S. 241-252). Stuttgart: Schäffer-Poeschel.

Stiefel, R. T. (1976). Grundbegriffe der Evaluierung in der betrieblichen Bildungsarbeit. *Zeitschrift für Arbeitswissenschaft, 2*, 106-108.

Strittmatter, P., Hochscheid, U., Jüngst, K.-L. & Mauel, D. (1994). Kooperatives Lernen in multimedialer Lernumgebung – Eine Pilotstudie im Feld der beruflichen Weiterbildung. *Unterrichtswissenschaften, 22*, 334-352.

Tenbusch, B. & Hohenstein, A. (1997). Medienunterstützung bei der transferorientierten Qualifizierung von Führungskräften am Beispiel der Automobilindustrie. In L.J. Issing & P. Klimsa (Hrsg.) *Information und Lernen mit Multimedia* (S. 364-376). Weinheim: Beltz.

Thomas, A. (1994). Interkulturelle Beziehungen. In L. v. Rosenstiel, C.M. Hockel & W. Molt (Hrsg.). *Handbuch der Angewandten Psychologie* (Kap. VII-6). Landsberg/Lech: Ecomed.

Twisk, T.F. (1995). Assessment von internationalen Managern. In J.M. Scholz (Hrsg.). *Internationales Change Management* (S. 121-137). Stuttgart: Schäffer-Poeschel.

Zucha, R.O. (1995). *Führungsstärke in der Praxis*. Wien: WUV-Universitätsverlag.

Alexander Thomas/Eva-Ulrike Kinast/Sylvia Schroll-Machl

Entwicklung interkultureller Handlungskompetenz von international tätigen Fach- und Führungskräften durch interkulturelle Trainings

1 Einleitung

Wenn auch der internationale und globale Güter- und Ideenaustausch auf eine jahrtausendalte Tradition zurückblicken kann, so hat die Globalisierung und Internationalisierung vieler Bereiche des gesellschaftlichen und privaten Lebens in den letzten Jahrzehnten eine solche Dynamik angenommen, dass die Anforderungen an die in diesen Prozess einbezogenen Personen immer weiter ansteigen. Es geht heute nicht mehr nur darum, dass man irgendwie mit Partnern im Ausland kooperiert oder standardisierte Produkte zu einem günstigen Preis absetzt, gefragt ist vielmehr neben Produkt- und Dienstleistungsqualität Kundenorientiertheit. Im internationalen, grenzüberschreitenden Geschäft bedeutet dies in jedem Fall kulturspezifische Denk- und Verhaltensgewohnheiten auf Seiten der Verbraucher und Nutzer, aber auch der einheimischen Mitarbeiter und Geschäftspartner zu beachten. Das, was in diesem Zusammenhang an Qualifikation verlangt wird, lässt sich in dem Begriff "*Interkulturelle Handlungskompetenz*" zusammenfassen. So wie Führungskompetenz, Kommunikationskompetenz, Organisationskompetenz oder Managementkompetenz moderne Schlüsselqualifikationen für Fach- und Führungskräfte sind, so gilt interkulturelle Handlungskompetenz als Schlüsselqualifikation für die internationale Unternehmenstätigkeit und das internationale Management.

Viele wissenschaftliche Untersuchungen (Landis & Bhagat, 1996; Landis, Bennett & Bennett, 2004; Kühlmann, 1995; Bergemann & Sourisseaux, 1996; Thomas, 1996; Triandis, 1995) sowie Berichte aus der internationalen Unternehmenspraxis belegen, dass sich eine für die Bewältigung anstehender internationaler Managementaufgaben erforderliche interkulturelle Handlungskompetenz nicht von selbst einstellt, gleichsam durch "learning by doing", sondern der Unterstützung durch Trainings und Beratungsmaßnahmen bedarf, die auf die Förderung genau dieser Schlüsselqualifikation zugeschnitten sind (Thomas, 2005).

Im folgenden wird zunächst näher auf die Schlüsselqualifikation "Interkulturelle Handlungskompetenz" eingegangen und einige psychologisch relevante Bedingungsdeterminanten erläutert. Es werden dann an einem konkreten Fallbeispiel zentrale Aspekte der Entwicklung von Trainingsmaßnahmen zur Förderung interkultureller Handlungskompetenz beschrieben und in ihrer Bedeutung für die konkrete Durchführung solcher Trainings erläutert. Während gegenwärtig schon eine beachtliche Zahl interkultureller Trainings- und Beratungsprogramme auf dem Markt verfügbar sind, ist bislang der Wirkungsanalyse solcher Trainings wenig Aufmerksamkeit geschenkt worden. Aus diesem Grund wird in einem eigenen Abschnitt auf die Probleme und Möglichkeiten der Evaluation von interkulturellen Trainings aus anwendungswissenschaftlicher Sicht berichtet. Trainings zur Förderung interkultureller Handlungskompetenz können in modernen Unternehmen keine Eintagsfliegen bzw. isolierte Einzelmaßnahmen sein, sondern müssen in den Kontext der gesamtunternehmerischen Personalentwicklung eingebunden sein. Unter den modernen Begriffen "Personalentwicklung" und "lernende Organisation" wird in einem abschließenden Beitrag auf die Vernetzung interkultureller Trainings- und Beratungsmaßnahmen mit Aspekten der Personalentwicklung und Personalförderung besonders eingegangen. Wenn die dabei zu entwickelnde Netzwerkstruktur auch für jedes Unternehmen spezifisch sein wird, so lassen sich doch aus den bisher vorliegenden Untersuchungen und praxiserprobten Konzepten einige allgemeine und durchaus generalisierbare strukturelle Grundlagen formulieren.

2 Aspekte interkultureller Handlungskompetenz

Forscher, die sich mit der Entwicklung interkultureller Handlungskompetenz befassen, stimmen weitgehend darin überein, dass sich diese Schlüsselqualifikation folgendermaßen definieren lässt: Interkulturelle Handlungskompetenz zeigt sich in der Fähigkeit, kulturelle Bedingungen und Einflussfaktoren im Wahrnehmen, Denken, Urteilen, Empfinden und Handeln, einmal bei sich selbst und zum anderen bei kulturell fremden Personen, zu erfassen, zu würdigen, zu respektieren und produktiv zu nutzen. Diese produktive Nutzung zeigt sich in einem wechselseitigen interkulturellen Verstehen und einer daran anschließenden Anpassung an die jeweiligen kulturellen Gewohnheiten und Selbstverständlichkeiten des Partners, und zwar so, dass die Zusammenarbeit für beide Seiten erträglich wird und dass die Produkte dieser Zusammenarbeit für beide Seiten nützlich und produktiv sind. Ein weiteres Ergebnis interkultureller Zusammenarbeit zeigt sich in der Entwicklung eines hohen Maßes an Toleranz gegenüber Inkompatibilitäten sowie der Entwicklung synergetischer Formen des Zusammenlebens und der gemeinsamen Wert-, Norm- und Weltorientierung.

Mit dem Wissen um die kulturelle Andersartigkeit eines Partners als Geschäftspartner, als Kunde oder Mitarbeiter ergibt sich noch keineswegs die Fähigkeit, die andersartige Wert- und Normorientierung, die aus einer anders verlaufenden kulturellen Entwicklung (Kulturspezifische Sozialisation; Trommsdorff, 1988) heraus entstandenen Orientierungssysteme und die sich daraus ergebenden kommunikativen Missverständnisse zu verstehen und die resultierenden Kooperationsprobleme produktiv zu lösen.

In der Begegnung und Zusammenarbeit von zwei Personen, die in einer spezifischen, aber voneinander unterschiedlichen Kultur aufgewachsen und sozialisiert worden sind, gehen zunächst beide Interaktionspartner davon aus, dass ihr eigenes Orientierungssystem und die daraus für sie gültigen Werte, Regeln und Normen richtig und angemessen sind. Andere Formen der Wahrnehmung, der Beurteilung und Beeinflussung werden als falsch, nicht ganz richtig, lückenhaft oder primitiv angesehen. Die zentralen Merkmale des so verinnerlichten kulturspezifischen Orientierungssystems sind aber im Laufe der individuellen Entwicklung zur Gewohnheit und zur Routine geworden, d.h. sie unterliegen nicht mehr der bewussten Kontrolle und Reflexion. Dies erschwert nicht nur das Wahrnehmen, Erkennen und Analysieren fremdkultureller Orientierungssysteme, sondern behindert auch deren Akzeptanz und Wertschätzung als eine ebenso berechtigte Form der Werterfassung und Weltgestaltung wie das eigene Orientierungssystem. Abweichungen vom Gewohnten, also Fremdes, wird nicht als Resultat eines spezifischen kulturellen Wert-, Norm- und Regelsystems interpretiert (externale Attribution), sondern dem Gegenüber als Schwäche, Desinteresse, Versagen oder sogar als Raffinesse angelastet.

In der wirtschaftlichen Zusammenarbeit geht es nicht einfach nur um die Wahrnehmung und Registrierung von Fremdartigkeit, sondern darum, eine produktive Kooperation mit dem fremdkulturell geprägten Partner herzustellen. Die gesetzten Ziele, ob es sich nun um einen Vertragsabschluss handelt, das erfolgreiche Managen eines Joint Ventures, das Führen eines Unternehmens mit vorwiegend ausländischen Mitarbeitern oder die Qualitätskontrolle in einem ausländischen Tochterunternehmen, in jedem dieser Fälle kommt es darauf an, Bedingungen für eine produktive interkulturelle

Zusammenarbeit zu schaffen. Dies aber erfordert den kompetenten Umgang mit spezifischen Anforderungen, die sich nicht mehr nur aus dem eigenen Orientierungssystem und dem fremdkulturellen Orientierungssystem, sondern aus der Konvergenz beider Orientierungssysteme ergeben:

1. So muss geprüft werden, inwieweit das Eigene und das Fremde miteinander übereinstimmen (kulturelle Identität), in welchem Maße Eigenes und Fremdes voneinander abweicht (kulturelle Differenz), inwieweit Elemente des Eigenen und des Fremden miteinander verbunden werden können (kulturelle Kompatibilität) und inwieweit Eigenes und Fremdes nebeneinander existieren kann (kulturelle Tolerierbarkeit).
2. Es muss geprüft werden, was vom Eigenen in Richtung auf das Fremde geändert werden kann. Wie weit kann und sollte man sich dem Fremden anpassen? Keinerlei Anpassung und Anpassungsbereitschaft führt in der Regel zu Konflikten und zu Abwehrhaltungen bei den fremden Partnern, wohingegen eine völlige Anpassung an das Fremde zum Zusammenbruch der eigenen kulturellen Identität und zur Karikatur der eigenen Persönlichkeit führen kann.
3. Es muss geprüft werden, wie das Fremde in Richtung auf das Eigene geändert werden kann. Welche Möglichkeiten bestehen, den fremden Partner auf die eigenen Ziele und Verhaltensgewohnheiten so hinzuweisen und einzustimmen, dass er bereit ist und fähig wird, sie zu erkennen, als sinnvoll und zielführend anzuerkennen und sich ihnen anzunähern?
4. Es muss geprüft werden, welche produktiven und destruktiven Konsequenzen solche Änderungsbemühungen in Richtung auf das Fremde und in Richtung auf das Eigene haben. Dabei ist von entscheidender Bedeutung, dass die psychischen Belastungen, die solche Änderungsbemühungen notwendigerweise mit sich bringen, auf beide Partner möglichst gleich verteilt werden und dass nicht der eine alleine Anpassungsleistungen erbringen muss, während der andere an seinem eigenen Orientierungssystem festhält und bedingungslos die eigenen Normen und Werte durchsetzt.

Als Kompetenzmerkmale einer international tätigen Fach- und Führungskraft lassen sich aus den täglichen Stellenanzeigen für die Besetzung von Positionen mit international orientierter Ausrichtung und aus Praxishandbüchern für den Personaleinsatz folgende erkennen: Fachqualifikation, Fremdsprachenbeherrschung, Führungsfähigkeit, Kommunikationsfähigkeit, Managementfähigkeit, Durchsetzungsfähigkeit, Unabhängigkeit, Zielstrebigkeit, Flexibilität, Lern- und Anpassungsfähigkeit, Toleranz, psychische und physische Belastbarkeit sowie soziale Handlungskompetenz. Wissenschaftlich relativ gut bestätigt sind als Erfolgsfaktoren speziell für den internationalen Personaleinsatz folgende Personenmerkmale: Ambiguitätstoleranz (Tolerieren von widersprüchlichen und klaren Situationsmerkmalen), ethnische Toleranz, Verhaltensflexibilität, intrinsische Arbeits- und Auftragsmotivation, Empathiefähigkeit, Selbstreflexion und Fähigkeit zur sozialen Verstärkung, sowie im Bereich der sozial kommunikativen Kompetenz: Kontaktfreudigkeit, Konfliktlösefähigkeit und soziale Feinfühligkeit. Manche fachlich gut qualifizierte Führungskraft wird für eine Auslandsentsendung in ein spezifisches Land mit einer spezifischen Kultur bereits aus ihrer bisherigen Lebens- und Berufserfahrung die ein oder andere Kompetenz in mehr oder weniger deutlicher Ausprägung besitzen. Andere Qualifikationspotentiale bedürfen aber noch der Förderung und Weiterentwicklung mit Blick auf die spezifischen Arbeitsanforderungen und Lebenssituationen im Ausland.

Zweifellos gibt es neben gezielten Trainingsmaßnahmen auch andere Möglichkeiten des Erwerbs gewisser Grade interkultureller Handlungskompetenz. So lassen sich mit zunehmendem Grad der Qualität interkultureller Handlungskompetenz folgende Formen des Erwerbs unterscheiden:

1. Erfahrungen im Zusammenhang der Begegnung und Zusammenarbeit mit Menschen aus unterschiedlichen Kulturen, wenn dabei folgende Bedingungen erfüllt sind: Wertschätzung des Fremden, Aufnahmebereitschaft und Neugier auf Fremdes, Bereitschaft zur Reflexion von eigenem und fremdkulturellem Orientierungssystem sowie die Bereitschaft und Fähigkeit, vom Fremden zu lernen.

2. Lernmöglichkeiten im Rahmen organisierter interkultureller Austauschmaßnahmen, mit dem Ziel, interkulturelles Lernen zu fördern, wie dies beispielsweise durch Rotationsprogramme in internationalen Unternehmen angestrebt wird.

3. Erfahrungen, die in der Zusammenarbeit mit fremdkulturellen Partnern gewonnen werden, wobei als unverzichtbare Bedingung gewährleistet sein muss, dass beide Partner von ihnen als wichtig erachtete Ziele gemeinsam anstreben und in der Lage sind, kompensatorische Zielhandlungen durchzuführen, wie dies beispielsweise im Zusammenhang mit Wirtschafts-, Wissenschafts- und Studienkooperationen der Fall ist.

4. Aufbau interkultureller Handlungskompetenz durch gezieltes interkulturelles Vorbereitungstraining in Form eines kulturallgemeinen Sensibilisierungstrainings oder in Form eines kulturspezifischen und womöglich arbeitsauftragsspezifischen Trainings (Landis & Bhagat, 1996).

5. Vertiefung und Verfestigung der im Vorbereitungstraining gewonnenen interkulturellen Kompetenz durch ein den Auslandseinsatz und die Erfahrungen im Umgang mit den kulturfremden Partnern begleitendes Qualifi-

zierungstraining, evtl. verbunden mit spezifischen Beratungs- und Coaching-Maßnahmen (Thomas & Schroll-Machl, 1995).

6. Erweiterung des Kompetenzspektrums durch ein gezieltes interkulturelles Reintegrationstraining zur abschließenden Integration fremdkultureller Elemente in das eigenkulturelle Orientierungssystem und zur Erleichterung der Wiedereingliederung in die eigentlich gewohnte, aber inzwischen fremdgewordene Heimatkultur.

Über Möglichkeiten der Entwicklung vorbereitender und begleitender interkultureller Trainings zur Förderung interkultureller Handlungskompetenz und der Überprüfung ihrer Wirkungen wird im Folgenden beispielhaft berichtet. Weitere Texte zu den vielfältigen Aspekten von Trainings sind zu finden in Thomas, Kinast & Schroll-Machl (2003) und Thomas, Kammhuber & Schroll-Machl (2003).

3 Entwicklung und Verlauf eines interkulturellen Trainings – dargestellt an einem konkreten Beispiel

3.1 Die Situation

Das Pharmaunternehmen eines großen deutschen Chemiekonzerns fusioniert mit einem amerikanischen Pharmakonzern. Damit geht für die Mitarbeiter eine tiefgreifende Neustrukturierung einher: Manche Abteilungen werden in Deutschland gänzlich aufgelöst und ihr Geschäft wird künftig von USA aus betrieben. Andererseits entstehen neue Positionen, weil Schnittstellen zwischen der deutschen und der amerikanischen Firma bedient werden müssen. Viele Mitarbeiter sind für diverse Projekte in gemischte Teams mit Amerikanern involviert, fast alle Mitarbeiter haben zumindest sporadisch mit amerikanischen Kollegen zu tun, usw. Allen ist gemeinsam, dass der Anteil des "rein deutsch" bestimmten Arbeitsalltags deutlich kleiner wird und entweder persönliche Begegnungen mit Amerikanern oder strategische Einflüsse amerikanischer Vorstellungen von Management die Arbeit mehr oder weniger prägen werden. Besonders einschneidend sind die Auswirkungen auf die erstgenannte Gruppe von Mitarbeitern: Ihr Arbeitsplätze sind künftig nur noch in den USA vorhanden. Das bedeutet für sie, entweder nach USA überzusiedeln oder in Deutschland nach einem anderen Job Ausschau zu halten. – Das war die Situation, in der die Personalabteilung daran dachte, interkulturelle Trainings anzubieten. Man wollte in einem ersten Schritt zumindest den

Emigranten und Vertragsentsandten auf Zeit eine Vorbereitung auf diese einschneidende Veränderung in ihrem Leben angedeihen lassen.

3.2 Entwicklung eines interkulturellen Trainings

3.2.1 Vorgespräch

Im Gespräch zwischen Trainer und Firma galt es zunächst einmal, Ziele und Erwartungen für ein interkulturelles Training zu sondieren und zwischen Firma und Trainer abzustimmen. Eigentlich wäre es für alle Beteiligten günstig gewesen - ob nach USA ausreisend oder von Deutschland aus in enger Interaktion mit Amerikanern stehend -, über die amerikanische Kultur mehr zu erfahren, um die Zusammenarbeit zu unterstützen. Das Unternehmen legte jedoch eindeutig folgende Priorität fest: Als erstes sollten denjenigen, die nach USA umsiedeln werden, ein Orientierungstraining angeboten werden. An zweiter Stelle sollten die berücksichtigt werden, die wichtige Schnittstellenpositionen innehaben und aufgrund ihrer regen Reisetätigkeit wochen- oder monatsweise in beiden Ländern leben. An dritter Stelle würde an die gedacht, die vom Standpunkt Deutschland aus in diversen Kooperationsprojekten mit Amerikanern stehen. Der primäre Auftrag bestand somit darin, in einer Serie von dreitägigen interkulturellen Trainings, alle betroffenen Führungskräfte und Mitarbeiter mit ihren (Ehe-) Partnern auf die (teils zeitlich begrenzte, teils der Emigration vorausgehende) Ausreise nach USA vorzubereiten. Hinzu kam ein eintägiges Training mit "harten Überlebensinformationen" (z. B. Schulen, Wohnungen, Steuern, rechtlicher Status ...).

Der Auftraggeber wünschte es nicht, dass in einem deutsch-amerikanischen Trainertandem gearbeitet wurde, sondern wollte für ein Orientierungstraining, d.h. für einen "Überblick", lieber eine deutsche Trainerin mit wissenschaftlicher Anbindung und deutscher Didaktik engagieren, da für die Ausreisenden in USA ohnehin weitere "Überlebenstrainings" mit Amerikanern, d.h. Einarbeitungs- und Begleittrainings, geplant waren.

Es wurde vereinbart, nach Möglichkeit die potentiellen Zielgruppen zu trennen und mit Priorität eins zu beginnen. Dabei war aber schon klar, dass das aus vielerlei praktischen Gründen nicht immer durchzuhalten sein und in dem Falle dann ein Training mit Personen anderer Prioritätsstufen "aufgefüllt" werden würde.

3.2.2 Didaktische Umsetzung

Es war abgesprochen, dass einerseits instrumentelle Aspekte im Hinblick auf das Zurechtkommen mit den Amerikanern ein Schwerpunkt der Seminare sein sollten, also z. B. Wissen über das Arbeiten in USA, Übernahme fremdkultureller kognitiver Elemente, Lernen neuer Verhaltensweisen. Es sollte aber andererseits auch den emotionsregulierenden Strategien große Bedeutung zukommen und das umso mehr, je eindeutiger die Zielgruppe aus den Ausreisenden bestand.

Die konkreten Zielsetzungen hießen:

1. Vermittlung kulturspezifischen Wissens und adäquater Attributionen.
2. Abbau ethnozentrischer und vorurteilsbehafteter Einstellungen sowie Unterstützung einer kulturrelativistischen und respektierenden Haltung.
3. Unterstützung der Fähigkeit zum Stressmanagement, um den Kulturschock zu bewältigen, und zum Aufbau realistischer Erwartungen.

Erfahrungsgemäß ist Ziel 1 am nachhaltigsten zu erreichen, für Ziel 2 und Ziel 3 lässt sich allenfalls ein Grundstock legen, denn hier bestimmen im Alltag viele weitere Einflüsse (sog. Moderatorvariablen) den Zielerreichungsgrad mit.

Die Inhalte umfassten vor allem folgende Bereiche:

- Kontrastierende Gegenüberstellung deutscher und amerikanischer Kulturstandards (Thomas, 2003), um zentrale Kulturunterschiede zu benennen, Verschiedenheiten in wichtigen Handlungsfeldern zu verankern und Ansätze zu einer fruchtbaren Kombination der damit verbundenen unterschiedlichen Qualitäten aufzuzeigen.

- Exemplarische Bearbeitung wichtiger geschäftlicher Handlungsfelder (z. B. Präsentationen, Besprechungen, Teamarbeit, Verhandlungsführung) unter Darlegung der kulturspezifischen Ausprägungen unterschiedlicher Elemente in den handlungsleitenden "kulturellen Skripts".

- Information und Diskussion zum Thema "Kulturschock" (Oberg, 1960; Furnham & Bochner, 1986; Landis & Bhagat, 1996[2]) beim Umzug ins Ausland in seinen typischen Auswirkungen für die einzelnen Familienmitglieder sowie in der milderen Variante der Irritationen bei intensiver Zusammenarbeit mit ausländischen Partnern, ohne selbst im Ausland zu leben.

- Vorstellung und Diskussion verschiedener Optionen zum Umgang mit kultureller Verschiedenheit. ("Interkulturalitätsstrategien").

Methodisch wurde bewusst ein Trainingsmix aus informationsorientiertem, kulturorientiertem und Culture-Assimilator-Training gewählt, um die Vorteile aller Ansätze nutzen, eventuelle Nachteile minimieren und verschiedenen Lerner-Präferenzen gerecht werden zu können.

3.2 Verlauf

Wie viele Seminare beginnt auch ein interkulturelles mit den typischen Eröffnungsritualen: Vorstellrunde, Erwartungsabfrage, Zielklärung, gefolgt von der Darlegung wichtiger, prinzipieller Begriffe und der grundlegenden theoretischen Untermauerung - hier der Definitionen von "Kultur" und "Kulturunterschieden". Dabei wurden diese Begrifflichkeiten - methodisch mit kurzen Stehgreif-Rollenspielen und Übungen aufgelockert - eingeführt.

Mit einem Culture Assimilator, der aus einer Anzahl kritischer Fallschilderungen und dazugehörigen Erläuterungen zum Verhalten der ausländischen Partner besteht (Thomas, 1996), ging es dann darum, die amerikanischen Kulturstandards zu erarbeiten. Arbeitsteilig saßen Kleingruppen an ausgewählten kritischen Ereignissen, gingen sie wie im programmierten Lernen durch, diskutierten aber als Gruppe ihre Entscheidungen sowie die Rückmeldung über etwaige Fehler. Dann bereiteten sie je eine Situation als Präsentation (z. B. als Rollenspiel, als kurzes "episches Theater", als Visualisierung etc.) für das Plenum vor und diskutierten sie dort mit den anderen Teilnehmern, die ihrerseits andere Situationen und damit einen anderen Kulturstandard bearbeitet hatten. Im Plenum war nun auch der Ort, an dem der jeweils im Zentrum der Aufmerksamkeit stehende Kulturstandard schließlich diskutiert, mit dem entsprechenden deutschen Kulturstandard verglichen, kulturhistorisch verankert und auf etwaige ähnlich verlaufende, bisherige Vorerfahrungen der Teilnehmer transferiert wurde. Wenn nach Abschluss dieser Einheit die Kulturstandards an Pinwänden als "Protokoll" hingen, konnten die Teilnehmer damit eine Fülle von Assoziationen und Wissenselementen für das Berufs- und für das Privatleben, aber ebenso in der Diskussion zutage getretene, notwendige Relativierungen bzgl. der Grenzen ihrer Gültigkeit verbinden (Ziel 1). An den Teilnehmerreaktionen war deutlich zu erkennen, dass durch dieses Wissen auch eine Art empathisches Verständnis für die amerikanische Seite geschaffen wurde (Ziel 2). - Diese Kulturstandards bildeten dann den "roten Faden" durch das weitere Training.

Da es Geschäftssituationen gibt, die immer wiederkehren, wurde das Konzept der "kulturellen Skripts" eingeführt. Mit diesem aus der Denkpsychologie stammenden Begriff ist gemeint, dass Amerikaner und Deutsche unterschiedliche "Regiebücher" im Kopf haben, was beispielsweise eine "gute" Teamarbeit ist (Schroll-Machl, 1996). Sie haben eine unterschiedliche Vorstellung davon, wie die Rollen in einem Team aussehen sollten (z. B. Chef-Rolle), wie man am besten vorgehen sollte (z. B. problem- oder zielorientiert), wieviel Zeit man welchen Prozessen widmen sollte, wie erwünscht oder unerwünscht Änderungen und Nachbesserungen sind usw. Da es sich hierbei um ganze Aktionssequenzen handelt, bieten sich methodisch Simulationen geradezu an: Ein Teil der Gruppe "spielte" "die Amerikaner" anhand spezifischer Rollenvorgaben, die analog dem amerikanischen Skript entwickelt wurden, der andere Teil folgte den als typisch deutsch identifizierten Mustern. Die Konflikte, die sich nun ergaben, dienten dann der Identifikation und dem Nachvollzug wichtiger divergierender Skriptelemente (Ziel 1 und 2) sowie der Analyse des Erlebens interkultureller Konflikte (Ziel 3). Auf beiden Ebenen erfolgte einerseits die Auswertung und wurde andererseits zum Abschluss dieser Sequenz in einem zusammenfassenden Input Bezug genommen.

Da inzwischen die Atmosphäre des Seminars relativ vertraut geworden ist, man sich durch die Simulation auch schon vor anderen mit seinen Gefühlen auseinandergesetzt hat, war zu diesem Zeitpunkt der Boden bereitet, das Thema "Ausreise" unter dem Aspekt des "Kulturschocks" in den Mittelpunkt zu stellen. Alle notierten ihre Erwartungen, d.h. einerseits die positiven Hoffnungen und andererseits die ängstigenden oder gar bedrohlichen Befürchtungen. Sie wurden an Pinwänden gesammelt, strukturiert und diskutiert. Der Input, aufgrund von Forschungsergebnissen (Thomas & Schroll-Machl, 1998), wurde individuell auf die tatsächlichen Beiträge der Teilnehmer abgestimmt. Vorhandene Verlaufskurven zum Kulturschock dienten der Zusammenfassung sowie dem Übergang zur Darstellung der positiven Bilanzen Auslandsentsandter (Schroll-Machl, 1997). Dabei sollte nichts von dem beschönigt werden, was der Preis für die verschiedenen Familienmitglieder sein kann. Es sollte aber auch nichts dramatisiert werden, denn die Chancen zur Persönlichkeitsentwicklung sind ebenfalls groß. Zudem wurden mögliche Copingstrategien besprochen, mit denen den Problemen begegnet werden kann und die auch bewusst eingesetzt werden können, um für sich individuell definierte, positive Ziele zu erreichen. (Ziel 3)

Das letzte Modul des Trainings widmete sich den Basisoptionen zum Umgang mit kulturellen Unterschieden, d.h. möglichen Interkulturalitätsstrategien. Es gilt nämlich, das Spannungsfeld zwischen dem Verfolgen der eigenkulturell geprägten Muster und dem Verfolgen der amerikanischen Muster in seiner ganzen Breite zu sehen und zu bewältigen. Die dabei vorhandenen möglichen Varianten, z. B. Kompromissansätze, Dominanz, Innovation, wurden zunächst als Input dargestellt, um die Teilnehmer von dem Druck zu befreien, dass Anpassung der einzige Königsweg zum Erfolg sei. Dann wurden sowohl Erfahrungen der Teilnehmer wie auch vorgegebene Fallbeispiele auf die verwendeten Interkulturalitätsstrategien hin untersucht. Die Erfolgsfaktoren wurden benannt und auf die Kulturstandards rückbezogen, und dies unter der Fragestellung: Wie gelang die Balance, beide Muster zu bedienen und damit die Vorteile beider Muster zu nützen (Ziel 2)?

Wie erwähnt, lief dieses Seminar als ganze Serie mit wechselnder Teilnehmerbesetzung. Die Zusammensetzung bestimmte dann im konkreten Verlauf die Zeitdauer, die für die einzelnen Parts aufgewendet wurde: Ein reines Ausreiseseminar zeichnete sich durch ein ganz besonderes Interesse an den Kulturstandards auch in ihrer Ausprägung für das Privatleben und am "Kulturschock" aus, ein Seminar mit mehr "Standort-Deutschland-Mitarbeitern" durch die Betonung verschiedener "interkultureller Skripts"; ein Seminar mit Teilnehmern ausschließlich aus einer Entwicklungsabteilung durch intensivste Arbeit am Thema "Teamarbeit" usw. Genau diese Trainingsschwerpunkte mit den Teilnehmern festzulegen, war der Zweck der anfänglichen Erwartungs- und Zielabklärung.

3.3 Ergebnis

Die Trainingsserie war ein großer Erfolg. In der unmittelbar nach den Seminaren erfolgten Evaluation (per Fragebogen) betonten die Teilnehmer, die schon Vorerfahrungen in der Zusammenarbeit mit Amerikanern hatten, sie hätten einen intensiven Aha-Effekt des Wiedererkennens diverser Muster erlebt. Sie fühlten sich nun in ihren Beobachtungen bestärkt und könnten diese Muster jetzt kulturell adäquat interpretieren und erklären.

Diese Rückmeldung entspricht den Befunden wissenschaftlicher Evaluationsstudien: Erfahrene haben in Trainings einen besonderen Lernerfolg, weil sie ihre schon vorhandenen fremdkulturellen Schemata erweitern und ausdifferenzieren können. - Die TeilnehmerInnen ohne Vorerfahrungen waren beeindruckt von dem Wissenszuwachs in für sie ungeahntem Ausmaß. Die Anwesenheit der Erfahrenen und der Vergleich dessen, was als "typisch deutsch" erarbeitet worden war, motivierten sie, das als "typisch amerikanisch" Dargelegte zu akzeptieren, denn sie hätten derart gravierende Unterschiede nicht vermutet (Ziel 1). Kulturell erfahrene Trainingsteilnehmer bringen, ähnlich wie im Teamtraining die Trainer aus dem jeweiligen Zielland, ein erhöhtes Maß an Glaubwürdigkeit, Authentizität und Akzeptanz in das Training.

Von etlichen Teilnehmern wurde auch hervorgehoben, mit diesem Wissen die "Logik" der Amerikaner leichter gelten lassen zu können, ihre kulturellen Besonderheiten im Denken und Verhalten als Vorteile klarer sehen und als Bereicherung nutzen zu können (Ziel 2).

Auf der Gefühlsebene zeigten sich die Ausreisenden richtiggehend erleichtert, dass alle ihre Befürchtungen und Hoffnungen, die sie bezüglich eines Umzugs in die USA hegten, ernst genommen wurden und Raum zur Diskussion und Information erhielten. Die nicht-bagatellisierende Darlegung des zu erwartenden Kulturschocks, aber auch das Sprechen über die Chancen, die diese Auslandsentsendung ihnen bietet, stellten sie als besonders schätzenswert an diesem Training heraus (Ziel 3).

4 Evaluation interkultureller Trainings

Die Bedeutung interkultureller Trainings zum Erwerb interkultureller Handlungskompetenz nimmt zwar ständig zu. Ein Nachweis für die Wirksamkeit der Trainingsmaßnahmen, wie er im vorangegangenen Kapitel beispielhaft beschrieben wurde, wird jedoch selten erbracht. Die dafür zuständige wissenschaftliche Evaluationsforschung steht auf diesem Gebiet noch ganz am Anfang. Bislang gibt es kaum Theorien und Methoden, auf die bei Evaluationsvorhaben zurückgegriffen werden könnte (Urbanek, 1996). So verwundert es nicht, dass ein Transfer eines geeigneten "methodischen Handwerkskoffers" von der wissenschaftlichen Evaluationsforschung in die Unternehmenspraxis bislang kaum stattfinden konnte. Neben der fehlenden Kompetenz vieler Unternehmen auf diesem Gebiet sind u. a. aber auch die hohen Kosten von Evaluationsprojekten, die zur Zeit allgemein zu beklagenden geringen Personalkapazitäten in den Personalentwicklungsabteilungen, die engen Zeitbudgets aller Mitarbeiter für ihre Aufgaben und die häufig zu beobachtenden Widerstände gegen Evaluationsvorhaben auf Seiten trainierter Fach- und Führungskräfte Gründe, warum in Unternehmen interkulturelle Trainings nur selten bis gar nicht evaluiert werden.

Evaluationen nehmen in Unternehmen unterschiedliche Funktionen ein (vgl. Wottawa & Thierau, 1990). Zum einen werden sie durchgeführt, um entscheiden zu können, ob ein interkulturelles Training so, wie es inhaltlich und methodisch konzipiert wurde, die verfolgten Lernziele erreicht und deshalb weiterhin eingesetzt werden kann, oder ob es insgesamt oder in einigen seiner Bestandteile verbessert werden sollte (*Entscheidungsfunktion*). Zum anderen schafft Evaluation eine datengestützte Informationsbasis, die es erlaubt, unterscheiden zu können, welcher der einzelnen Trainingsbestandteile, z. B. Inhalt, Methode, Dauer des Trainings, Trainer, Zusammensetzung der Teilnehmer etc., verbessert werden sollte (*Optimierungsfunktion*), um die intendierten Lernziele in der Zukunft doch noch erreichen zu können. Vor allem aber legitimiert Evaluation mit der Bestätigung der Wirksamkeit der Trainingsmaßnahme im nachhinein die hohen Kosten, die dafür ausgegeben wurden. Evaluation gewinnt dadurch angesichts des Shareholder Values, ein in vielen Unternehmen verfolgtes Prinzip der Unternehmensführung, an enormer Brisanz und wird zukünftig noch stärker von der Unternehmensleitung eingefordert werden (*Legitimationsfunktion*).

Trainings, auch interkulturelle Trainings, können immer auf ganz unterschiedlichen Ebenen wirken. Dementsprechend entwickelte Kirkpatrick (1979) ein ebenenorientiertes Modell zur Evaluation von Trainings. Um die Durchführung eines interkulturellen Trainings und die damit verbundenen hohen Kosten rechtfertigen zu können, reicht es nicht aus, bei den Trainingsteilnehmern unmittelbar im Anschluss an das Training mittels Fragebogen lediglich Auskünfte darüber einzuholen, ob ihnen das Training gefallen hat (*"reaction"*). Inzwischen nämlich gibt es Belege dafür, dass ein interkulturelles Training nicht unbedingt gefallen haben sprich akzeptiert worden sein muss, um eine Wirkung im Umgang mit fremdkulturell geprägten Personen zeigen zu können (Kinast, 1998). Mittels eines schriftlichen Tests (z. B. Klausur) ist unmittelbar im Anschluss an das Training wenigstens noch abzufragen, was die Trainingsteilnehmer tatsächlich gelernt haben (*"learning"*). Entscheidend aber ist es zu überprüfen, ob die im interkulturellen Training gelernten Inhalte auch tatsächlich beim Umgang mit fremdkulturell geprägten Personen wie Mitarbeiter, Kollegen, Kunden, Lieferanten etc. im Heimat- oder Gastland angewendet werden (*"behavior"*). Die Unternehmenspraxis zeigt, dass Evaluationen auf der Ebene "behavior" nicht durchgeführt werden, obwohl zur systematischen Erhebung dieser Informationen inzwischen ein Evaluationsmodell von Kinast (1998) zur Verfügung steht, das aus der Psychologie bekannte qualitative Methoden wie das Interview (Lamnek, 1989) und die Qualitative Inhaltsanalyse von Mayring (1993) so kombiniert und entsprechend anpasst, dass tatsächlich der Einfluss des interkulturellen Trainings auf das Denken, Fühlen und Verhalten eines Trainingsteilnehmers im direkten Umgang mit einer fremdkulturell geprägten Person nachvollzogen werden kann. Neben den genannten systematischen Methoden sollte insbesondere auf dieser Ebene auch daran gedacht werden, die Überprüfung der Wirksamkeit einer interkulturellen Trainingsmaßnahme stärker in den Führungsprozess hineinzuverlagern und zur Aufgabe der Führungskraft im Heimat- oder Gastland bzw. eines ausgewählten Mentors im Gastland zu machen. Was die Ebene *"results"* betrifft, ist vor überzogenen Ansprüchen an eine Evaluation interkultureller Trainings zu warnen. Aufgrund der enormen Anzahl und der Komplexität von Einflussfaktoren ist es sicher nicht möglich, z. B. einen kausalen Zusammenhang zwischen der erfolgreichen Mega-Fusion eines deutschen und eines amerikanischen Konzerns und dem Einfluss eines interkulturellen Trainings auf das Denken, Fühlen und Verhalten der Mitarbeiter nachzuweisen.

Eine umfassende Analyse der weltweit zur Verfügung stehenden Studien durch Kinast (1998) zeigt, dass die durch interkulturelle Tainings intendierten Lernziele in vielen Fällen tatsächlich erreicht werden, dass aber aufgrund des zu beklagenden Mangels an Studien insgesamt und aufgrund der mangelnden Vergleichbarkeit der Studien bislang keine allgemeingültige Aussage gemacht werden kann, wie wirksam interkulturelle Trainings tatsächlich sind. Weitgehend konsistent sind die Ergebnisse vieler Studien zu den Wirkungen interkultureller Trainings auf die *kognitiven Prozesse*: Trainingsteilnehmer *wissen* z. B. im Unterschied zu nicht-trainierten Personen mehr über die fremde Kultur (z. B. Cushner, 1989) und sind eher in der Lage, das Verhalten fremdkulturell geprägter Personen aus der Perspektive der anderen Kultur zu interpretieren, d.h. *isomorph zu attribuieren* (z. B. Landis, Brislin & Hulgus, 1985). Die Ergebnisse der Wirkungen interkultureller Trainings auf die *Emotionen* und das *Verhalten* jedoch sind inkonsistent (Albert, 1983; Kinast, 1998). Der Einfluss des interkulturellen Trainings auf das *persönliche Wohlbefinden* im Gastland, auf den *Aufbau befriedigender sozialer Kontakte* zu fremdkulturell geprägten Personen und auf die *Aufgabenbewältigung* unter fremdkulturellen Arbeitsbedingungen, was aus der Perspektive von Unternehmen ja vor allem interessant ist, konnte zwar in vielen Studien nachgewiesen werden (z. B. Chemers, Fiedler, Lekhyananda & Stolurow, 1966), ist aber auch nicht konsistent über alle Studien. Woran es liegt, dass interkulturelle Trainings hier wirken und dort nicht, wird die interkulturelle Forschung in den nächsten Jahren zunehmend beschäftigen. Es bleibt zu hoffen, dass sie dabei von den international ausgerichteten Unternehmen maßgeblich unterstützt wird.

5 Interkulturelle Trainings als Baustein der Personalentwicklung

Fachlich hervorragend qualifizierte Mitarbeiter, Fach- und Führungskräfte sind außerordentlich rar. Ihre Akquisition, ihre Ausbildung, ihre Weiterbildung und die Schaffung ihrer Qualifikation entsprechender Arbeitsplätze sind teuer. Fachlich hochqualifizierte Mitarbeiter zu finden, die bereit sind, evtl. zusammen mit ihrer Familie für drei bis fünf Jahre einen Arbeitsauftrag im Ausland zu übernehmen, womöglich noch auf einer Stelle, die in einem als interessante Wirtschaftsregion für das Unternehmen angesehenen neu erschlossenen Markt geschaffen wurde, fernab in einem bislang unbekannten asiatischen oder südamerikanischen Land, sind ebenfalls sehr rar. Die Schaffung und personelle Besetzung einer Firmenrepräsentanz im Ausland ist nicht nur höchst kostspielig, sondern auch risikoreich, und fachlich qualifiziertes Personal, das die Gewähr dafür bietet, dass sich die Investition lohnt und nicht als Fehlinvestition abgeschrieben werden muss, sind ebenfalls rar. Mit zunehmender Internationalisierung und Globalisierung der Märkte werden genau die für solch hochverantwortliche und hochrisikoreiche Aufgaben benötigten Personen immer seltener und immer teurer. Die daraus zu ziehenden Konsequenzen liegen zwar auf der Hand, werden aber bislang - zumindest im Bereich der deutschen Wirtschaft - noch viel zu selten gewürdigt. Es handelt sich dabei im Wesentlichen um vier Konsequenzen:

1. Geplante und gezielte Vorbereitung des gesamten mittleren und oberen Führungspersonals auf die Bewältigung der mit zunehmender Internationalisierung des Unternehmens auf die Mitarbeiter zukommenden Anforderungen. Das könnte z. B. bedeuten, dass den leitenden Mitarbeitern nicht nur wie bisher der Besuch von Führungsseminaren, Kommunikationstrainings, Total-Quality-Management-Seminaren oder Seminaren zum Thema "team building" nahegelegt wird, sondern dass es für alle selbstverständlich ist, ein Einführungs-/Trainingsseminar zur Entwicklung einer *allgemeinen interkulturellen Handlungskompetenz* zu besuchen.

2. Jeder Mitarbeiter, der ins Ausland entsandt wird oder im Heimatland viel mit Ausländern zu tun hat, muss auf die damit verbundenen Anforderungen gezielt und systematisch vorbereitet werden. Der Besuch eines *kulturspezifischen Trainings*, das einerseits die erforderliche kulturspezifische Handlungskompetenz vermittelt, aber zugleich auch die besonderen Arbeitsaufgaben und -belastungen vor Ort thematisiert (s. Abschnitt 3.), muss verpflichtend sein.

3. Die mit einem Auslandseinsatz verbundenen besonderen Schwierigkeiten sind in ihrem Differenzierungsgrad oft schwer prognostizierbar, so dass sich eine noch so gezielte Vorbereitung nur auf relativ allgemeine Problemstellungen konzentrieren kann. Die kulturspezifischen und auftragsspezifischen Probleme vor Ort bewirken oft so hohe psychische und psychophysische Belastungen, dass die Arbeitseffektivität des Mitarbeiters erheblich in Mitleidenschaft gezogen wird. Der Mitarbeiter arbeitet - trotz höchster Anstrengungen - nur noch unterhalb seines Leistungsoptimums. Bei Auslandseinsätzen mit einem hohen Erfolgsrisiko und zu erwartenden hohen Arbeitsbelastungen ist eine vorausschauende Planung *einsatzbegleitender Qualifikationstrainings* nicht nur eine notwendige Sicherungsmaßnahme, sondern hat für den Mitarbeiter eine nicht zu unterschätzende Entlastungsfunktion.

4. In Fällen, in denen sich die Zusammenarbeit zwischen dem deutschen Auslandsentsandten und seinen einheimischen Partnern im Gastland als schwierig und psychisch belastend herausstellt, ist es sicherlich sinnvoll, ein solches Qualifizierungstraining mit einer gezielten *Coaching-Maßnahme* zu verbinden, die sich u. U. sowohl auf den deutschen Mitarbeiter und seine Familie wie auch auf seine ausländischen Kollegen erstrecken muss.

Das Ziel solcher kombinierter Maßnahmen ist die Schaffung einer möglichst stressreduzierten Arbeits- und Lebenssituation, die Verfestigung und Spezifizierung eines hohen Niveaus interkultureller Handlungskompetenz, bezogen auf die Zusammenarbeit mit den ausländischen Partnern, innerhalb sowie außerhalb des Unternehmens, sowohl mit Blick auf Vorgesetzte und Mitarbeiter als auch Kollegen.

Grundsätzlich ist zu bedenken, dass die hier gemachten Aussagen über die kulturbedingten Besonderheiten der Arbeits- und Lebenssituation eines im Ausland tätigen Mitarbeiters grundsätzlich auch für im Inland tätige Mitarbeiter gelten, die in verantwortlicher Position mit ausländischen Partnern (Mitarbeiter, Vorgesetze, Kollegen, Kunden, Lieferanten etc.) zu tun haben. Wenn auch für Ausländer, die in Deutschland mit Deutschen zusammenarbeiten, der Anpassungsdruck naturgemäß sehr hoch ist und seitens ihrer deutschen Partner die Erwartung verbreitet ist, dass sie, und nicht die Deutschen, sich anzupassen haben, so kann es sich zukünftig kein Unternehmen - schon aufgrund der Arbeitsmarktlage und des Wettbewerbsdrucks - mehr leisten, die erforderlichen Anpassungsleistungen einseitig auf die ausländischen Geschäftspartner zu verlagern. Kulturelles Einfühlungsvermögen, Sensibilität und interkulturelle Handlungskompetenz seitens der ausländischen Partner wird von ihren deutschen Partnern selbst dann erwartet, wenn die geschäftliche Zusammenarbeit weitgehend oder ausschließlich in Deutschland stattfindet. Werden solche Kompetenzen in der Zusammenarbeit wirksam, so wird dies positiv bewertet und auf vielfältige Weise honoriert, z. B. durch Langfristigkeit der Zusammenarbeit, Aufbau gegenseitigen Vertrauens, Bewährung der Partnerschaft in kritischen und krisenhaften Situationen.

Nicht selten ist zu beobachten, dass Unternehmen, die im Ausland relativ gut mit ihren Partnern zurechtkommen, weil sie z. B. auf ihren Auslandsposten die richtigen Repräsentanten mit einem hohen Maß an interkultureller Handlungskompetenz plaziert haben, aber in dem Augenblick mit ihren ausländischen Partnern Probleme haben, in denen sie in Deutschland mit ihnen zusammentreffen und zusammenarbeiten sollen. Mancher Expatriate hat es schon bereut, seine ausländischen Partner auf eine Geschäftsreise mit nach Deutschland genommen oder als Firmendelegation in sein Stammhaus nach

Deutschland eingeladen zu haben, weil die Gastgeber im Stammhaus jegliches Einfühlungsvermögen und Gespür für kulturelle Gewohnheiten der ausländischen Delegationsteilnehmer vermissen ließen, so dass diese höchst verunsichert, aber wenig beglückt abgereist sind. Dies ist ein weiterer Grund dafür, dass ein "flächendeckendes", kulturallgemeines Sensibilisierungstraining für alle Führungskräfte eines international operierenden Unternehmens unerlässlich ist.

Forschungsergebnisse zu den Belastungsfaktoren, mit denen Expatriates im Ausland zu kämpfen haben und die ihre Arbeit vor Ort massiv belasten, zeigen übereinstimmend, dass die mangelhafte Betreuung durch die Stammhausvorgesetzten, ihr Unverständnis für die besonderen Arbeitsbedingungen vor Ort, ihre Ungeduld mit den Arbeitsfortschritten und schließlich ihre Fixierung auf die Arbeitsresultate, verbunden mit einem oft totalen Desinteresse an Prozessfaktoren, Entwicklungsbedingungen sowie kulturellen und gesellschaftlichen Einflussfaktoren auf die Erledigung des Arbeitsauftrags, den so schon bei den Expatriates vorhandenen Stress erhöhen und ihre Arbeit massiv erschweren (Deller, 1997; Stahl, 1999). Dabei wird immer wieder hervorgehoben, dass die Stammhauskollegen eher durch Desinteresse, die Vorgesetzten aber durch Überlegenheitsreaktionen, Rechthaberei und Besserwisserei auffallen und ihre Arbeit erschweren. Besonders dramatisch sind für viele Expatriates die Situationen, in denen der Stammhausvorgesetzte anreist, um "nach dem Rechten zu sehen und richtig aufzuräumen". Der Auslandsmitarbeiter vor Ort kann dann oft nur noch staunend beobachten, wie alles, was er mühsam über Jahre in Zusammenarbeit mit seinen einheimischen Partnern an Vertrauen, gegenseitigem Respekt und gegenseitiger Akzeptanz aufgebaut hat, an einem Wochenende zerschlagen wird. Gerade im Auslandsgeschäft ist die Vorgesetztenposition keineswegs ein Garant für Kompetenz, sondern verführt eher zu kulturell inkompetenten Entscheidungen und Verhaltensreaktionen. Bei Entscheidungen, die das Auslandsgeschäft betreffen oder die geschäftliche Zusammenarbeit mit Ausländern im Inland darf nicht die im heimischen Unternehmen erreichte Positionsmacht von ausschlaggebender Bedeutung sein, sondern muss die erreichte interkulturelle Handlungskompetenz ausschlaggebend sein. Die Abbildung 1 gibt einen Überblick über das Beziehungsnetz, in das der Auslandsmitarbeiter während seiner Auslandstätigkeit eingebunden ist.

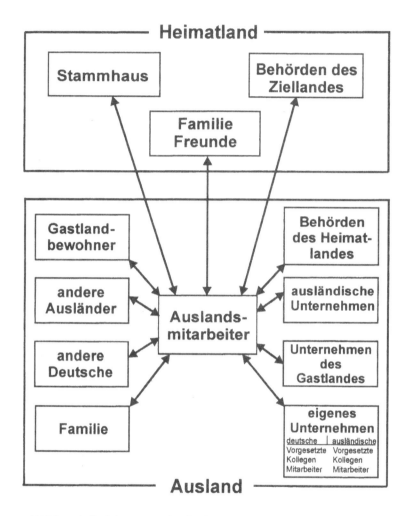

Abbildung 1: Beziehungsnetz des Auslandsmitarbeiters (nach Rahim 1983)

Schon der quantitative Umfang dieses Beziehungsnetzes zeigt, welche erweiterten Anforderungen an die interkulturelle Handlungskompetenz vom Mitarbeiter im Rahmen einer Auslandsentsendung gestellt werden.

Ein Unternehmen, das nicht mehr alleine ad hoc kurz vor der Entsendung eines Mitarbeiters ins Ausland die Teilnahme an einem Training anbietet, sondern das sich planmäßig auf die Bewältigung der mit der Internationalisierung und Globalisierung verbundenen Personalentwicklungsprobleme vorbereitet, die führenden Mitarbeiter für die interkulturelle Thematik sensibilisiert und jeden mit Auslandsaktivitäten befassten Mitarbeiter gezielt vorbereiten möchte, muss sich die Frage stellen, wo das dazu erforderliche Expertenwissen zu finden oder wie es zu entwickeln ist.

In Deutschland, aber auch im europäischen und außereuropäischen Ausland haben sich inzwischen eine ganze Reihe von Firmen auf die Durchführung interkultureller Trainings zur Vorbereitung auf die wirtschaftliche Zusammenarbeit mit Personen aus unterschiedlichen Kulturen spezialisiert. Sie bieten kulturallgemeine und kulturspezifische Trainings an, basieren auf unterschiedlichen didaktischen und lernpsychologischen Konzepten und verfügen über mehr oder weniger gut evaluierte Materialien. Für manches Unternehmen ist dieses durchaus als lästig empfundene Thema der interkulturellen Vorbereitung einfach damit erledigt, indem man auf irgendeines der angebotenen Trainings zurückgreift, ohne zu reflektieren, wie weit ein solches Training den Erwartungen und Notwendigkeiten der eigenen Mitarbeiter gerecht werden kann. Wenn auch extern gewonnene Trainer verständlicherweise zunächst keine unternehmensspezifischen Detailkenntnisse besitzen, so sollte doch bei der Vorbereitung und Planung von unternehmensspezifischen Trainingsangeboten darauf geachtet werden, dass neben der Zielgruppen- und Kulturspezifität auch unternehmensspezifische und unternehmenskulturspezifische Aspekte bei der Durchführung interkultureller Trainings berücksichtigt werden. Hier bietet es sich an, den prospektiven Trainer mit in die unternehmensspezifische Problemanalyse und Zielreflexion einzubeziehen. Eine solche intensive Zusammenarbeit zwischen Personalverantwortlichen in Unternehmen und externen Trainern zahlt sich schon deshalb aus, um zu vermeiden, dass die Trainingsteilnehmer die angebotenen Trainings als nicht praxisnah genug, zu unspezifische und zu wenig auf die konkreten Arbeits-, Lebens- und Managementprobleme vor Ort hin empfinden.

Insgesamt wäre es wichtig, dass Unternehmen mit starker Internationalisierungs- und Globalisierungsambitionen ein aufgabenspezifisches und kultursensitives Trainings- und Beratungsprogramm aufbauen, das von dem Expertenwissen gespeist wird, das die von der Firma ins Ausland entsandten Mitarbeiter selbst produzieren und auf das Trainer bei der Planung und Entwicklung geeigneter Trainingsmaßnahmen zurückgreifen können. Ein Expatriate, der ein kulturallgemeines Sensibilisierungstraining durchlaufen hat und damit eine basale Fertigkeit zum Aufbau interkultureller Handlungskompetenzen entwickelt hat, wird nach Beendigung seines Auslandseinsatzes über eine Fülle von kulturspezifischem Wissen und Erfahrungen aus seinem Arbeits- und Lebensalltag im Gastland verfügen. Dieses Expertenwissen, eingespeist in einen Informationspool und aufbereitet zur Weitergabe ist eine hochwertige Quelle zur Entwicklung und Aktualisierung der unterschiedlichen Informations- und Qualifizierungsprogramme. Jeder erstmalig oder wiederholt ausreisende Mitarbeiter kann sich dann dieses Informationssystems bedienen und selbst aktiv weiterentwickeln.

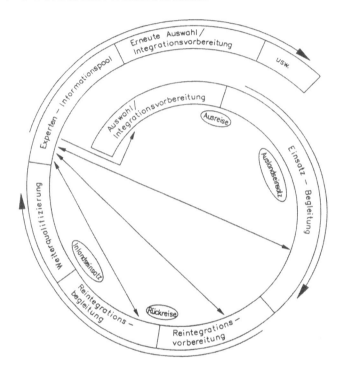

Abbildung 2: Spiralmodell interkultureller Personalentwicklung

Das in der Abbildung 2 dargestellte Spiralmodell interkultureller Personalentwicklung zeigt einerseits den zeitlichen Verlauf der verschiedenen vorgeschlagenen Trainingsmaßnahmen von der Auswahl für den Auslandseinsatz über ein erstes Vorbereitungstraining bis hin zum einsatzbegleitenden Training des Reintegrationstrainings vor der Rückreise und des Reintegrationsbegleittrainings nach der Rückreise, zeigt aber auch die Phase der darauf aufbauenden Weiterqualifizierung, entweder für weitere Auslandseinsätze oder für das Auslandsgeschäft im Inland, und zeigt weiterhin, aus welchen Quellen der Experteninformationspool gespeist werden kann und wie er für die einzelnen Programme als immer wieder aktualisierte, kultur- und unternehmensspezifische Informationsquelle genutzt werden kann.

Wenn hier für den Aufbau eines Informationspools, bestehend aus den Erfahrungen der eigenen Auslandsmitarbeiter, plädiert wird, so ist damit nicht gemeint, dass ein Vorbereitungstraining nur darin besteht, dass ehemalige Auslandsmitarbeiter neuausreisenden Kollegen "heiße Tipps" für den Umgang mit den ausländischen Partnern vermitteln, also gleichsam die Rolle von Kulturexperten übernehmen und ihre eigenen Erfahrungen, aber auch Vorurteile und Stereotype, ihre eigenen Problembewältigungsversuche und die daraus gezogenen Konsequenzen als Orientierungsmaßstab für andere präsentieren. Diese auf den ersten Blick frappierend einfache und zielführend erscheinende Methode interkultureller Vorbereitung ist in mehrfacher Hinsicht eine Billigversion, die nichts mit einem qualitativen Ansprüchen genügenden, systematischen Vorbereitungstraining zu tun hat. Gemeint ist hier ein professionell, durchaus auch von externen Trainern durchgeführtes interkulturelles Vorbereitungs-, Begleit- und Reintegrationstraining, das aber aus einem für das jeweilige Unternehmen spezifischen Experteninformationspool, der gepflegt und immer wieder aktualisiert wird, die Informationen schöpfen kann, die es braucht, um aktuelle und praxisnahe Informationen zu vermitteln. Um dies zu gewährleisten, ist eine enge Zusammenarbeit zwischen extern gewonnenen Trainingsspezialisten und für das Auslandsgeschäft verantwortlichen Führungskräften in der Personalentwicklungsabteilung, die für den Aufbau und die Pflege des Experteninformationspools verantwortlich sind, erforderlich.

Untersuchungen zur Reintegrationsproblematik zurückgekehrter Expatriates zeigen, dass die zurückgekehrten Auslandsmitarbeiter erwarten, dass ihre Vorgesetzten und Kollegen im Stammhaus Interesse an ihren Auslandserfahrungen zeigen, dass ihre im Tochterunternehmen gesammelten fachspezifischen Kenntnisse, Einsichten in die Kultur des Gastlandes und die von ihnen entwickelten Methoden zur produktiven Zusammenarbeit mit Vorgesetzten, Kollegen und Mitarbeiter im Gastland mit Interesse aufgenommen und gewürdigt werden. Die Realität sieht aber, wie alle Untersuchungen ergeben, völlig anders aus. Vorgesetzte und Kollegen sind allenfalls an interessanten und exotisch klingenden Geschichten interessiert, die den Small-talk bereichern, nicht aber an spezifischen Erkenntnissen, Einsichten und schon gar nicht an Ratschlägen, Verbesserungsvorschlägen oder Expertenmeinungen. Diese Diskrepanz zwischen erwartetem Interesse an ihre Erfahrungen und tatsächlichem vollständigen Desinteresse an all dem, was sie aus gutem Grund glauben berichten zu können, ist einer der zentralen Belastungsfaktoren in der Reintegrationsphase. Was viele Expatriates schon kurz nach ihrer Rückkehr ins Stammhaus zu der Überlegung veranlasst, sich möglichst bald für den nächsten Auslandseinsatz zu melden, da sie es in dieser, ihnen eigentlich vertrauten, aber inzwischen fremdgewordenen Kultur nicht mehr aushalten. Mit dem systematischen Aufbau eines Experteninformationssystems würde somit einerseits Expertenwissen eingeworben und für die Qualifizierung der Trainings- und Beratungsmaßnahmen verfügbar gemacht, und andererseits würde dem sonst unbefriedigten Bedürfnis der Mitarbeiter nach einem vom Unternehmen gewünschten und geschätzten Erfahrungsaustausch entsprochen.

Eine gezielte und systematische Evaluation der Wirkungen durchgeführter interkultureller Trainings, wie sie im vorangegangenen Abschnitt beschrieben wurde, liefert ebenfalls wichtiges Datenmaterial, aus denen Erkenntnisse und Einsichten zur Weiterentwicklung, zur Aktualisierung und Spezifizierung der Trainings- und Beratungsmaßnahmen gewonnen werden können.

Literatur

Albert, R.D. (1983). The Intercultural Sensitizer or Culture Assimilator: A Cognitive Approach. In D. Landis & R.W. Brislin (Eds.), *Handbook of Intercultural Training, Vol. II: Issues in Training Methodology* (pp. 186-217). New York: Pergamon.

Bergemann, N.J. & Sourisseaux, A.L.J. (Hrsg.). (1996). *Interkulturelles Management* (2. Auflage). Heidelberg: Physica.

Chemers, M.M., Fiedler, F.E., Lekhyananda, D. & Stolurow, L.M. (1966). Some Effects of Cultural Training on Leadership in Heterocultural Task Groups. *International Journal of Psychology, 1* (4), 301-314.

Cushner, K. (1989). Assessing the Impact of a Culture-General Assimilator. *International Journal of Intercultural Relations, 13,* 125-146.

Deller, J. (1997). *Interkulturelle Eignungsdiagnostik - Zum Stand der Forschung und zur Verwendbarkeit von Persönlichkeitsskalen.* Universität der Bundeswehr Hamburg, Fachbereich Pädagogik: Dissertation.

Furnham, A. & Bochner, S. (1986). *Culture shock.* London: Methuen.

Kinast, E.-U. (1998). *Evaluation interkultureller Trainings.* Lengerich: Pabst Science Publishers.

Kirkpatrick, D.L. (1979). Techniques for Evaluating Training Programs. *Training and Development Journal, 33* (6), 78-92.

Kühlmann, T.M. (Hrsg.). (1995). *Mitarbeiterentsendung ins Ausland.* Göttingen: Hogrefe.

Lamnek, S. (1989). *Qualitative Sozialforschung, Bd. 2: Methoden und Techniken.* München: Psychologie Verlags Union.

Landis, D., Brislin, R.W. & Hulgus, J. (1985). Attributional Training versus Contact in Acculturative Learning: A Laboratory Study. *Journal of Applied Social Psychology, 15* (5), 466-482.

Landis, D. & Bhagat, R.S. (Eds.). (1996). *Handbook of Intercultural Ttraining* (2nd Edition). London: Sage.

Landis, D., Bennett, J.M. & Bennett, M.J. (Eds.). (2004). *Handbook of Intercultural Training* (3nd Edition). New Delhi: Sage.

Mayring, P. (1993). *Qualitative Inhaltsanalyse. Grundlagen und Techniken* (4., erw. Aufl., Neuausg.). Weinheim: Deutscher Studien Verlag.

Oberg, K. (1960). Cultural Shock: Adjustment to New Cultural Environments. *Practical Anthropologist, 7,* 177-182.

Rahim, A. (1983). A Model for Developing Key Expatriatee Executives. *Personnel Journal, 62,* 312-317.

Schroll-Machl, S. (1996). Kulturbedingte Unterschiede im Problemlöseprozess bei deutsch-amerikanischen Arbeitsgruppen. In A. Thomas (Hrsg.), *Psychologie interkulturellen Handelns* (S. 383-409). Göttingen: Hogrefe.

Schroll-Machl, S. (1997). *Bilanz-Gespräche mit Expatriates über Integrationsprobleme im Gastland,* Deggendorf: unveröffentlichtes Manuskript.

Stahl, G.K. (1998). *Internationaler Einsatz von Führungskräften.* München: Oldenbourg.

Thomas, A. (2003). Psychologie interkulturellen Lernens und Handelns. In A. Thomas (Hrsg.), *Kulturvergleichende Psychologie* (2. Auflage). (S. 433-486). Göttingen: Hogrefe.

Thomas, A. (1996). Analyse der Handlungswirksamkeit von Kulturstandards. In A. Thomas (Hrsg.), *Psychologie interkulturellen Handelns* (S. 107-135). Göttingen: Hogrefe.

Thomas, A. (Hrsg.). (1996). *Psychologie interkulturellen Handelns.* Göttingen: Hogrefe.

Thomas, A. (Hrsg.). (2003). *Kulturvergleichende Psychologie* (2. Auflage). Göttingen: Hogrefe.

Thomas, A. (2005). *Grundlagen der interkulturellen Psychologie.* Nordhausen: Traugott Bautz.

Thomas, A. & Schroll-Machl, S. (1998). Mittel- und längerfristige Auslandseinsätze als Meilensteine der Personalentwicklung von Führungs-(nachwuchs)kräften. In R. Brühl, H. Groenewald, & J. Weitkamp (Hrsg.), *Betriebswirtschaftliche Ausbildung und internationales Personalmanagement.* Wiebaden: Gabler.

Thomas, A., Kammhuber, S., Schroll-Machl, S. (Hrsg.). (2003). *Handbuch Interkulturelle Kommunikation und Kooperation. Band 2: Länder, Kulturen und interkulturelle Berufstätigkeit.* Göttingen: Vandenhoeck & Ruprecht.

Thomas, A., Kinast, E.-U., Schroll-Machl, S. (Hrsg.). (2003). *Handbuch Interkulturelle Kommunikation und Kooperation. Band 1: Grundlagen und Praxisfelder.* Göttingen: Vandenhoeck & Ruprecht.

Triandis, H.C. (1994). Cross-Cultural Industrial and Organizational Psychology. In H.C. Triandis, M.D. Dunnette & L.M. Hough (Ed.), *Handbook of Industrial and Organizational Psychology* (pp. 103-172). Palo Alto: Consulting Psychologists Press.

Urbanek, E.-U. (1996). Handlungspsychologische Analyse der Wirkungen interkultureller Trainings im internationalen Personenaustausch am Beispiel des "American Study and Culture Assimilator". In Gesllschaft für Ostkooperation (Hrsg.), *Kultur & Management.* (Arbeitspapier Nr. 5) (S. 37-55). Wien: Gesellschaft für Ostkooperation.

Wottawa, H. & Thierau, H. (1990). *Lehrbuch Evaluation.* Bern: Hans Huber.

Juliana Roth

Interkulturelle Lernmaßnahmen heute:
Neue Realitäten - neue Konzepte

1 Interkulturelle Trainings in historischer Perspektive

1.1 Die Anfänge

Interkulturelle Trainings sind eine recht neue Erscheinung, weswegen das Interesse an ihrer geschichtlichen Entwicklung etwas verwundern mag. Schaut man sich jedoch die Zeugnisse - persönliche und institutionelle Erfahrungen, Tagungen und Konferenzen sowie Publikationen in Form von Monographien, Sammelbänden oder Zeitschriften - genauer an, so kommt man auf eine ansehnliche Fülle von Informationen über Inhalte, Richtungen und Personen, die einen historischen Überblick durchaus sinnvoll erscheinen lassen (Leeds-Hurwitz 1990; Rogers/Hart 2002a, 2002b, Pusch 2004). Der Blick in die Geschichte ist vorteilhaft zum einen, weil er der wissenschaftlichen Beschäftigung mit Interkulturalität ein gewisses Reifezeugnis ausstellt, und zum anderen, weil er als Vergleichsbasis und Reflexionsfläche für gegenwärtige und künftige Entwicklungen dienen kann.

Als Edward T. Hall und seine Kollegen vor gut 50 Jahren im Foreign Service Institute in Washington DC erstmals einen konzeptionellen Rahmen für die Beschäftigung mit Interkulturalität entwickelten, verfolgten sie das Ziel, abstrakte anthropologische und linguistische Konzepte für die Praxis des Auswärtigen Dienstes nutzbar zu machen. Die Mitglieder der Gruppe um Hall gelten als die Pioniere jener Vorbereitungsmaßnahmen, die man später 'interkulturelle Trainings' nannte und auf andere Berufsgruppen ausweitete. Die Entwicklung der ersten Trainings war alles andere als glatt, denn die Gruppe arbeitete in ständigem Konflikt mit den bürokratischen Vorschriften des State Departments, das sie zeitlich unter Druck setzte und von ihnen effektive Fortbildungen verlangte. Nach innen funktionierte das Institut wie eine Forschungseinheit, nach außen musste es sich jedoch der Logik der Staatsverwaltung unterordnen, die wenig Verständnis für die aus der innovativen Verbindung von Wissenschaft und Praxis entstehenden Schwierigkeiten aufbrachte. Die ersten Kurse dauerten vier Wochen und schlossen Unterricht in Sprache und Landeskunde des Ziellandes und die Themen Kultur, persönliche Veränderung und US-amerikanische Kulturannahmen ein (Hall 1956: 6).

Auch die spätere Entwicklung der interkulturellen Trainings hat es nicht vermocht, die Spannung aufzuheben, die bei der praktischen Umsetzung kulturtheoretischen Wissens entsteht. Der Bezug zur Praxis blieb denn auch die ständige Herausforderung für die interkulturelle Forschung, die sich erst seit den 1980er Jahren stärker um theoretische Verankerung bemühte (Leeds-Hurwitz 1990: 262). Ein Erbe der Hallschen Zeit ist die Interdisziplinarität der Forschung, und auch dem Prinzip des Praxisbezugs ist die Interkulturelle Kommunikation treu geblieben, mit allen sich daraus ergebenden Widersprüchen und Begrenzungen. Ein Wandel zeichnet sich allerdings hinsichtlich der beteiligten Disziplinen ab, denn standen zur Zeit des FSI noch die Kulturanthropologie und die Linguistik im Vordergrund, so gaben später Speech Communication und Cross Cultural Psychology den Ton an. In Deutschland hingegen sind meist Ethnologie, Sozialpsychologie sowie Kommunikations- und Erziehungswissenschaften beteiligt. Diese Vielfalt der Ansätze hat allerdings bisher weniger zu einer gegenseitigen Befruchtung, sondern eher zum "Kampf der Ansätze" geführt, und problematisch ist auch der Praxisbezug, denn wenngleich im öffentlichen Diskurs die Anwendung theoretischen Wissens auf die soziale Praxis positiv gewertet wird, gilt sie in der akademischen Welt bisher als wenig prestigeträchtig.

1.2 Die europäische Entwicklung

Der Blick auf die historische Entwicklung der interkulturellen Trainings in Europa lässt manche Parallelen, aber auch deutliche Unterschiede zu der US-amerikanischen Entwicklung erkennen. Auch in Europa waren es praktischer Bedarf und direkte Erfahrungen mit der Fremdheit, die ein Bewusstsein für die Notwendigkeit von Kultur-Lern-Maßnahmen schufen. Doch vieles verlief anders in Europa, wo es einen Vorlauf an wissenschaftlicher Beschäftigung gab, Interkulturalität also zuerst im akademischem Milieu Beachtung fand. In Deutschland hatte es Vorboten der Entwicklung bereits 1966 gegeben, als in Berlin ein Symposium über 'Internationale und interkulturelle Kommunikation zwischen Industrie- und Entwicklungsländern' stattfand, mit dem die Veranstalter hofften, "der deutschen Forschung eine neue, auch für die Praxis bedeutsame Thematik schmackhaft zu machen und neue Impulse zu geben" (Maletzke 1996: 7). Gerhard Maletzke hatte sich dafür eingesetzt (1970, 1984), musste jedoch konstatieren, dass sich diese Hoffnung damals nicht erfüllte. Erst zehn Jahre später begann die Fremdsprachendidaktik, sich über ihr Interesse an der Landeskunde hinaus der Problematik der interkulturellen Kommunikation vorsichtig zu nähern (Göhring 1976, Weber 1976) und einen eigenen Schwerpunkt aufzubauen (Rehbein 1985, Hinnenkamp 1994), der freilich in starkem Maße an den verbalen Dimensionen interkultureller Interaktionen und am Problem des Fremdverstehens (Müller 1980, 1986) orientiert blieb. Kurz darauf zeigte auch die Psychologie Interesse an dem Feld, wobei Fragen der arbeitsbezogenen Werte (Hofstede 1980), der Wahrnehmung, der Identität und des Fremderlebens in der internationalen Begegnung sowie die Suche nach 'Kulturstandards' (Thomas 1980, 1985, 1991) im Zentrum standen.

In Deutschland wurde das wissenschaftliche Interesses vor allem durch die Migrationsbewegungen der 1970er Jahre gefördert, die große Gruppen von Arbeitsmigranten aus (damals) weniger industrialisierten Ländern in die westeuropäischen Gesellschaften mit dem Ziel des längeren, später des dauerhaften Verbleibs brachten. Genau hier wird ein grundlegender Unterschied zur amerikanischen Entwicklung deutlich: War für die am FSI trainierten Diplomaten kulturelle Fremdheit außerhalb ihres Heimatlandes verortet und erwarteten sie vor allem Interaktionen mit hierarchisch ähnlich situierten Individuen am fremden Entsendeort, so ist die Begegnung mit Migranten hingegen ein innergesellschaftliches Phänomen. Die Migranten hatten ihren Lebensmittelpunkt in den Aufnahmegesellschaften und neigten mit den Jahren immer weniger zur Rückkehr. Einheimische und Migranten leben somit in einer Mehrheits-Minderheits-Beziehung, woraus sich eine prinzipielle Asymmetrie ihrer Interaktionen ergibt. Nicht dass in Europa die Entsandtenproblematik vernachlässigt worden wäre, doch stand dort (anders als in den USA) die Dualität der Bedarfsfelder, international und multikulturell, und damit eine doppelte Praxisrelevanz im Vordergrund (Roth/Köck 2004).

Interkulturelle Trainings begannen in Europa erst richtig in den 1990er Jahren, und sie mussten sich auf Kontexte beziehen, die sich von dem in den USA dominanten postkolonialen Geist der 1960er Jahre fundamental unterschieden. Die europäischen Kontexte waren - neben der Globalisierung - bestimmt durch die fortschreitende Entwicklung der Europäischen Union und den postsozialistischen Wandel der osteuropäischen Gesellschaften. Die Einführung von Trainings geschah unter günstigeren Voraussetzungen als in den USA, und es ging um weit mehr als um das Wohlbefinden einzelner Entsandter einer Institution. Wegen der Globalisierung und ihrer inzwischen erkennbaren Folgen wie auch der Multikulturalismusdebatte war das Problembewusstsein erheblich gewachsen und zudem war, wegen des Vorlaufs an wissenschaftlicher Beschäftigung und Praxiserfahrung, die Frage der theoretischen und methodischen Fundierung der Trainings bereits vom Anfang an gestellt.

Aufgrund der gesellschaftlichen und politischen Umstände der Einführung und Entwicklung interkultureller Trainings in den USA und in Europa sind vielfältige Unterschiede in inhaltlicher, methodischer und ethischer Hinsicht zu erwarten. Diese zu untersuchen und die Ergebnisse fruchtbar zu machen wäre eine lohnende Aufgabe. Bislang liegt hierzu wenig an Publikationen vor, wiewohl das Thema in Fachkreisen häufig diskutiert wird.

2 Das US-amerikanische Erbe

2.1 Merkmale

Die meisten Modelle und Vorbilder für systematische interkulturelle Lernmaßnahmen stammen von US-amerikanischen Autoren, ebenso wie auch alle Pionierleistungen in diesem Bereich wie die ersten Trainings, Berufsverbände, wissenschaftlichen Einrichtungen, Zeitschriften- und Buchreihen. Die Menge an Lehrbüchern für den universitären Unterricht in Interkultureller Kommunikation ist ebenfalls beeindruckend (Chen/Starosta 1997; Ferraro 1997; Guirdham 199; Klyukanov 2005; Martin/Nakayama 2005). Auch heute berufen sich die interkulturell Lehrenden und Trainierenden auf die Lernmodelle und Ausarbeitungen ihrer US-amerikanischen Kollegen (M. Bennett 1986; Brislin/Yoshida 1994a, 1994b; Fowler/Mumford 1995, 1999; Kohls/Knight 1994; Singelis 1998). Um so wichtiger ist es daher, einen differenzierten Blick auf jene Teile der US-amerikanischen Erbschaft zu werfen, die bei ihrer Übernahme nach Europa besonders bedeutsam sind. Die Leistungen der Gründungsväter erhalten dabei durchaus angemessene Anerkennung, doch müssen sie durch neue Konzepte ergänzt werden, die die spezifisch europäischen historischen und sozialen Rahmenbedingungen angemessen berücksichtigen.

Jeder kritische Trainer oder Weiterbildner im interkulturellen Feld hat gewiss mehrfach die Erfahrung gemacht, dass viele der Trainingsmethoden und Grundannahmen des interkulturellen Lernens sich nicht einfach in die europäische Lernumgebung übertragen lassen. Das ist kaum überraschend, sind Lehrmittel doch immer auch Reflex ihres gesellschaftlichen Kontextes. Bisherige interkulturelle Trainings sind aber – explizit oder implizit – primär in die lebensweltlichen Kontexte Nordamerikas eingebettet. Hieraus ergeben sich gravierende Folgen, u.a. die Tatsache, dass dem moralischen Imperativ von Gerechtigkeit und Chancengleichheit der USA folgend innergesellschaftliche kulturelle Differenzen ausgeblendet bleiben – bis hin zu ihrer Tabuisierung. Differenz darf nur anhand von auswärtigen Beziehungen thematisiert werden, weswegen interkulturelle Trainings sich nur als Vorbereitungsmaßnahmen für ausreisende Manager, Studenten, Militärs, Peace Corps Mitglieder usw. verstehen. In der Tat sind diese Gruppen bis heute die wichtigsten Adressaten interkultureller Vorbereitungen in den USA (Pusch 2004: 15-19).

Die sich aus dem Zustrom unterschiedlicher Migrantengruppen ergebende kulturelle Diversität unterliegt den Geboten der politischen Korrektheit und darf nur indirekt, im Rahmen von 'Diversity Trainings' angesprochen werden. Ferdman und Brody (1996: 284-286) bestehen darauf, interkulturelle Trainings und Diversity Trainings strikt auseinanderzuhalten und sich nicht durch die gelegentliche Ähnlichkeit von Techniken und Instrumenten darüber hinweg täuschen zu lassen, dass die beiden von grundsätzlich anderen Prämissen ausgehen. Interkulturelle Trainings sind individuum-zentriert und zielen auf die Verbesserung des persönlichen Zurechtkommens des Ausreisenden in der Fremde, während Diversity Trainings sich an Organisationen richten, die eine beliebige gruppenbezogene Vielfalt (Ethnie, Sprache, Aussehen, Geschlecht, sexuelle Orientierung u.a.) aufweisen und unter dem Imperativ stehen, Pluralismus und Multikulturalismus in der Organisation zu fördern. Der interkulturelle Ansatz ist pragmatisch, der Diversity-Ansatz moralisch verankert und damit stets den jeweiligen politischen und rechtlichen Deutungen gesellschaftlicher Vielfalt unterworfen. In der Realität zielen die meisten Diversity-Maßnahmen primär auf die Abmilderung von Problemen zwischen den frisch zugewanderten, des Englischen (noch) nicht mächtigen unterschichtigen Arbeitnehmern und ihren Vorgesetzten aus der Mainstream-Kultur.

2.2 Probleme der Übertragung

In Nachahmung der Entwicklung in den USA haben interkulturelle Trainings in Europa und speziell in Deutschland ebenfalls mit Trainings für zu entsendende Einzelpersonen begonnen, vor allem für Führungskräfte aus der Wirtschaft und Entwicklungshelfer sowie auch für Studenten. Der aus den Problemen der multikulturellen Gesellschaften Europas herrührende Bedarf ist erst später ins Blickfeld geraten und wird heute, unter den Bedingungen der fortschreitenden Globalisierung immer wichtiger. Auch wenn dies ungern offen zugegeben wird, geht das europäische gesellschaftspolitische Paradigma, anders als in den USA, von der Existenz von Mehrheits- und Minderheitskulturen aus. Der Bedarf an interkulturellem Lernen wird als Aufgabe des Einzelnen definiert, der als Mitglied der Mehrheitskultur die Pflicht hat, "den ausländischen Mitbürger verstehen zu lernen", oder als Mitglied der Minderheitskultur die Chance hat, sich mittels Sprach- und Kulturunterricht integrieren bzw. assimilieren zu lassen. Es ist deutlich, dass sich daraus kaum Überlappungen mit den politischen Absichten und Lernzielen von Diversity Trainings ergeben, lerntechnisch hingegen eine Nähe zur Aufgabenstellung interkultureller Trainings besteht. Inhaltlich und methodisch bedeutet dies, dass im deutschen gesellschaftlichen Umfeld interkulturelle Trainings und Diversity-Maßnahmen ähnlich organisiert und durchgeführt werden können.

Die Spuren des 'Amerikanischen' sind in allen Trainingsbereichen deutlich erkennbar, ob es um Zielgruppen, Formate, Lernart oder Methodenwahl geht. Die kurze Geschichte der europäischen Trainings besteht bis jetzt wesentlich aus der Übernahme der Ausarbeitungen der US-Interkulturalisten. Zu Recht bemerkt Jürgen Bolten[1], dass im deutschsprachigen Raum die interkulturelle Trainingsforschung kaum entwickelt ist. Im Umlauf ist ein und dasselbe Repertoire an Inhalten und Methoden, das meistens aus den Klassikern der US-Trainingsliteratur oder aus nicht geschützten Trainerunterlagen stammt und zudem meistens unkritisch und ohne Reflexion der theoretischen Grundlagen eingesetzt wird. Bekannt sind auch korrupte Versionen bereits veröffentlichter Methoden, die nach oberflächlicher Veränderung als eigene Methoden vermarktet werden.

Eigene Beiträge zur Trainingsliteratur sind rar, auch wenn in letzter Zeit die Bemühungen zur unabhängigen Entwicklung von interkulturellen Lernformaten zunehmen (Grosch/Groß/Leenen 2000; Flechsig 1999; Roth/Köck 2004). Keine dieser Publikationen kann sich jedoch in Verbreitung oder Popularität mit den US-amerikanischen Ausgaben messen. Es reicht nicht, lediglich festzustellen, dass Trainings z.B. in Deutschland oder den Niederlanden theoretische Ergänzungen und aktualisierte praktische Umsetzungen brauchen. Notwendig sind vielmehr neue Forschungen, die sich auf die Komplexität der in Europa real gelebten kulturellen Diversität beziehen und erlauben, die Beziehung zwischen theoretischen Erkenntnissen und ihrem Nutzen für die soziale Praxis herzustellen.

3 Problematisierungen

Die mit der Globalisierung einhergehenden politischen, wirtschaftlichen und gesellschaftlichen Veränderungen haben Kontexte von Interkulturalität geschaffen, die sich von jenen der 1950-80er Jahren deutlich unterscheiden (Bennett/Bennett 2004: 1f.). Die grenzenlose alltägliche Vernetzung hat neue, überraschende Grenzziehungen geschaffen und zu ungewohnten sozialen Praktiken des Umgangs mit kultureller Differenz geführt. Interkulturelle Trainings müssen sich heute auf Lebenswelten beziehen, die keine scharfen territorialen oder sprachlichen Abgrenzungen haben, dafür aber mit großer Intensität neue, schnell wechselnde, häufig imaginäre Grenzen produzieren. Es mehren sich die Zeichen, dass die Grundlagen der interkulturellen Bildungsarbeit - und damit auch der interkulturellen Trainings - der Anpassung an die heutigen soziokultu-

---

1 in diesem Band.

rellen Umwelten bedürfen, weswegen sie neu diskutiert und überdacht werden müssen. Für Störungen hat auch die Übertragung der ursprünglichen Trainingsformate und -inhalte auf andere national-gesellschaftliche Kontexte gesorgt. Generell hat sich die Erkenntnis verbreitet, dass die Zugänge zur Interkulturalität nicht universell sind, dass also interkulturelle Trainings und ihre Instrumentarien bei ihrem Einsatz in anderen kulturellen Umwelten der kritischen Lesung und Anpassung bedürfen.

3.1 Kulturtheorien

Position der Kulturanthropologie

Die Praxisorientierung der Interkulturellen Kommunikation, aber auch die plakative Behandlung dieses Bereichs in den Medien ("Fettnäpfchen lernen") haben sich auf die Theoriebildung zum interkulturellen Training keinesfalls förderlich ausgewirkt. Die drei Auflagen des 'Handbook of Intercultural Training'[2] erheben zwar den Anspruch, für die jeweilige Zeit eine repräsentative Übersicht zu geben, doch darin finden sich vorwiegend praxisorientierte Verbindungen psychologischer, kommunikationswissenschaftlicher und erziehungswissenschaftlicher Aspekte. Vergleicht man die Inhalte der Handbücher, gewinnt man sogar den Eindruck, dass das Interesse an theoretischer Fundierung im Laufe der Zeit erheblich abgenommen hat. In keinem der Bände findet man Beiträge, die das Verständnis von 'Kultur' thematisieren. Auch wenn Kultur den Kerngegenstand der Beschäftigung mit Kultur-Lernen bildet und zu Beginn eines jeden Trainings die programmatisch klingende Frage "Was ist Kultur?" steht, kommt die Trainingsliteratur in der Regel ohne ethnologische Kulturtheorien aus. Eine Erklärung dieser paradox anmutenden Situation bietet der Blick auf die Entwicklung nach der Schließung des Foreign Service Institute 1956 (Chen/Starosta 1998: 8-13; Rogers/Hart/Yoshitaka 2002: 13-15). Die Arbeit von Hall stieß bei seinen Kollegen in der Anthropologie auf Ablehnung, denn sie hielten das interkulturelle Feld für theoretisch wenig interessant und zudem für ethisch fragwürdig. Hall setzte seine akademische Karriere dann auch als Anthropologe fort und beschäftigte sich nur noch als Privatmann mit Fragen der Interkulturalität. Im Verlauf der 1970er Jahre geriet die Beschäftigung mit interkultureller Kommunikation dann zunehmend unter den Einfluss der kulturvergleichenden Psychologie und der interpersonalen Kommunikation (Rogers/Hart 2002: 4f). Interkulturelle Ausbildungsprogramme an US-amerikanischen Universitäten werden heute lediglich im Rahmen der Disziplinen Cross-Cultural Psychology und Speech Communication angeboten.

---

2 Landis/Brislin 1983; Landis/Bhagat 1996 und Landis/J. Bennett/M. Bennett 2004; jede Auflage bietet eine komplett neue Sammlung von Artikeln.

Der Verlust der Schlüsselposition im interkulturellen Feld wird von manchen Kulturanthropologen bedauert, von anderen kritisiert (Dahlén 1997: 21). Die geringe Verankerung der interkulturellen Trainings in kulturanthropologischen Theorien ist aber durchgehend ein Grund für Kritik und Ablehnung: Für den schwedischen Sozialanthropologen Ulf Hannerz handelt es sich bei den Trainings lediglich um eine fragwürdige "culture shock prevention industry" (Hannerz 1992: 251). Sein Schüler Tommy Dahlén stellt diese Kritik an den Anfang seiner ethnographischen Untersuchung (1997) interkultureller Trainings, in der er detailliert die wichtigsten Institutionen, Methoden, Personen und Praktiken US-amerikanischer Trainings darstellt und analysiert. Sein Interesse gilt vornehmlich der theoretischen Fundierung der Trainings, und seine Befunde geben ihm Anlass zu heftiger Kritik. Dahlén konstatiert das "Recycling" von eklektisch zusammengefügten Konzepten und Methoden aus unterschiedlichen Disziplinen und Epochen, ohne kritischen Blick und Achtsamkeit für neuere Entwicklungen. Im besonderen Maße stellt er das für den Kulturbegriff fest (Dahlén 1997: 157f.).

3.2 Kulturbegriffe

Seit der ersten modernen Kulturdefinition von Edward B. Tylor vom Ende des 19. Jhs haben die anthropologischen Schulen und Richtungen jeweils ihre eigenen Begriffsbestimmungen von 'Kultur' entwickelt. Sie alle sind aus der Auseinandersetzung des forschenden Geistes mit der jeweiligen sozialen Realität entstanden und reflektieren daher stets den Geist ihrer Epoche. Die Interkulturelle Kommunikation hat keinen eigenen Kulturbegriff entwickelt, sondern diesen stets aus der Kulturanthropologie bzw. der Ethnologie entlehnt, auch für die praktische Anwendung in interkulturellen Trainings. Die Weiterentwicklung des Kulturbegriffs fand (und findet) nur in der Kulturanthropologie statt, und die bei der Kulturanthropologie gemachten Anleihen reflektieren somit immer nur die jeweilige Phase der Begriffsentwicklung in dieser Disziplin.

Die Anfänge der interkulturellen Trainings in den 1950er Jahren fielen zusammen mit der Vorherrschaft kulturrelativistischer Anschauungen, die im Kontext der damaligen antikolonialistischen und antirassistischen Bestrebungen und der beginnenden Menschenrechtsdebatte zu verstehen ist. Der relativistische Kulturbegriff fasste Kulturen als das spezifische, erlernte soziale Wissen von kohärenten und einheitlichen gesellschaftlichen Ganzheiten auf, die in territorial voneinander abgegrenzten Räumen leben (Thomas 1993: 380). Für die damalige Zeit geringer Mobilität und des begrenzten Informationsaustausches war diese Begriffsbestimmung sicher angemessen. 'Kultur' wurde als objektivierbar gesehen und - zumindest für die Industriestaaten - weithin mit 'Nationalkultur' gleichgesetzt.

Diese ältere Auffassung von Kultur bildet bis heute die Grundlage der meisten Trainings und ist durch viele grundlegende Publikationen und Handbücher verfestigt. Ihr Vorzug besteht darin, dass man mit ihrer Hilfe Interaktionen zwischen Mitgliedern verschiedener Nationalkulturen mit recht großer Wahrscheinlichkeit prognostizieren und entstehende Missverständnisse anhand von 'Kulturdimensionen' analytisch aufarbeiten kann. Ihr Nachteil ist jedoch, dass sie dazu verführen, allzu sehr den stark generalisierenden Bildern der 'Nationalkulturen' zu vertrauen, und dass komplexere Situationen - wie z.B. in multikulturellen Gesellschaften - nur schwer oder gar nicht erfassbar sind. Trotz berechtigter Kritik gibt es aber auch heute noch genügend viele Interaktionen, die mit dem "klassischen" Kulturbegriff adäquat erfasst werden können, etwa im beruflichen und privaten Alltag von Diplomaten, Mitarbeitern internationaler Organisationen, Entwicklungshelfern, Wirtschaftsentsandten, Austauschstudenten, Soldaten in Friedenssicherungstruppen, jenen Berufsgruppen also, die sich als fremde Minderheit vorübergehend in einer kulturellen Mehrheit aufhalten, sich also in internationalen Kontexten befinden. Eine ähnliche Struktur haben auch jene Begegnungen, bei denen Menschen ohne bzw. mit sehr geringer Fremdheitserfahrung zusammentreffen. Mögen solche Menschen in den Industriländern inzwischen selten geworden sein, so ist doch für den größten Teil der Weltbevölkerung weiterhin das Verbleiben im engen Raum der lokalen Kultur kennzeichnend. 'Kultur' kann in solchen Kontexten sehr wohl mit der bekannten Metapher des 'kulturellen Eisbergs' dargestellt werden, die von der Unterscheidung zwischen sichtbaren und unsichtbaren Teilen ausgeht und einen Kausalbezug zwischen beiden voraussetzt.

Im heutigen Zeitalter fortschreitender Globalisierung, Individualisierung, Mobilität und Informationsvernetzung haben sich aber viele Koordinaten der interkulturellen Begegnung verändert. Interkulturelle Handlungsfelder können immer seltener durch eindeutige kulturelle Zuschreibungen erklärt werden. Die Vorstellung von Kulturen als territorial gebundenen und geschlossenen Ganzheiten ist heute an vielen Orten der Welt - vor allem in den hochgradig industrialisierten Regionen - fragwürdig geworden. Dementsprechend wird die Auffassung von der Determinierung des Individuums durch seine Kultur, die durch die kulturrelativistische Idee suggeriert wird, heute als zu statisch und deterministisch kritisiert (Hannerz 1995: 67).

Im heutigen Verständnis der Kulturanthropologie und Ethnologie ist Kultur daher etwas Fließendes, Komplexes und Facettenreiches, das zwar Strukturen aufweist, die aber nur situativ und am Einzelfall fassbar gemacht werden können. Darin nehmen Symbole, Bilder und subjektive Interpretationen einen wichtigen Platz ein (Auernheimer 1999; Gemende 1999; Moosmüller 2000). Dieser Kulturbegriff bietet für die Aufarbeitung von Interaktionen in multikulturellen Kontexten die deutlich bessere Grundlage. Das asymmetrische Verhältnis zwischen Mehrheit und Minderheiten in multikulturellen Gesellschaften kann zur verstärkten Produktion subjektiv empfundener und sogar imaginierter Differenzen führen, die dann als sich selbst erfüllende Prophezeiungen ihre eigene Dynamik und Realität entwickeln.

3.3 Kampf der Kulturbegriffe?

Bedeutet die Existenz zweier so unterschiedlicher Kulturbegriffe ein Problem? Eigentlich nicht. Anders als Tommy Dahlén, der den klassischen Kulturbegriff radikal durch den modernen ersetzt sehen will, bin ich der Ansicht, dass in interkulturellen Trainings heute beide Vorstellungen von Kultur neben einander bestehen und fruchtbar gemacht werden können. So erweist sich gerade zu Beginn des Kultur-Lernens das 'Eisberg'-Modell als erste Orientierung als sehr brauchbar. Es gibt Anfängern Strukturen vor, mit denen sie ihre kulturbedingte lebensweltliche Erfahrung einordnen und das abstrakte Kulturkonzept für sich konkretisieren können. Je nach Trainingskontext, Dauer, Lernbedarf und Zielsetzung entscheidet der Trainer dann über die Einführung des zweiten Modells, das das kulturelle Wissen des Individuums als einen unsichtbaren 'Rucksack' auffasst, den man zwar immer dabei hat, aber ohne die Pflicht, ihn stets zu öffnen. Der Umgang mit dem 'Kulturgepäck' ist vielmehr flexibel, da das Individuum die Freiheit hat, es individuell und situativ zu nutzen. Dieses Modell ist offen und hebt den Zwang auf, von festen 'kulturellen Portraits' auszugehen (Roth/Köck 2004: 18f.). Die beiden Modelle stehen nicht in Widerspruch zueinander: Es gibt Kontexte und Situationen, die sich besser durch die 'Eisberg'-Metapher, und andere, die sich eher durch die 'Rucksack'-Metapher erfassen lassen. Je sicherer der Trainer mit den beiden Kulturbegriffen und ihren Begrenzungen umgeht, desto differenzierter wird er die interkulturellen Realitäten erfassen, den passenden theoretischen Schlüssel dazu finden und seine Teilnehmer durch den interkulturellen Lernprozess begleiten.

3.4 Theorie-Praxis-Transfer

Die ungenügende kulturtheoretische Fundierung heutiger interkultureller Trainings birgt mehrere Gefahren. Sie veranlasst Forscher dazu, sich aus den Trainings zurückzuziehen und sie theoretisch unterversorgten Praktikern ganz zu überlassen. Die beiden Tendenzen verstärken sich gegenseitig, denn je deutlicher der Vormarsch der Praktiker ist, desto stärker ist der Rückzug der Forscher. Das Gleichgewicht zwischen interkultureller Theorie und Trainingspraxis ist heute nicht mehr gegeben, und die Seriosität interkultureller Trainings steht in Frage. Dieser Problematik sind sich US-amerikanische Interkulturalisten sehr wohl bewusst: Die Entfremdung zwischen den beiden Berufsgruppen ist eine feste Tatsache, die zum Auszug vieler Forscher und erfahrener Trainer aus der

Society for Intercultural Education, Training and Research (SIETAR) geführt hat (Landis 1997).

Als Ausweg aus diesem Dilemma ergibt sich die nachdrückliche Forderung an interkulturelle Trainer, sich eine breite theoretische Fundierung für ihre Trainings zu schaffen, vor allem in Hinsicht auf die grundlegenden kulturanthropologischen Begriffe und Konzepte. Verzichtet man auf diese solide Fundierung, riskiert man unter anderem, die Kontrolle über Inhalte und Methoden zu verlieren, was in den Diskussionen und Debriefings leicht sichtbar wird und dem Trainer den Vorwurf mangelnder Professionalität einbringen kann. Erst mit einer solchen Basis kann dann die Umsetzung und Vermittlung der theoretischen Konzepte im Training, insbesondere die Operationalisierung des Kulturbegriffs, erfolgen und dem Wissensstand der jeweiligen Trainees angepasst werden. Die Erfahrung zeigt, dass kulturwissenschaftlichen Laien ein Phänomen wie 'Kultur' kaum in seiner ganzen Komplexität vermittelt werden kann, zeigt sich doch Kultur nie in eindeutig fixierbarer Gestalt, sondern stets in Verbindung mit anderen sozialen, ökonomischen und politischen Phänomenen und ist daher nie verlässlich isolierbar und analysierbar.

Für den Transfer zwischen Theorie und Trainingspraxis ergeben sich daraus zwei Forderungen, nämlich (a) das unnachgiebige Beharren auf theoretischer Fundierung, um das Risiko des didaktischen Versagens zu vermeiden, und (b) die verantwortungsvolle Umsetzung theoretischer Konzepte in die Trainingspraxis, um so das Verstehen zu fördern bzw. zu ermöglichen. Zwischen beiden Aspekten besteht nur scheinbar ein Gegensatz, denn je besser ein Trainer theoretisch fundiert ist, desto besser wird es ihm letztlich gelingen, praxisnahe zu arbeiten: Das theoretische Wissen übernimmt nämlich die Funktion eines unsichtbaren Auffangnetzes, eines Hintergrundwissens, das den Trainer bei der Organisation der Inhalte und Methoden stützt. Je stabiler also die theoretische Grundlage im Kopf des Trainers verankert ist, desto weniger muss er dozieren, desto freier und kreativer kann er im Trainingsprozess Theorie abrufen und seine Methoden anpassen, desto flexibler kann er auf die Fragen und Probleme seiner Trainees reagieren.

4 Ethik

Ethik in interkulturellen Trainings ist ein Thema, dass in der englischsprachigen Literatur mit den Namen von Judith Martin und Michael Paige verbunden ist. Ihre Publikationen (Paige/Martin 1983, 1996) sind bis heute die einzigen Quellen für explizite ethische Regeln im Bereich des interkulturellen Lernens und Lehrens.

Es sind allgemeine, aus der kulturrelativistischen Sicht hergeleitete Prinzipien, die an anthropologische *Codes of Ethics* angelehnt sind und auf die Wahrung der Integrität der Trainees zielen. Als in dieser Hinsicht besonders kritische Aspekte führen sie die in Trainings angestrebte Transformation der Lernerpersönlichkeit, die emotionale Erschütterung durch die kulturelle Eigensensibilisierung und das Bestehen von Machtasymmetrien an interkulturellen Schnittstellen an. Paige und Martin sehen den interkulturellen Trainer im Zentrum der ethischen Verantwortung und formulieren für ihn Regeln, die sich unmittelbar auf die Praxis interkultureller Trainings beziehen und daher von Praktikern leicht nachvollzogen werden können (Paige 1993a, 1993b). Sie beziehen sich auf zwei Kategorien, die Trainerkompetenzen und die Risikofaktoren im interkulturellen Lernprozess, und ergeben einen sehr detaillierten Katalog an Forderungen an ethisch verantwortlich arbeitende Trainer. Die Autoren erheben nicht den Anspruch, das Thema Ethik erschöpfend behandelt zu haben; sie sehen es als eine sehr schwierige und zähe Beschäftigung, die mit der zunehmenden Entwicklung von interkulturellen Trainings als Geschäftsfeld immer komplexer wird.

Im deutschsprachigen Raum ist Ethik im interkulturellen Bereich noch ein sehr neues Thema. Daher ist man hier mehr als in den übrigen Trainingsbereichen auf die Beiträge der US-amerikanischen Autoren angewiesen. Erst künftige Arbeiten werden zeigen, welche ihrer Erkenntnisse und Forderungen in die europäischen Trainingskontexte übernommen werden können und welche der Ergänzung bedürfen. Im Folgenden möchte ich auf einige Aspekte eingehen, auf die mich meine persönliche Erfahrung mit interkulturellen Lernmaßnahmen aufmerksam gemacht hat und für die ich keine Hinweise in der zitierten Literatur gefunden habe.

4.1 Methoden

Die Wahl der Methoden, die der Trainer trifft, um die theoretischen Inhalte des Trainings zu vermitteln, ist eine sehr verantwortungsvolle Aufgabe, die ethischen Beschränkungen unterliegt. Paige deutet die Problematik der ethisch fundierten interkulturellen Pädagogik zwar an, vermeidet aber doch genauere Hinweise auf die ethische Auswahl von Lernaktivitäten (Paige 1993b: 175f.).

Bei der Auswahl ihrer Trainingsmethoden sind Trainer auf Trainingshandbücher angewiesen, ein Bereich, in dem der Vorsprung der amerikanischen Interkulturalisten äußerst stark ausgeprägt ist: Die Menge an Handbüchern und Trainingsvideos übertrifft bei weitem alles, was etwa auf dem deutsch- oder französischsprachigen Markt verfügbar ist. Die Ausgaben sind zudem attraktiv, denn sie sind verständlich verfasst und beispielhaft didaktisiert, weswegen sie auch gerne von europäischen Trainern herangezogen werden. Die Frage ist aber, ob die auf die sozialen Charakteristika des US-amerikanischen Mittelschicht-Kunden zugeschnittenen Methoden auch tauglich für Europa sind. In den USA praktizierende Trainer teilen mit, dass sie u.a. erwarten, mit Trainees zu arbeiten, die keine Fremdsprache können, geringe oder sehr oberflächliche Fremdheitserfahrung haben und praxisorientiert lernen wollen. Diese Merkmale, die selbstverständlich vor dem Training verifiziert werden müssen, dienen aber in den USA als Eckpunkte bei der Konstruktion und Durchführung von Trainings.

4.1.1 Schwarz-weiß Kontrastierungen

Vermutlich aus diesen Merkmalen erklärt sich auch die Beliebtheit von Methoden, die kulturelle Unterschiede durch schwarz-weiß Kontrastierungen illustrieren. So gehen Simulationen und Fallstudien, aber auch Werteübungen und interkulturelle Dialoge in der Regel von extremen kulturellen Gegensätzlichkeiten aus, weswegen sie im europäischen Kontext meist als "naiv" oder "verkürzt" empfunden werden und ihr didaktisches Ziel nicht erreichen. Einer kritischen Prüfung sollte man auch die hohe Wertschätzung affektiver Trainingsmethoden unterziehen. Auch wenn die Literatur ihnen einen deutlichen Vorrang vor den kognitiven Methoden einräumt, sollte man bedenken, dass Erwachsene mit zunehmendem Alter Neues besser kognitiv aufnehmen bzw. auf emotionale Reize und Aufforderungen zur Persönlichkeitsöffnung stärker mit Irritationen reagieren. Gerade in Verbindung mit dem Hinweis auf die Risiken der persönlichen Öffnung, der Beschämung und des Versagens (Paige 1993a: 13-15) sollte man bei Erwachsenen für eine Ausgewogenheit zwischen den beiden Arten von Methoden plädieren.

Problematisch ist auch der Einsatz der Methode des 'Kulturassimilators'. Der klassischen Variante dieser Methode, der Präsentation einer einsträngigen konfliktären Geschichte zwischen Individuen aus unterschiedlichen Kulturen, dem Angebot von vier Lösungsmöglichkeiten und den darauf bezogenen Erklärungen, wirft man heute vor, dass sie zu direktiv ist und dem kreativen Denken keinen Raum lässt. Viele schenken zudem dem Konzept der einen "richtigen" Lösung wenig Vertrauen, denn auch Laien erkennen heute intuitiv, dass Kulturen nicht als geschlossene Systeme mit eindeutigen Orientierungen zu erfassen sind. Selbst der Einwand, die Erklärungen enthielten wertvolle Kulturinformationen, kann angesichts des schnellen Kulturwandels rasch entkräftet werden, denn allzu schnell beraubt dieser die Geschichten ihrer Aktualität und verwandelt sie in Zeugnisse vergangener Zeiten. Besonders deutlich wird dies in Assimilatoren zu den sich schnell wandelnden Transformationsländern, z.B. in Ostasien oder Osteuropa (vgl. etwa Schroll-Machl/Novy 2002; Thomas/Schenk 2001). Die neueren Versuche der Auffrischung der Assimilator-Methode (Triandis 1995; Bhawuk 2001) beziehen sich lediglich auf ihre Erstellung und können nicht die grundsätzlichen Vorwürfe des Schematismus und der Vermittlung falscher Sicherheit entkräften. Eine sinnvolle Alternative bietet heute die Methode der Fremdheitsnarration, bei der ebenfalls mit kurzen einsträngigen Episoden gearbeitet wird, die den Trainees mit dem Ziel der Positionierung und Erfassung kultureller Unterschiede, des Perspektivwechsels usw. zur Bearbeitung und Diskussion vorgelegt werden.

4.1.2 Rezeptwissen

Viele interkulturelle Trainer kennen das Problem, dass auf sie Druck ausgeübt wird, fertige 'Rezepte' für das Verhalten in schwierigen interkulturellen Situationen zu geben. Soll man auf solche Forderungen eingehen, sie ignorieren oder auf die Risiken von 'Kulturknigges' und 'Kulturportraits' hinweisen? Professionellen Trainern ist hinreichend bekannt, dass der Verlass auf 'Rezepte' ein Trugschluss ist und dass diese "falsche Freunde" sind, die der Komplexität des Kulturkontakts nicht gerecht werden können. Der Grund für dass Drängen auf feste Regeln ist durchaus bekannt: Er liegt in der Unsicherheit, die in interkulturellen Situationen entsteht, eine Tatsache, auf der das bekannteste Modell der interkulturellen Kommunikation, das 'Anxiety/Uncertainty Management' Modell (Gudykunst 2005), basiert. Erschwerend kommt die populäre Erwartung hinzu, interkulturelle Trainings seien "Fettnäpfchenlehre", eine Erwartung, die durch Sätze wie "Fit für den Umgang mit fremden Kulturen" und "Lernen, Fettnäpfchen zu vermeiden" in den Werbetexten für Trainingsseminare noch genährt wird.

Für die Trainer bringt dieses Dilemma eine schwierige Gratwanderung mit sich. Ethisch arbeitende Trainer sollten, auch wenn sie als Dienstleister dazu neigen, Kundenwünsche zu befriedigen, deutlich machen, dass 'Rezepte' und 'Quick Fixes' nicht hinreichen, um kompetent und professionell mit kultureller Differenz umzugehen. Dies ist allerdings ein nicht risikoloser Weg, der ohne professionelle Integrität und didaktische Sicherheit schwer zu bewältigen ist. Hilfreich kann hier der Hinweis auf die Analogie zwischen Kultur-Lernen und Fremdsprachenerwerb sein: So wenig wie das Auswendiglernen eines Deutsch-Wörterbuchs einem Chinesen helfen kann, richtige deutsche Sätze zu bilden, so wenig kann von das Erlernen chinesischer 'Fettnäpfchen'-Vokabeln den deutschen Geschäftsmann befähigen, die Denkweisen seiner chinesischen Partner nachzuvollziehen.

4.1.2 Das Malinche-Syndrom

Ein weiteres Problem mag bei manchen Trainern noch nicht bewusst in Erscheinung getreten sein. Bekannt ist es jedoch all jenen, die im Verlauf ihrer Berufspraxis in die Situation geraten sind, von Trainees nach "kulturellen Tricks" gefragt zu werden, mit denen diese ihre Partner "besser über den Tisch ziehen" können, von Personalentwicklern angegangen zu werden, wer im Training sich am besten geschlagen hat oder zur Solidarität mit einer der verhandelnden Parteien aufgefordert zu werden. In all diesen Fällen werden die Trainer in die Rolle des 'man in the middle' versetzt, die professionellen 'go betweens' wie Dolmetschern oder Unterhändlern gut bekannt ist. Condon und Yousef (1975: 197-208) haben noch in der frühen Phase der Professionalisierung interkultureller Trainer als erste auf die Gefahren dieser Rolle hingewiesen. Sie warnen vor dem sog. 'Malinche Syndrom', dem professionelle Kulturvermittler und Trainer zum Opfer fallen können. Der Name spielt an auf die Rolle, die La Malinche, die Dolmetscherin und Geliebte des spanischen Heerführers Cortes, bei der Eroberung Mexikos im 16. Jh. spielte. Von ihr ist bekannt, dass sie nicht nur sprachbegabt war und schnell Spanisch lernte, sondern sich dabei auch spanische Werte zu eigen machte und so im Stande war, die spanischen Besatzer bei allen Verhandlungen zu unterstützen - sehr zum Nachteil ihrer eigenen Landsleute (Todorov 1999: 100). La Malinche steht seither für den verräterischen Kulturvermittler, der seine Wissensmacht missbraucht, indem er sie nur der einen der beiden Parteien zur Verfügung stellt.

Erstaunlich ist, dass dieses Problem in keiner der späteren Publikationen zum interkulturellen Training und zur Rolle des Trainers mehr erwähnt wird. Das globale Aneinanderrücken von Menschen aus der ganzen Welt hat diesem Thema jedoch große Aktualität verliehen, denn waren früher Lerner und 'Lernobjekte' durch große Distanzen, zeitliche und finanzielle Barrieren getrennt, befinden sie sich heute in ständiger physischer oder medialer Nähe. Daraus ergibt sich die Verpflichtung des interkulturellen Trainers zur persönlichen Neutralität, die man dem Kriterienkatalog von Paige (1993b: 190-194) als eine weitere ethische Forderung hinzufügen kann. Loyalität im Training gebührt nicht einer der beteiligten Parteien, sondern der Aufgabenstellung. Die Beachtung dieser Forderung fällt allerdings kaum jemandem leicht, denn man muss gegebenenfalls bereit sein, geschäftliche Einbußen in Kauf zu nehmen und an sich selbst anspruchsvolle und emotionsbeladene Arbeit zu leisten. Besonders Trainern, die aus einer der am Training beteiligten kulturellen Gruppen stammen, dürfte Neutralität schwer fallen.

4.1.3 Die 'Westlichkeit' interkultureller Trainings

Die Frage, ob interkulturelle Trainings als Bildungsformate auf alle Lernumgebungen universell übertragbar sind, ist in der Trainingsliteratur bisher kaum gestellt worden. An ihr hängt die Frage nach der Universalität bzw. der Kulturspezifik des inhaltlichen, methodischen und didaktischen Repertoires interkultureller Lernmaßnahmen. Sind die im US-amerikanischen Kontext entstandenen Trainingsideen, -formate und -modelle also universell verwendbar oder sind sie eher Spiegel ihrer 'Heimatkultur'?

Das Problem der Kulturspezifik interkultureller Trainings wurde in den USA früh erkannt. Robert Kohls formulierte bereits 1978 in einem Vortrag (Kohls 1978) sieben praxisnahe Thesen zur Kulturspezifik interkultureller Trainings und deckte die impliziten Annahmen US-amerikanischer Trainingsformate auf, die er als 'westlich' und 'amerikanisch' bezeichnete. Hierzu zählt z.B. die Eigenverantwortung der Trainees für ihren Lernerfolg, die Hochschätzung der Learning-by-Doing-Methode sowie die Bevorzugung des auf Emotionen gerichteten experientiellen Lernens vor dem kognitiv-intellektuellen Lernen. Die erste Auflage des 'Handbook of Intercultural Training' enthält noch einen Beitrag zur 'Westlichkeit' der sozialwissenschaftlichen Ansätze in der interkulturellen Forschung (Hamnett/Porter 1983), doch werden daraus keine Konsequenzen für Trainings abgeleitet. In der dritten Auflage des gleichen Handbuchs machen Fowler und Blohm dann den Versuch, den Einsatz verschiedener Methoden auch unter dem Gesichtspunkt "Does It Work Across and About Cultures" zu betrachten, doch für die meisten Methoden kommen sie eigenartigerweise zu dem Schluss, dass sie gut übertragbar seien; eine Ausnahme machen sie lediglich für die Self-Assessment-Übungen und die Simulationen (Fowler/Blohm 2004: 56, 62).

Bislang sind es nur die praktischen Erfahrungen von international arbeitenden interkulturellen Trainern, die die Frage nach der 'Westlichkeit' von Trainingsmethoden aufwerfen. Sie wissen aufgrund ihrer Erfahrung intuitiv um die kulturelle Färbung von Trainingsinhalten, -modellen und -methoden. Solange jedoch systematische Untersuchungen fehlen, muss die These der 'Westlichkeit' von interkulturellen Lernmaßnahmen eine Vermutung bleiben. Angesichts der heutigen globalen Diffusion von Lehrinhalten und -formaten ist die Frage allerdings sehr aktuell. Sollte sich die 'Westlichkeit' bisheriger Trainings bestätigen, bedeutet dies für die interkulturellen Trainer neue Anstrengungen, denn wollen sie ethisch verantwortlich arbeiten, müssten sie sich stets der impliziten Kulturspezifik ihres Lehrens bewusst bleiben, um den Prozess des Kultur-Lernens auf die Bedürfnisse ihrer Trainees und deren kultureller Umgebung abzustimmen. Es ist dies ein sehr intensives Vorgehen, für das es noch kaum Modelle gibt.

Bis dahin kann man den Kohls'schen Thesen weitere Fragen hinzufügen und in deren Beantwortung die kulturelle Relativität von Trainingsgrundsätzen zu bestimmen suchen: Sind Trainer eher Moderatoren oder Vermittler von "richtigem" Wissen? Löst die Wahrnehmung von Differenz immer die Motivation für interkulturelles Lernen aus, wie die Gudykunst'sche AUM-Theorie nahelegt? Kann man über kulturelle Unterschiede immer einen rationalen Diskurs führen, wie ihn die Habermas'sche Diskursethik postuliert? Ist interkulturelles Lernen ohne Selbst-Reflexivität möglich? Auf jede dieser Fragen wird es wohl 'westliche' und 'nicht-westliche' Antworten geben. Ein ethisch arbeitender Trainer müsste imstande sein, beide Varianten zu erkennen, um die optimale Passung zwischen seinem Trainingsdesign und den kulturellen Orientierungen seiner Trainees zu finden.

5 Statt eines Schlusses

Die Fachdiskussion um die Aktualisierung interkultureller Trainings befindet sich erst am Anfang. Mittlerweile ist klar geworden, dass die europäische Sicht auf kulturelle Vielfalt und Interkulturalität es nahelegt, die aus den USA herrührenden Erkenntnisse und Praktiken kritisch auf ihre Tauglichkeit für die heutige gesellschaftliche Realität zu überprüfen und sie mit dem aktuellen Stand kultur- und sozialwissenschaftlicher Forschung in Einklang zu bringen. Mit meinen Ausführungen habe ich versucht, auf einige sensible Aspekte hinzuweisen. Ich habe mich daher nur auf einige Themen konzentriert, die aus meiner Sicht aber zentrale Bedeutung haben. Der Grenzen dieser Arbeit bin ich mir wohl bewusst, hoffe aber, einen Anstoß für künftige systematische Untersuchungen gegeben zu haben.

Literatur

Auernheimer, Georg (1999). Notizen zum Kulturbegriff unter dem Aspekt interkultureller Bildung. In: M. Gemende, W. Schröer, S. Sting (Hrsg.), Zwischen den Kulturen. Pädagogische und sozialpädagogische Zugänge zur Interkulturalität. Weinheim: Juventa, 27-36.

Bhawuk, Dharm P.S. (2001). Evolution of Culture Assimilators Toward Theory-Based Assimilators. In: International Journal of Intercultural Relations 25: 141-163.

Bennett, Milton J. (1986). A Developmental Approach to Training for Intercultural Sensitivity. In: International Journal of Intercultural Relations 10: 179-196.

Bennett, M., J. Bennett (Hrsg.) (2004). Handbook of Intercultural Training, 3rd edition. Thousand Oaks.

Bennett, Janet M., M.J. Bennett (2004). Introduction and Overview. In: Dan Landis, J.M. Bennett, M.J. Bennett (Hrsg.), Handbook of Intercultural Training, 3rd edition. Thousand Oaks: Sage, S. 1-10.

Brislin, Richard W., T. Yoshida (Hrsg.) (1994). Improving Intercultural Interactions. Modules for Cross-Cultural Training Programs. Thousand Oaks.

Brislin, Richard W., T. Yoshida (Hrsg.) (1994). Intercultural Communication Training: An Introduction. Thousand Oaks.

Chen, Guo-Ming, W. J. Starosta (1997). Foundations of Intercultural Communication. Englewood Cliffs.

Condon, John C., F. Yousef (1975). An Introduction to Intercultural Communication. New York: Macmillan.

Dadder, Rita (1987). Interkulturelle Orientierung. Analyse ausgewählter interkultureller Trainingsprogramme. Saarbrücken.

Dahlén, Tommy (1997). Among the Interculturalists. An Emergent Profession and its Packaging of Knowledge. Stockholm.

Ferdman, Bernardo M., S.E. Brody (1996). Models of Diversity Training. In: D. Landis, R.S. Bhagat (Hrsg.), Handbook of Intercultural Training. 2nd ed. Thousand Oaks, S. 282-303.

Ferraro, Gary P. (1990). Cultural Dimensions of International Business. Englewood Cliffs ²1997.

Flechsig, Karl-H. (1999). Methoden des interkulturellen Trainings. Ein neues Verständnis von 'Kultur' und 'interkulturell'. In: M. Gemende, W. Schröer, S. Sting (Hrsg.), Zwischen den Kulturen. Pädagogische und sozialpädagogische Zugänge zur Interkulturalität. Weinheim: Juventa, S. 209-227.

Fowler, Sandra M., M. G. Mumford (Hrsg.) (1995). Intercultural Sourcebook. Cross-Cultural Training Methods. Vol 1. Yarmouth: Intercultural Press.

Fowler, Sandra M., M. G. Mumford (Hrsg.) (1999). Intercultural Sourcebook. Cross-Cultural Training Methods. Vol 2. Yarmouth: Intercultural Press.

Gemende, Marion, W. Schröer, S. Sting (Hrsg.) (1999). Zwischen den Kulturen. Pädagogische und sozialpädagogische Zugänge zur Interkulturalität. Weinheim: Juventa.

Göhring, Heinz (1976). Interkulturelle Kommunikationsfähigkeit. München.

Grosch, Harald, A. Groß, W.R. Leenen (2000). Methoden interkulturellen Lehrens und Lernens. Saarbrücken: ASKO Europa-Stiftung.

Gudykunst, William B.(1998). Applying Anxiety/Uncertainty Management (AUM) Theory to Intercultural Adjustment Training. In: International Journal of Intercultural Relations 22: 227-250.

Guirdham, Maureen (1999). Communicating Across Cultures. West Lafayette.

Hall, Edward T. (1956). Orientation and Training in Government for Work Overseas. In: Human Organization 15: 4-10.

Hamnett, Michael R., D.J. Porter (1983). Problems and Prospects in Western Approaches to Cross-National Science Research. In: D. Landis, R.W. Brislin (Hrsg.), Handbook of Intercultural Training. Bd. 1. Issues in Theory and Design. New York: Pergamon Press, S. 61-81.

Hannerz, Ulf (1992). Cultural Complexity: Studies in the Social Organization of Meaning. New York: Columbia University Press.

Hannerz, Ulf (1995). 'Kultur' in einer vernetzten Welt. Zur Revision eines ethnologischen Begriffes. In: W. Kaschuba (Hrsg.), Kulturen-Identitäten-Diskurse. Perspektiven europäischer Ethnologie. Berlin: Akademie, S. 64-84.

Hinnenkamp, Volker (1994). Interkulturelle Kommunikation. Heidelberg.

Hofstede, Geert (1980). Culture's Consequences: International Differences in Work-Related Values. Beverly Hills, London.

Klyukanov, Igor E. (2005). Principles of Intercultural Communication. Boston, New York: Pearson.

Kohls, L. Robert (1978). Issues in Cross-Cultural Training. Paper at the 2nd Conference on Intercultural Communication, University of South Florida, Tampa/Florida, July 19, 1978. Unveröff.

Kohls, L. Robert, J. M. Knight (1987). Developing Intercultural Awareness. A Cross-Cultural Training Handbook. Yarmouth (^{2}1994).

Landis, Dan (1997). IJIR and SIETAR: One Door Closes and Another Opens. In: International Journal of Intercultural Relations 21: 291-297.

Landis, Dan, R. W. Brislin (Hrsg.) (1983). Handbook of Intercultural Training. Bd. 1. Issues in Theory and Design. New York: Pergamon Press.

Landis, Dan, R. S. Bhagat (Hrsg.) (2004). Handbook of Intercultural Training, 2nd Edition. Thousand Oaks: Sage.

Landis, Dan, J. M. Bennett, M. J. Bennett (Hrsg.) (2004). Handbook of Intercultural Training, 3rd edition. Thousand Oaks: Sage.

Leeds-Hurwitz, Wendy (1990). Notes in the History of Intercultural Communication: The Foreign Service Institute and the Mandate for Intercultural Training. In: Quarterly Journal of Speech 76: 262-281.

Maletzke, Gerhard (1970). Intercultural and International Communication. In: Fischer, H.D. u.a. (Hrsg.), International and Intercultural Communication. New York, 409-416.

Maletzke, G. (1984). Interkulturelle und internationale Kommunikation. Vorschläge für Forschung und Lehre. In: Ders. (Hrsg.), Bausteine zur Kommunikationswissenschaft 1949-1984. Berlin, 57-72, 169-178.

Maletzke, G. (1996). Interkulturelle Kommunikation. Zur Interaktion zwischen Menschen verschiedener Kulturen. Opladen.

Martin, Judith, Th. K. Nakayama (2000). Intercultural Communication in Contexts. Mountain View.

Moosmüller, Alois (2000). Die Schwierigkeit mit dem Kulturbegriff in der Interkulturellen Kommunikation. In: R. Alsheimer, A. Moosmüller, K. Roth (Hrsg.), Lokale Kulturen in einer globalisierenden Welt. Perspektiven auf interkulturelle Spannungsfelder. Münster: Waxmann, S. 15-31.

Müller, Bernd-Dietrich (1980). Zur Logik interkultureller Verstehensprobleme. In: Jahrbuch für Deutsch als Fremdsprache 6: 102-119.

Müller, B.-D. (1986). Interkulturelle Verstehensstrategien - Vergleich und Empathie. In: G. Neuner (Hrsg.), Kulturkontraste im DaF-Unterricht. München: Iudicium, 33-84.

Paige, R. Michael (1993). On the Nature of Intercultural Experiences and Intercultural Education. In: Ders. (Hrsg.), Education for the Intercultural Experience. Yarmouth, 1-19.

Paige, R. M. (1993). Trainer Competencies for International and Intercultural Programs. In: Ders. (Hrsg.), Education for the Intercultural Experience. Yarmouth, 169-200.

Paige, R. Michael, J. N. Martin (1983). Ethical Issues and Ethics in Cross-Cultural Training. In: D. Landis, R.W. Brislin (Hrsg.), Handbook of Intercultural Training. Bd. 1. Issues in Theory and Design. New York: Pergamon Press, S. 36-60.

Paige, R. Michael, J. N. Martin (1996). Ethics in Intercultural Training. In: D. Landis, R.S. Bhagat (Hrsg.), Handbook of Intercultural Training, 2nd edition. Thousand Oaks: Sage, S. 35-60.

Pusch, Margaret D. (2004). Intercultural Training in Historical Perspective. In: D. Landis, J.M. Bennett, M.J. Bennett (Hrsg.), Handbook of Intercultural Training, 3rd Edition. Thousand Oaks: Sage, 13-36.

Rehbein, Jochen (Hrsg.) (1985). Interkulturelle Kommunikation. Tübingen.

Rogers, Everett M., W.B. Hart, M. Yoshitaka (2002). Edward T. Hall and the History of Intercultural Communication: The United States and Japan. In: Keio Communication Review 24: 3-26.

Rogers, Everett M., W.B. Hart (2002). The Histories of Intercultural, International and Development Communication. In: W.B. Gudykunst, B. Mody (Hrsg.), Handbook of International and Intercultural Communication. Thousand Oaks: Sage, S. 1-18.

Roth, Juliana, C. Köck (Hrsg.) (2004). Culture Communication Skills. Interkulturelle Kompetenz. Handbuch für die Erwachsenenbildung. München: BVV.

Schroll-Machl, Sylvia, I. Novy (2002). Beruflich in Tschechien. Trainingsprogramm für Manager, Fach- und Führungskräfte. Göttingen: Vandenhoek & Ruprecht.

Thomas, Alexander (1980). Psychologie des interkulturellen Handelns. In: H. Haase, W. Molt (Hrsg.), Handbuch der angewandten Psychologie, Bd. 3. München, 720-733.

Thomas, A. (1985). Interkultureller Austausch als interkulturelles Handeln. Saarbrücken.

Thomas, A. (Hrsg.) (1991). Kulturstandards in der internationalen Begegnung. Saarbrücken.

Thomas, A. (Hrsg.) (1993). Kulturvergleichende Psychologie. Eine Einführung. Göttingen: Hofgrefe.

Thomas, Alexander, E. Schenk (2001). Beruflich in China. Trainingsprogramm für Manager, Fach- und Führungskräfte. Göttingen: Vandenhoek & Ruprecht.

Todorov, Tzvetan (1999). The Conquest of America. Norman: University of Oklahoma Press.

Triandis, Harry C. (1995). Culture-Specific Assimilators. In: S. Fowler, M.G. Mumford (Hrsg.), Intercultural Sourcebook: Cross-Cultural Training Methods. Bd. 1. Yarmouth: Intercultural Press, S. 179-186.

Weber, Horst (1976). Interkulturelle Kommunikation und Landeskunde. In: Ders. (Hrsg.), Landeskunde im Fremdsprachenunterricht. Kultur und Kommunikation als didaktisches Konzept. München, 214-224.

Methoden, Verfahren, Konzepte

Michael Jagenlauf

Interkulturelles Lernen durch Outdoor-Training

„Wirgefühl in der Natur – Wenn´s an Teamgeist fehlt, schicken Firmen ihre Mitarbeiter auf Schnitzeljagd"
(Die ZEIT vom 27.5.99)

„Die Schrecken des Seilgartens – Das Outdoor-Training boomt – wie Manager und Pastoren in freier Natur auf Teamfähigkeit getrimmt werden"
(Deutsches Allgemeines Sonntagsblatt Nr. 23 vom 4. Juni 1999).

A) Projektmanagement für multinationale Teams

Im Zuge rasch fortschreitender Globalisierung braucht das Projektmanagement international ausgerichteter Betriebe neue Ansätze und Formen für die Entwicklung multinational zusammengesetzter Teams. Solche Teamentwicklungsprozesse können in ganz erheblichem Umfange zuverlässig, kostengünstig und in Hinblick auf die Nutzung ökologischer Ressourcen „nachhaltig" durch so genannte Outdoor-Aktivitäten gefördert werden, dies wird im Folgenden erläutert und begründet.

1 Kontext

Merkmale, Trends und Hintergründe der Globalisierung sind allgemein bekannt. Motor wie Opfer dieser Globalisierung sind – auf ökonomischer Ebene – die Betriebe. Opfer insofern, als dadurch die betriebliche Organisation und – um diese zu sichern – die betriebliche Bildungsarbeit vor erhebliche Herausforderungen gestellt wird. Mit dem Rückgriff auf die Metapher der „lernenden Organisation ist" die entscheidende Weiche gestellt, denn nun dient Weiterbildung nicht mehr vorrangig der Erweiterung und Vertiefung hergebrachter Wissens- und Erfahrungsbestände, sondern nun stehen diese Bestände selbst zur Disposition zugunsten umfassender Organisations- und Personalentwicklungen.

2 Betriebe und Globalisierung

Unternehmen sehen sich im Besonderen der zunehmenden Globalisierung ausgesetzt. Um wettbewerbsfähig bleiben zu können, müssen sie ihre Produktivität und Effizienz steigern. Im Zuge von Restrukturierungsmaßnahmen, KVP, TQM und Change Management werden Hierarchien abgebaut und Arbeitsabläufe optimiert. Daneben sichert die Entwicklung sowie die unverzügliche Umsetzung und Markteinführung von innovativen Produkten vielen Unternehmen das Überleben. Daraus resultieren neue, immer komplexer und umfangreicher werdende Anforderungen an die Mitarbeiter, die in *„lernenden Unternehmen"* nur durch fortdauernde Qualifizierung und Entwicklung ihren Arbeitsplatz sichern können: Veränderungen gehören einfach zum Arbeitsalltag.

Peter Senge beschreibt in seinem Buch „Die fünfte Disziplin" zentrale Anforderungen an eine „lernende Organisation". Sie wird vor allem getragen durch offene, vertrauensvolle Kommunikation, die in vielen Unternehmen erst noch entwickelt werden muss. Die Voraussetzungen für gelungene Kommunikationen sind neben Offenheit vor allem die Bereitschaft zum Dialog ohne Rücksicht auf Hierarchien und eigene Eitelkeiten (vgl. hierzu auch Heft 5/2004 der Zeitschrift e&l – erleben und lernen zum Thema: Team- und Organisationsentwicklung.)

Verhaltenssouveränität und allgemeine Handlungskompetenz zählen, neben der fachlichen Kompetenz, zu den wichtigsten Anforderungen an Mitarbeiter aller Ebenen heute und in der Zukunft. Ziel der Personalentwickler muss und wird es deshalb sein, die Potenziale und Kompetenzen der Mitarbeiter aufzudecken und zu entwickeln; Aufgabe der betrieblichen Weiterbildung muss und wird es sein, Konzepte zur Verfügung zu stellen, die diese Kompetenzentwicklung der Mitarbeiter fördern. Hergebrachte, stark reproduktiv und kognitiv orientierte Seminarmethoden greifen vor diesem Hintergrund nicht länger. Sie müssen zumindest ergänzt werden durch *neue ganzheitliche und handlungsorientierte Lernkonzepte* wie z. B. durch sog. Action-Learning oder Projektlernen (vgl. Götz 1999, S. 127 f.). Dadurch werden die Anforderungen an die Mitarbeiter in der Personalentwicklung und der betrieblichen Weiterbildung ebenfalls komplexer. Ihre Professionalität ist heute v.a. gekennzeichnet durch Kreativität und Innovationsfähigkeit, die sie bei der Entwicklung handlungsorientierter Konzepte methodisch und didaktisch umsetzen müssen und dabei wird immer häufiger auf erlebnisorientierte Modelle zurückgegriffen (vgl. de Cuvry & Jagenlauf 1998).

3 Projektmanagement und Teamentwicklung

Projektmanagement kann definiert als eine zeitlich befristete Organisationsform, die innerhalb oder außerhalb des Unternehmens initiiert und kontrolliert wird zur Durchführung eines (zumeist) risikoreichen, komplexen und routinefremden Vorhabens. Eingebunden in dieses Projektmanagement sind Mitarbeiter unterschiedlicher Qualifikation und Hierarchiestufen unter Vorgabe festgelegter Leistungs-, Kosten- und Terminziele mit projektabhängiger nationaler und internationaler Reichweite.

Basis für erfolgreiches Projektmanagement – unabhängig davon, ob es dabei um Stab-Projektorganisation, Matrix-Projektorganisation oder „reine Projektorganisation" geht – ist ein kreatives, engagiertes und zielstrebig arbeitendes Projektteam. Von den in solchen Projektteams arbeitenden Teammitgliedern werden im allgemeinen *Kooperationsfähigkeit, Konsensbestreben, Toleranz, Vorurteilsfreiheit, Kritikfähigkeit, Offenheit, Problemlösefähigkeit und einiges anderes mehr als Persönlichkeitsmerkmale* gefordert (vgl. Jagenlauf 1993). Solch hohe Voraussetzungen bei den Teammitgliedern – und hier liegt die Hürde für jede Projektorganisation – sind allerdings nicht immer gegeben, sondern müssen dann erst entwickelt und damit erst hergestellt werden und zwar über viele Schritte – die Psychologie der Gruppe (Gruppendynamik) macht dies unumgänglich.

4 Interkulturelles Lernen in multinationalen Teams

Im Zuge der Globalisierung der Märkte und Unternehmen stützt sich das Projektmanagement zunehmend auf bi- und multinational zusammengesetzte Teams. Zu den generell wirksamen gruppen- und sozialpsychologischen Formierungsproblemen in Teams treten dann noch weitere Probleme hinzu: nationale Einflussgrößen wie Sprachen und Dialekte, landestypische Gepflogenheiten, nationale Geschichte, Kultur und Philosophie (vgl. hierzu Thomas & Hagemann 1992, S. 181 f.). Weiter erschweren sog. *multinationale Spannungsfelder* wie unterschiedliche Arbeitshaltungen, Lebensgewohnheiten, Führungsgrundsätze, sozialer Status, nationale Cliquenbildung oder Zuteilung von Führungspositionen ganz unabhängig von den möglicherweise gleich verteilten Fachkompetenzen ganz erheblich eine multinationale Teamarbeit (vgl. Dülfer 1992, S. 37).

In einer vergleichenden Studie von Outdoor-Mitarbeitern in Australien, Kanada, Great Britain, Neuseeland und USA über Führungsgrundsätze bei Outdoor-Aktivitäten zeigten sich beispielsweise erhebliche Unterschiede hinsichtlich der Komponenten: „problem-solving skills, safety skills, technical skills, and organizational skills. These differences may be due to several reasons. Of paramount explanatory power would be the concern for litigation, which was a major concern in North America, although there existed a positive safety attitude among all responding experts. Because of their concern for litigation, Canadian experts considered safety skills to be the utmost importance. On the order hand, problem-solving skills were not as important to the British as to be North American experts. The British have yet to experience liability problems like those in North America, and hence, considered problem-solving skills to be less important. Also, some experts commented that the nation of Great-Britain was extremely slow at accepting the importance of such „soft" skills to outdoor leadership preparation". (Warren u. a. 1995, S. 375)

Freilich reicht es nicht aus – und schon gar nicht im Rahmen eines betrieblich veranlassten Projektmanagements – solche Unterschiede zu kennen und zu tolerieren, sondern sie müssen im Rahmen eines Teamentwicklungsprozesses, in dem sie dann eine konstitutive Rolle spielen, konstruktiv überwunden werden. „Wer also – so schreibt Thomas – mit Menschen einer ihm fremden Kultur erfolgreich kommunizieren will und interagieren will, muss deren Orientierungs- und Symbolsystem kennen, um ihre Handlungsweisen zu verstehen. Diese Fähigkeit ist die Grundvoraussetzung für erfolgreiches interkulturelles Handeln." (Thomas 1992, S. 37).

Handlungstheoretisch gesehen fallen interkulturelles Handeln und interkulturelles Lernen zusammen, denn sie bedingen sich gegenseitig: Im interkulturellen Handeln fällt interkulturelles Lernen an (learning by doing) und interkulturelles Lernen ereignet sich im interkulturellen Handeln – dies gilt generell für privat freundschaftlich begründete Gruppen wie für multinational besetzte Projektteams.

Interkulturelles Handeln/interkulturelles Lernen kann auf zwei Ebenen ansetzen: einmal – idealtypisch gesehen – auf der gesellschaftlichen Ebene mit explorativen Auseinandersetzungen mit den gesellschaftlichen Verhältnissen, der Demografie, der Wirtschaft, der Kultur, den Sozialchancen eines anderen Landes oder auf der – wieder idealtypisch gesehen – individuellen Ebene, auf der sich die Mitglieder mit ihren unterschiedlichen Sprachgewohnheiten, Einstellungen, Reflexionen und Handlungsmöglichkeiten gegenseitig erfahrend und erprobend auseinander setzen. Hierfür gibt es eine Fülle unterschiedlichster PE – Maßnahmen u.a. gezielte Trainings für ein sog. Cross-Culture-Management. Ein Projektmanagement für multinationale Teams wird notwendig auf beiden Ebenen operieren müssen – eine starke, bisweilen kaum einlösbare Herausforderung für die Steuerung der Teamentwicklung, die in den letzten 10 Jahren zunehmend – um optimalen Erfolg zu erzielen – auch auf sog. erlebnis- und handlungsorientierte Teambildungsprozesse in der Form sog. Outdoor-Trainings zurückgreift. Leider liegen hierzu nur wenige Veröffentlichungen vor.

B) Outdoors – Herkunft, Formen, Wirkungen

1 Erlebnispädagogische Grundlegung

Erlebnispädagogische Ansätze und Programme haben seit den 80iger Jahren einen beachtlichen Aufschwung erfahren; mehrere Zeitschriften, eine eigene Messe, zahlreiche Kongresse und eine fast unübersehbare Literatur verbreiten ihre Absichten und Praxen (vgl. Heckmair & Michl 2004). Mit Erlebnis-pädagogik werden im Allgemeinen gleichgesetzt oder assoziiert: Wanderpäda-gogik, Outdoor-Pädagogik, Outdoor-Training, Abenteuer-pädagogik, hand-lungs-orientierte Pädagogik, Experiential-learning, Survivaltraining, Wil-der-ness-experience, outdoor-development, Erfahrungspädagogik, challenge programmes, Outward Bound-Pädagogik, Learning by Doing, Adventure Programming u. a. m. Allen Ansätzen gemeinsam sind drei Momente: individuell-subjektives – nur begrenzt herstellbares – Erleben im Rahmen gruppenbezogener Aktivitäten in (mitunter auch extremen) Naturräumen (outdoor). Die dabei intensiv „erlebten" Erfahrungen fördern die Fähigkeiten Jugendlicher und Erwachsener, bisheriges Verhalten (wie z. B. Gruppen-verhalten, Initiative, Ausdauer, Kreativität) zu reflektieren, neue Verhaltens-weisen zu erproben und diese in den Alltag zu übertragen (Transfer). „Persönlichkeitsbildung durch Erlebnispädagogik" ist das Motto fast aller einschlägigen sowohl Kurzzeit- (Kurse, Trainings) als auch Langzeit – Angebote (Einzelfallhilfen, Heimbetreuung).

Aufbauend auf Gedanken von Rousseau, Thoreau, Dewey und der Reformpädagogik konzipierte Kurt Hahn (1886-1974, Gründer von Salem) in den 40iger Jahren die sog. Elemente des Outward-Bound: *Körperliches Training (Fitness), Rettungsdienst (Anteilnahme), Projekt (Genauigkeit, Sorgfalt) und Expedition (Initia-*

tive, Ausdauer), die auch heute noch das Grundgerüst erlebnispädagogischer Kurse darstellen.

Die Ursachen für den Boom der Erlebnispädagogik in den letzten Jahren sind vielfältig: Ablösung des traditionellen seminaristischen Lernens durch handlungsorientierte Konzepte (Projektmethode, Leittextmethode, Spiele), Erlebnisorientierung und Outdoor-Orientierung in vielen Lebensbereichen (Erlebnisgesellschaft), Zunahme ökologischer Sensibilität, Vordringen ganzheitlicher Ansätze in der Bildungsarbeit (Kopf, Herz, Hand), Übernahme der sog. New Games in den Sport und nicht zuletzt die z. T. spektakulären Events und Aktivitäten (wie z. B. Rafting) in Führungskräftetrainings.

Die Wirkungen einschlägiger Kurse und Aufenthalte sind in den USA, in UK und auch in Deutschland mannigfach evaluiert worden, am grundsätzlichen Erfolg von Erlebnispädagogik besteht mittlerweile kein Zweifel mehr; Erklärungen hierfür Können aus folgenden Modellen abgeleitet werden:

Lernen durch Erfolg (Feedback geben im Rahmen sog. Reflexions-Phasen); aktive Hilfe bei Problembewältigungen (durch die Teamer); Identitätsstärkung durch intensive (Natur- und Gruppen-) Erlebnisse; Lernen am Modell (des Trainers, gelegentlich auch eines Teilnehmers); Steigerung der Selbstwirksamkeit durch sog. mastery-Effekte, d. h., im Rahmen von erlebnispädagogischen Aktionen müssen bestimmte Kompetenzen erworben werden (z. B. Seilsicherungen), deren Beherrschung die eigene Selbstwirksamkeit steigert; bewusstes Handeln im Lichte von Zielen und gemeinsamen Vereinbarungen.

Derzeit wird diskutiert, inwieweit die Transfereffekte durch metaphorisches Lernen (z. B.: Wir sitzen alle in einem Boot!) noch weiter gesteigert werden können. Kritik erfährt die Erlebnispädagogik z.T. aus ökologischer (Natur dient nur als Mittel zum Zweck) oder aus pädagogischer Sicht (übertriebener Aktionismus z. B. in Hochseilgärten bzw. "Affenschaukeln", zu starke Orientierung an männlichen Idealen wie Held, Abenteurer).

Bevorzugte Aktivitäten im Rahmen der Erlebnispädagogik sind (vgl. Kölsch & Wagner 2004): segeln (vor allem Kuttersegeln), Kanufahren, Trekking und Expeditionen, klettern, abseilen und sichern, Skitouren, Höhlenfahrten, Schlauchboot- und Floßfahrten sowie zahlreiche sog. Initiativ- und Problemlösungsspiele (wie Spinnennetz, „wall", Säureteich, Vertrauensfall, gordischer Knoten u.a.). Fast alle Kurse (in der Regel mit einer Woche Dauer) sequenzieren sich in Einstieg, Planung der Aktionen, Durchführung und Übungen sowie Transferreflexionen. Über die außerschulische Jugendarbeit hinaus finden sich Ansätze der Erlebnispädagogik und der Erlebnisorientierung in der Gesundheitsbildung (Selbst- und Körpererfahrung), in der ökologischen Bildung (Erkundungen zu Fuß, per

Rad), in Angeboten der personorientierten Bildungsarbeit (Erfahren eigener Kompetenzen und Potenziale); in der Familienbildung (gemeinsames Erleben), in der Fremdsprachenbildung (Wandern in der Toskana), in der kulturellen Bildung (historische und literarische Spurensuche), ferner in Ausbildungsgängen für Auszubildende (Wir wollen ein Team werden!), vorzugsweise in der (schulinternen) Lehrerfortbildung (Wir und unsere Schule!) und – seit vielen Jahren besonders boomend – in der betrieblichen Weiterbildung.

2 Outdoors als Programming

Im Allgemeinen werden in der Szene und in der Fachwelt folgende Begriffe unterschieden:

- „Adventure Learning" – das so genannte Abenteuerlernen. Verhaltensänderungen entstehen dabei durch Ungewißheiten oder Unsicherheiten aus einer neuen starken Herausforderung (Abenteuer) heraus.
- „Experienced Learning" – Lernen, das auf Erlebnissen basiert.
- „Experiential Learning" – das so genannte Erfahrungslernen; Erlebnisse werden erst durch Reflexionen zu Erfahrungen.
- „Programming" – geplantes und zielgerichtetes Handeln der Trainer, das Menschen dazu verhelfen kann, sich zu verändern, wobei das Helfen weniger als ein direkter Eingriff zu verstehen ist, sondern eine Art Prozessbegleitung darstellt (vgl. Priest & Gass 1997).

Das „Programming" ist das Lernmodell, das derzeit von professionellen Outdoor-Veranstaltern vorwiegend umgesetzt wird, und auf das sich die weiteren Ausführungen beziehen.

> Outdoor-Management-Development-Training sind von ihrer Bestimmung und Funktion her Instrumente der Personalentwicklung und dienen der Förderung berufsrelevanter Fähigkeiten und Fertigkeiten des Menschen. Sie gehören in den Bereich des Erfahrungslernens (experiential learning, action learning, challenge learning), wobei der Lernort aus methodisch-didaktischen Gründen in die Outdoor verlegt wird. (Kölblinger 1997, S. 16)

Outdoor-Trainings (vgl. hierzu die ausführliche Grundlegung von Schad/Michl 2004) weisen – im Vergleich zu den üblichen erlebnispädagogischen Angeboten – eine Reihe zusätzlicher besonderer Merkmale auf: Sie werden häufig mit bereits bestehenden Gruppen durchgeführt, wobei das Team als zu entwickelndes System im Vordergrund steht, weniger die Persönlichkeitsbildung des einzelnen Teammitglieds. Das Design folgt weniger der allgemein verbreiteten erlebnispädagogischen Dramaturgie (Outward Bound), vielmehr richtet sich die Zusammensetzung und Abfolge der einzelnen Aktivitäten an speziellen Vorgaben z.B. (hier) der Teamentwicklung aus. Aus Zeitgründen beschränken sich solche Trainings häufig auch auf wenige Tage, wobei dann das erlebnispädagogische Element „Tour/Expedition" zumeist entfällt; zahlreiche Aktivitäten finden – wiederum aus Zeitgründen – (in kunstvoll errichteten) sog. Ropes-Courses (Hochseilgärten) statt und die Schwerpunkte liegen in der Durchführung von Interaktionsaufgaben, anhand derer Strukturen und Geschehnisse im Team anschaulich werden sowie in der Durchführung langer ausführlicher und differenzierter Reflexions- und Transferphasen, die mittlerweile bei vielen Anbietern ca. 40% der Trainingszeit ausmachen.

3 Beispiele

Im deutschen Sprachraum entsenden heute zahlreiche, insbesondere große, international operierende Firmen ganze Teams und Führungskräfte für wenige Tage zu Outdoor-Trainings, so z.B. die Firmen Aral, Dräger, Dresdner Bank, Daimler-Chrysler, Reemtsma, Siemens. Besonders bekannt geworden sind die in eigener Regie durchgeführten sog. Wilderness-Experience-Seminare der Drägerwerk AG in Lübeck. Auch die Bundeswehr greift im Rahmen ihrer peacekeeping-Verpflichtungen mittlerweile auf Outdoor-Trainings zurück, ebenso das niederländische und englische Militär. Im angelsächsischen Raum, insbesondere in den USA und Australien ist der Angebotsboom nicht mehr überschaubar. Konzipiert und veranstaltet werden solche Trainings von reinen Outdoor-Spezialisten bis hin zu Unternehmensberatern; bekannt geworden als Anbieter entsprechender Trainings sind in Deutschland u.a. Outword Bound Deutschland (München), die GFE/erlebnistage. (Lüneburg) mit ihren Erlebnistage-Angeboten, die Futura Trainings & Consulting (Gräfeling), Outdoor Unlimited Training (Kaiserslautern).

So sind für die Firma XYZ z. B. waren „outdoors" tragende Bestandteile einer eigenen „XYZ Marketing Academy". In den multinational besetzten Kursen (mit beispielsweise 18 Teilnehmern aus 11 Ländern) dieser Academy werden outdoors in Form von Natursportarten (Radfahren, Abseilen, Klettern, Seilbrückenaufbau, Walking, Funkorientierungs-Touren), Gymnastik, Spielen, Events (wie z. B. Outdoor-Frühstück) und sog. „communications breaks" konstitutiv eingebaut. Aktionen in diesen 15 bis 30 Minuten dauernden communication breaks können sein:

... mit dem Ziel der Förderung von Geschicklichkeit/Teamwork/Spaß:

„Kleinknödel-Kralle" Die Teilnehmer bedienen mittels langer Schnüre einen Greifarm, um Gegenstände aus einem imaginären Teich zu angeln.
„Bahn-Spiel" Die Teilnehmer stehen in zwei Reihen gegenüber und bauen mit Holzstäben einen Schienenweg, über den eine Kugel rollen soll.

... mit dem Ziel der Förderung von Kooperation/Problemlösung/Bewegung:

„Spinnennetz" Die Teilnehmer sollen mittels gegenseitiger Hilfe (heben, tragen u. a.) ein überdimensionales Spinnennetz durchqueren, ohne dabei die Fäden zu berühren.
„Balken" Die Teilnehmer stehen auf einem schmalen Holzbalken und sollen sich nach bestimmten Kriterien ordnen, ohne vom Balken abzusteigen.
„Knoten in der Leitung" Die Teilnehmer stehen in einer Reihe, halten gemeinsam ein Seil in der Hand und sollen Knoten in das Seil knüpfen, ohne es loszulassen.
„Vertrauensfall" Die Teilnehmer lassen sich rückwärts von einem kleinen Podest in die ausgestreckten Arme der Gruppenmitglieder fallen.

Mithilfe der Hochseilgarten-Methodik lassen sich beispielsweise sowohl individuen-relevante oder eher gruppen- und team-relevante Themen aufarbeiten (vgl. hierzu die Hefte 1/2004 und 2/2004 der Zeitschrift e&l – erleben und lernen). Eher individuen-relevante Themen können z.B. sein (vgl. Siegl & Vetter 1998, S. 25 ff.):

- Selbst- und Fremdwahrnehmung
- Selbsteinschätzung
- eigene Blockaden erkennen
- eigene Blockaden aufweichen, lösen und überwinden.
- Mut und Risikobereitschaft
- Handeln als positives Prinzip
- eigenes kommunikatives Verhalten
- Unterstützung geben und einfordern
- eigenes Verhalten im Team
- eigenes Führungsverhalten
- persönliche Zielverfolgung

Eher gruppen-team-relevante Themen können z. B. sein:
- ergänzendes Aufeinader zugehen als Prinzip
- Synergie als Chance und Weg
- kommunikatives Teamverhalten
- lösungsorientiertes Arbeiten im Team
- Rollenklärung und Rollenverteilung
- Unterstützungssysteme im Team
- positive Bewältigung von Krisen
- gemeinsame Zielfindung, Zielverfolgung und Zielerreichung
- optimaler Einsatz von Team-Ressourcen

4 Wirkungsanalysen

Zum heutigen Erfolg der Outdoor-Trainings hat ganz entscheidend die hohe Professionalität vieler Anbieter beigetragen, die sich insbesondere in der Ausweitung der Reflexions- und Transferphasen sowie in einer perfekten Gestaltung auch ungewöhnlicher Aktivitäten zeigt:

> Wieso (...) soll man (...) ausgerechnet in Outdoor-Kursen lernen können..., warum nicht in Rollenspielen? 'Weil man da locker auf dem Stuhl sitzt, sich taktisch verhalten kann oder ganz raushalten', sagt Iris Merz, Personalentwicklerin bei der Karstadt AG in Berlin. Anders draußen in der Natur, wo eine Aufgabe nur gelöst werden kann, wenn alle mitmachen, wo schwierige Bedingungen den Druck auf Kommunikation und Kooperation erhöhen. Etwa bei der 'Orientierungstour'. Dabei starten zwei Teams auf verschiedenen Routen zu einem gemeinsamen Ziel, zum Beispiel einem Berggipfel. Problem: Die Wegbeschreibung hat das jeweils andere Team. Die Gruppen müssen sich also gegenseitig führen. Per Funk. Erlaubt ist aber nur ein bestimmte Zahl von Funkkontakten. Aus der 13-Kilometer-Wanderung wird wegen Kommunikations- und Planungsfehlern schnell ein 30-Kilometer-Gewaltmarsch. 'Da ist Stress, da kommen Mitarbeiter nicht nach, die andere Gruppe versteht die Infos nicht'! erzählt Iris Merz. 'Oder der Führer schlägt an der Gabelung den falschen Weg ein – was mach ich dann als Mitarbeiterin'? 'Lauter realistische Situationen, da sei viel Transfer möglich'. (Deutsches Allgemeines Sonntagsblatt, Nr. 23 vom 4. Juni 1999)

Über Wirkungen und über die Ursachen der Wirkungen erlebnispädagogischer und erlebnisorientierter Programme inklusive der Outdoor-Trainings liegen mittlerweile fast unübersehbar viele empirische Untersuchungen vor. Die bislang wohl umfangreichste Untersuchung erlebnispädagogischer Angebote konzipierte und organisierte im deutschsprachigen Raum der Verfasser mit seinen Mitarbeitern in den Jahren 1985 bis 1989 (vgl. Jagenlauf 1992) im Auftrag von Outward

Bound Deutschland. In der Einschätzung der befragten Teilnehmer konnten erhebliche Wirkungen der verschiedenen erlebnispädagogischen Elemente der Kurse dieses Anbieters gesichert werden, so. z. B. starke Verbesserungen in den Bereichen Selbstvertrauen und Vertrauen in andere, Teamgeist, Rücksicht und Durchhaltevermögen. Darüber hin-aus bestätigten über 70% der Kursteilnehmer, daß die Outdoor-Aktivitäten ihre weitere persönliche Entwicklung stark beeinflußten. Eine ausführliche Übersicht über Wirkungen und Transfer von Outdoors vermitteln die Schwerpunkthefte e&l – erleben und lernen, 5/96 und 6/96; eine umfangreiche Synopse von Ansätzen und empirischer Untersuchungen zum Outdoor Training legte Heineking (1995) vor (vgl. auch Schad/Michl 2004). Verschiedene Befragungen von Führungskräften nach „erfolgreichen" Outdoor-Trainings ergeben folgende Lerneffekte:

- neue Erkenntnisse zur Zusammenarbeit im Team,
- Einsicht in die Notwendigkeit, Absprachen einzuhalten und Fehler zuzugeben,
- Spannungen abzubauen und Rücksicht zu nehmen,
- nicht überall aktiv und im Vordergrund dabei sein zu müssen,
- Reflexion des eigenen Verhaltens,
- Abbau von Vorurteilen,
- Vertrauensaufbau,
- sich Zeit zum Nachdenken zu nehmen, auch unter sehr unruhigen Bedingungen,
- mehr Gelassenheit und Ruhe gerade in Problemsituationen zeigen,
- Selbstüberwindung in kritischen Situationen.

Zahlreiche Untersuchungen zum Outdoor-Management-Development wurden in den USA und in Australien durchgeführt. Auch aus ihnen wird deutlich, daß erlebnisorientierte Qualifizierungsmaßnahmen Gruppenverhalten extrem verbessern und sich ebenso positiv auf Individualverhaltensweisen auswirken. Aus den vielfach empirisch ermittelten Wirkungen und Folgen erlebnisorientierter Programme lässt sich mit hoher Sicherheit auf entsprechend langfristige Transfereffekte aus dem Lernfeld in das Funktionsfeld „Unternehmen" schließen, jedenfalls dann, wenn das Bildungsmanagement solche erlebnisorientierten Programme professionell arrangiert und nachbereitet (vgl. Ertel & Kraft 1999).

C) Interkulturelles Lernen in Teams durch Outdoor-Training

1 Teamentwicklung

Teamentwicklungsprozesse können aus unterschiedlichen Blickwinkeln wissenschaftlich gedeutet werden: Sozialpsychologische Theorien akzentuieren die Interaktion zwischen den Mitgliedern eines Teams, gruppenpsychologische Theorien beleuchten insbesondere die individualpsychologischen Prozesse in Abhängigkeit von den anderen (Mitgliedern), gruppendynamische Theorien beleuchten insbesondere die einzelnen Phasen der Gruppenbildung und Gruppenformierung. Im Allgemeinen werden hinsichtlich der Entwicklung und Formierung von Gruppen vier Phasen unterschieden:

1. Phase *Initialphase*, in der (hier) eine Projektaufgabe formuliert und die Projektbeteiligten zusammengeführt werden.
2. Phase *Organisationsphase*, in der sich die internen Gruppenbeziehungen strukturieren, Indizien hierfür sind anhaltende Diskussionen und die Austragung von Konflikten.
3. Phase *Integrationsphase*, in der über Kooperationen und Konsensverfahren die anstehenden Sachprobleme gelöst werden.
4. Phase *Konsolidierungsphase*, in der die Gruppe als Team, als Einheit an gemeinsamen Problemen ergebnisorientiert arbeitet.

2 Interkulturelles Lernen und Handeln

Auch multinationale Teams durchlaufen im Rahmen ihrer Teamentwicklung im Prinzip diese vier Phasen von der Phase der Initiierung bis zur Phase der Konsolidierung. Bedeutsam ist dabei, daß in solchen multinationalen Teams die für jede einzelne Phase typischen Gruppenformierungsprobleme und -determinanten nunmehr noch zusätzlich von den sog. multinationalen Spannungsfeldern (vgl. Dülfer 1992) überlagert werden und dadurch ein hochgradig dynamisches Sozialgefüge konstituieren, das interkulturelles Lernen sichert. Denn: „Interkulturelles Lernen – so definiert Sandhaas (1988) im Anschluss an Thomas (1987) – bezeichnet den Prozess, durch den eine Person ihre Wahrnehmungen, ihr Denken, ihre Empfindungen und ihr Handeln als Resultat von Erfahrungen im direkten oder indirekten Umgang mit fremdkulturellen Merkmalen ändert" (Sandhaas 1988, S. 429). Interkulturelles Lernen kann auf verschiedene Trainingsansätze zurückgreifen (vgl. hierzu Thomas & Hagemann 1992, S. 184 ff); für die Organisation und Steuerung von Entwicklungsprozessen in multinationalen Teams (sog. Cross-Culture-Management) empfehlen sich davon vor allem die drei folgenden Ansätze (vgl. Maletzke 1996, S. 179 ff.):

- der *Feld-Simulationsansatz*, dem zufolge kulturadäquates Verhalten in kontrollierten, realitätsnahen, authentischen, interkulturellen Überschneidungssituationen erprobt und gefördert werden kann (Ansatz 1)
- der *Verhaltens-Modifikations-Ansatz*, bei dem zahlreiche lernpsychologische Prinzipien wie z. B. Feedback, Belohnungen, und Verstärkungen systematisch angewendet werden (Ansatz 2) sowie
- der *Interaktionsansatz*, bei dem durch Interaktionen in sehr verschiedenen, auch belastenden Situationen jedes Mitglied des Teams seine eigenen kulturellen Barrieren ständig erfährt und in der – durch die Interaktionen ständig provozierten – Reflexion bewusst verarbeitet (Ansatz 3).

3 Outdoor-Training – ein optimales Feld interkulturellen Lernens

Outdoor-Trainings als Teil erlebnis- und handlungsorientierter Programme erbringen eben in hohem Maße – und das macht sie für interkulturelles Lernen und interkulturelle Trainings so interessant – nahezu bis vollständig *authentische* und *realistische Situationen* (Ansatz 1), in denen sich durch herausfordernde Aktionen und Übungen eine Fülle unterschiedlichster *Interaktionsvarianten* (Ansatz 3) – vom Sich-Gegenseitig-Sichern, über das gegenseitige Helfen, vom Miteinander-Kochen, vom Miteinander-Lösen von Problemen bis zum gemeinsamen Reflektieren und Transferieren der gewonnenen Erfahrungen aus dem Lernfeld in das Funktionsfeld Betrieb bzw. Projektaufgabe – konstituieren, die durchlebt und erfahren werden, wobei eine Fülle *psychologischer Prinzipien* wie z. B. unmittelbares Feedback, Verstärkungen, Versuchs- und Irrtumserfahrungen (Ansatz 2) teils durch die Gruppe, teils durch den Trainer ständig zur Anwendung kommen. Eben in der Vermengung dieser verschiedenen Ansätze liegen die Ursachen für die außerordentlichen Wirkungen und – aufs ganze gesehen – Erfolge von Outdoor-Trainings im Rahmen (auch) von multinationalen Teamentwicklungen (vgl. hierzu auch Heft 5/2004 der Zeitschrift e&l – erleben und lernen zum Thema: Team- und Organisationsentwicklung.)

Diese ohnehin schon erheblichen Wirkungen können noch gesteigert werden, wenn im Gesamtgefüge eines Outdoor-Trainings weitere folgende Momente – so Simon Priest, einer der weltweit profiliertesten Wissenschaftler der Experiential Education – berücksichtigt werden (Priest 1997):

- *Context*: das Trainings-Setting sollte in seiner Struktur den Strukturen des Arbeitsplatzes entsprechen. Priest spricht in diesem Zusammenhang von „Isomorphie" und charakterisiert damit Lernsituationen, die mit der Alltagswirklichkeit weitestgehend strukturgleich sind und deshalb verwechselt werden könnten (Beispiel: Problemaufgaben).
- *Continuity*: Der individuelle Lernprozess der Teilnehmer sollte vor dem Hintergrund des Gesamtgefüges des Unternehmens initiiert werden (Beispiel: Unternehmen als lernende Organisation).
- *consequences: Wichtig ist die Ernsthaftigkeit der Situation, die nachhaltig Lernerfahrungen ermöglichen soll (Beispiel: Veränderungs*-druck im Unternehmen).
- *Care*: Der Grad der psychischen und physischen Belastbarkeit der Teilnehmer muss – wie im Unternehmen – ebenso berücksichtigt werden wie die Sicherheitsrichtlinien hinsichtlich beispielsweise des Materials. Die Kursleiter und Trainer müssen eine gute, technisch-instrumentelle, fachlich-methodische und pädagogische Kompetenz nachweisen können.

Literatur

Bergemann, Niels & Sourisseaux, Andreas L.J. (Hrsg.). (1992). *Interkulturelles Management*. Heidelberg: Physica-Verlag.

Cuvry, Andrea de & Jagenlauf, Michael (1998). *Erlebnisorientiertes Lernen in Veränderungsprozessen und Organisationsentwicklungsmaßnahmen*. In: Schulz, M./Stange, B./Tielker, W./Weiß, R./Zimmer, G.M. (Hrsg.): *Wege zur Ganzheit – Profilbildung einer Pädagogik für das 21. Jahrhundert*. Weinheim: Beltz.

Dülfer, E. (1992). Zitiert in Pfaller, P. *Klischees prägen modernen Mythos vom Multi-Kulti*. In: management & seminar 1992, S. 36-42.

Ertel, Marion & Kraft, Susanne (1999): *Stellenwert und Bedeutung von Outdoor Trainings für die betriebliche Personalentwicklung – Ergebnisse einer Evaluation*. In: GdWZ – Grundlagen der Weiterbildung (Luchterhand), Heft 4.

Götz, Klaus (1999). *Führungskultur – die organisationale Perspektive*. München: Hampp.

Heckmair, Bernd & Michl, Werner (2004, 5.Aufl.) Erleben und Lernen – Einstieg in die Erlebnis-*pädagogik*. München: Reinhardt

Heineking, Anja (1995). *Outdoor Training - Konsequenzen, Stellenwert und Bedeutung für die Personalarbeit.* Berlin: GBI.

Jagenlauf, Michael (1992). *Wirkungsanalyse Outward Bound - ein empirischer Beitrag zur Wirklichkeit und Wirksamkeit der erlebnispädagogischen Kursangebote von Outward Bound.* In: Bedacht, A./Dewald, W./Heckmair, B./Michl, W./Weis, K. (Hrsg.): *Erlebnispädagogik: Mode, Methode oder mehr.* Alling: Sandmann 1992.

Jagenlauf, Michael (1993). *Lernen durch Herausforderung - die Bedeutung der Erlebnispädagogik für das Bildungsmanagement lernender Organisationen.* In: e&l - erleben und lernen, Heft 2/3, S. 9-14.

Kölblinger, Mario (1997). *Perspektiven zum Umgang mit Unsicherheit und Angst im Outdoor-Management-Development-Training.* In: Zeitschrift für Erlebnispädagogik, Heft 9, S. 16-22.

Kölsch, Hubert & Wagner, Franz Josef (2004, 2). *Erlebnispädagogik in der Natur.* München: Reinhardt

Kölsch, Hubert (1995). *Wege moderner Erlebnispädagogik.* Alling: Sandmann.

Maletztke, Gerhard (1996). *Interkulturelle Kommunikation - Zur Interaktion zwischen Menschen verschiedener Kulturen.* Opladen.

Outdoor-Training (1998). e&l - erleben und lernen (Sonderheft). Berlin: GBI

Priest, Simon (1997). Zitiert in: Paffrath, F. Hartmut (Hrsg.): *Zu neuen Ufern.* München: Sandmann, S. 93.

Priest, Simon & Gass, Michael A. (1997). *Effective Leadership in Adventure Programming.* Champaign: Human Kinetics.

Sandhaas, Bernd (1998). *Interkulturelles Lernen - zur Grundlegung eines didaktischen Prinzips interkultureller Begegnungen.* In: International Review of Education - Internationale Zeitschrift für Erziehungswissenschaft - Revue Internationale de Pédagogie XXXIV (1988), 415-438.

Schad, Niko / Michl, Werner (Hrsg.). (2004): *Outdoor-Training - Personal- und Organisationsentwicklung zwischen Flipchart und Bergseil.* München: Reinhardt.

Schuppert, Dana / Papmell, André / Walsh, Ian (Hrsg.). (1994). *Interkulturelles Management.* Wiesbaden: Gabler.

Senge, Peter (1996). *Die fünfte Diszipin: Kunst und Praxis der lernenden Organisation.* Stuttgart.

Siegl, Charly & Vetter, Werner (1998). *Lernen auf höchster Ebene.* In: e&l - erleben und lernen, Heft 2, Berlin: GBI

Thomas, Alexander & Hagemann, Katja (1992). *Training interkultureller Kompetenz.* In: Bergemann 1992.

Thomas, Alexander (1987). *Psychologische Grundlagen interkulturellen Lernens.* (unveröffentlichtes Manuskript)

Thomas, Alexander (1992). Zitiert in Pfaller, P.: *Klischees prägen modernen Mythos vom Multi-Kulti.* In: management & seminar 1992, S. 36-42.

Warren, Karen / Sakofs, Mitchell / Hunt, Jasper S. (1995). (Hrsg.). *The Theorie of Experiential Education.* Westmark Drive (USA): Kendall/Hull

Zeitschrift für berufliche Bildung und Weiterbildung. *Neue Perspektiven. Zum Thema - Interaktion im Bildungsprozeß.* 3. Jg. Heft 2, 1998.

Ute Clement / Ulrich Clement

Interkulturelles Coaching

1 Wofür Coaching im interkulturellen Management?

Wer im Management auf internationaler Ebene handelt und verhandelt, tut dies auf dem Hintergrund seiner eigenen Kultur, deren Werte, Verhaltensstile und interaktiven Erwartungen. Interkulturelles Management wird von kulturabhängigen Managern betrieben. Auslandserfahrene Führungskräfte wissen, dass weder sie selbst noch ihre Geschäftspartner keiner Kultur angehören können und dass bei internationalen Geschäftsbeziehungen die Berücksichtigung des kulturellen Hintergrundes ihrer Partner entscheidend für den wirtschaftlichen Erfolg der Kooperation ist. Interkulturelle Kompetenz ist also keine stilistische oder ästhetische Zugabe, sondern berührt den Kern der Kooperation sowohl bei internationalen Fusionen als auch bei befristeten Projekten. Trotz der zunehmenden Globalisierung von Verhandlungsstilen und Umgangsformen sind internationale Geschäftsbeziehungen anfällig für "Kulturfehler", also ungewollte Kränkungen, Irrtümer, Peinlichkeiten, Ärgernisse oder Missverständnisse, die zwischen den Partnern entstehen, wenn beide über ungeprüfte kulturbedingte Annahmen stolpern, ohne den Grund der Irritation zu erkennen.

Interkulturelles Coaching hat diese Irritationen zum Thema. Unter interkulturellem Coaching verstehen wir die Unterstützung von Führungskräften bei der Lösung kommunikativer Probleme im interkulturellen Management. Wer die Begrenztheit und die Relativität der eigenen Kultur und der Kulturabhängigkeit des eigenen Handelns nicht einzuschätzen und damit zu arbeiten vermag, kann dort kaum Erfolg haben. interkulturelles Coaching zielt auf die Wahrnehmung und Berücksichtigung des Einflusses kulturgebundener Verhaltensweisen. Auch wenn Anlass für interkulturelles Coaching misslungene oder kritische Situationen und Beziehungen mit internationalen Geschäftspartnern sind, ist das Ziel nicht unbedingt deren völlige Vermeidung. Nicht die Null-Kulturfehler-Linie ist das Ziel, sondern die wertschätzende Aufmerksamkeit für die kulturgebundenen Bewertungen, Verhaltenserwartungen und Verhandlungsrituale der Geschäftspartner.

Ein Null-Kulturfehler-Ziel, das dasselbe auch vom Verhandlungspartner erwarten würde, liefe auf das fragliche Ideal einer kulturneutralen Kommunikation hinaus, die von sämtlichen kulturellen Eigenheiten der Partner bereinigt ist. Ein solches Ziel ist nicht nur unrealistisch, es ist auch unattraktiv. Auch wenn der geschäftliche Erfolg das erste Ziel ist, lebt der Prozess des interkulturellen Managements vom Charme der kulturellen Besonderheiten, von den kleinen und großen Irritationen, die die Geschäftsabläufe begleiten. "Charme" ist hier natürlich mit einer Prise abgeklärten Humors zu verstehen, der sich erst dann einstellen kann, wenn die kritische Situation gemeistert (oder unwiderruflich gescheitert) ist. Im laufenden Prozesss werden die Irritationen als ärgerlich und behindernd empfunden. Die Kunst interkulturellen Coachings besteht darin, die meist mit unangenehmen Affekten begleiteten Störungen als "Befunde" zu entschlüsseln und in eine neue Handlungsperspektive zu setzen.

2 Was ist Coaching?

Ehe wir auf einzelne Aspekte des interkulturellen Coachings eingehen, sei kurz unser generelles Verständnis von Coaching skizziert. Danach lässt sich Coaching am besten als arbeitsbezogene Selbstreflexion definieren. In Coachingprozessen wird eng entlang der Nahtstelle von "Person" und "Funktion" gearbeitet. Sie berücksichtigen damit die Verbindung von individueller und organisationaler Wirklichkeit gleichermaßen. Coaching basiert auf Beziehungswissen und Organisationswissen, also dem Wissen über die Dynamik menschlicher Beziehungen und dem Wissen über das Funktionieren von Organisationen.

Aus systemischer Perspektive behandelt Coaching die Eigenlogik des Systems Coachee ("Person") und die System-Umwelt-Interaktion Coachee-Arbeit ("Funktion"). Aus der Innenperspektive des Coachees handelt es sich um eine System-Umwelt-Relation ("ich und die Arbeit"), aus der Außenperspektive des Coaches um eine strukturelle Kopplung des Systems Coachee mit dem System Institution.

Damit sind - formal - drei Foci angesprochen:
- auf der "Input"-Seite des System-Umwelt-Verhältnisses Fragen der Komplexitätsreduktion und der damit verbundenen Selektionsmechanismen. Inhaltlich übersetzt betrifft dies alle Aspekte der Wahrnehmung, also Wirklichkeitskonstruktion des Coachees. Beim interkulturellen Coaching sind hier insbesondere kulturabhängige Wahrnehmungsmuster gemeint. Leitfrage diese Focus heißt: Was nehme ich wahr?

- auf der "Throughput"-Ebene Fragen der strukturellen Determiniertheit und Kopplung von Systemelementen, unabhängig von der Umwelt. Inhaltlich geht es hier um die Identität des Coachees, seine Gefühle, sein Selbstbild und seine Zukunftsvisionen. Leitfrage diese Focus lautet: Wer bin ich?
- auf der "Output"-Seite des System-Umwelt-Verhältnisses Fragen der Kontingenz, also der Verhaltensoptionen des Systems. Inhaltlich geht es um das Verhalten des Coachees, im interkulturellen Kontext zeigt sich hier seine interkulturelle Handlungskompetenz. Leitfrage der Output-Seite ist: Wie handle ich?

Da alle drei Foci zwar unterscheidbar sind, aber eng zusammenhängen, muss anspruchsvolles Coaching alle drei berücksichtigen. Deshalb greifen interkulturelle Workshops, die sich auf Do's und Don'ts, also auf die Output-Seite, begrenzen, nach unserer Ansicht zu kurz. Sie intendieren die Standardisierung des Verhaltens im fremdem kulturellen Kontext, ohne die individuellen Wahrnehmungen und Eigenheiten der handelnden Personen zu berücksichtigen. Das gilt erst recht für interkulturelles Coaching, das sich auf das Individuum im einem spezifischen interkulturellen Kontext konzentriert (z.B.: Herr M. in einem deutsch-amerikanischen Projekt), nicht auf den durchschnittlichen und unspezifischen Kultur-Bias (z. B.: Deutsche in Zusammenarbeit mit Amerikanern).

3 Interkulturelle Kompetenz: Orientierungslinie des interkulturellen Coaching

Interkulturelles Coaching orientiert sich am Ideal einer interkulturellen Kompetenz. Darunter verstehen wir sowohl eine Haltung als auch ein substantielles Wissen. Als Haltung meint interkulturelle Kompetenz das Bewusstsein, dass die eigene Kultur nur eine von vielen ist, dass in jeder Kultur eigene Vorstellungen davon existieren, was "real" ist, was Menschen unausgesprochen voneinander erwarten können. Dieses Bewusstsein ist noch kein Wissen um diese Unterschiede. Aber es ist eine wesentliche Voraussetzung für die Neugier am Fremden, eine Entdeckerhaltung, ohne die jedes Wissen steril bliebe. Dagegen ist interkulturelle Kompetenz mit einer Einstellung, die das Fremde nicht aufmerksam beschreibt, sondern durch an der eigenen Kultur orientierte Bewertungen abtut, unvereinbar.

Eine derart bewertende Haltung ist durch die Angst vor dem Fremden und Unbekannten geleitet. Andersartiges wird als Störung des eigenen Weltbildes erlebt und durch Abwertung alles anderen gesichert. Die Wahrnehmung ist so selektiv, dass das vorbestehende Wissen bestätigt wird und das damit Unvereinbare abgewertet und damit bagatellisiert wird.

4 Störung als Information

Im Kontext internationaler Zusammenarbeit ist die Kultur nicht von primärem Interesse. Sie ist lediglich Hintergrund der geschäftlichen Abläufe. Dabei werden die kulturellen Unterschiede im Regelfall solange nicht thematisiert, wie die Geschäftsprozesse reibungsarm ablaufen. Relevant werden sie erst, sobald die Kulturunterschiede nicht einfach als stilistische Randerscheinung "mitlaufen", sondern zu Irritationen und Störungen führen.

Die Kunst besteht nun darin, eine solche Störung als Information zu sehen, sie sich sozusagen zum Freund zu machen, statt sie bloß als Mangel oder Defizit wahrzunehmen und möglichst schnell abschaffen zu wollen. Der Ethnopsychoanalytiker Georges Devereux (1973) hat dieses als methodisches Prinzip in der Begegnung mit dem Fremden entwickelt. Seinem Ansatz zufolge dienen alle Arten von Methoden (z. B. Messungen, Datenerhebungen, aber auch interaktive Formalisierungen wie Verhaltensregeln, Kleiderordnungen etc.) zwischen Menschen dazu, die Angst zu reduzieren, die entsteht, wenn sich Menschen Unbekanntem (also auch unbekannten anderen Kulturen oder Angehörigen anderer Kulturen) gegenüber sehen. Devereux zufolge kann jede in einer Begegnung aufkommende und mit Angst begleitete Störung als Information gesehen und entsprechend genutzt werden. Die Devise, die sich auch für das interkulturelle Coaching ableiten lässt, heißt also "die Störung nutzen" statt "die Störung unterdrücken". Diese Haltung ist zunächst kontraintuitiv, da Verhandlungspartner in aller Regel Interesse an glatten Abläufen haben und der primäre Impuls stets dahin geht, Störungen zu übergehen oder zu unterdrücken. Das Unterdrücken von Störungen, die aus interkulturellen Unterschieden resultieren, kann aber den fatalen Nebeneffekt haben, dass der Kooperationspartner den Eindruck gewinnt, die Störungsbeseitigung gehe auf Kosten seiner Interessen, seiner kulturellen Selbstverständlichkeiten oder seiner Selbstachtung. Eine solche Störungsbeseitigung kann dann das Problem verschärfen statt es zu lösen, weil oft auch die Art der Störungsbeseitigung kulturspezifisch ist.

Störungen unterdrücken	Störungen nutzen
• Keine Irritation zeigen	• Irritation zeigen
• auf "richtigen" Ablauf drängen	• innehalten
• "mehr desselben"	• vermeintliche Selbstverständlichkeit erfragen
• eigene Wahrnehmung als "realistisch" kennzeichnen	• die Möglichkeit mehrerer Sichtweisen ins Spiel bringen
• Schuld an der Störung definieren	• Metakommunizieren
• gegen die Kulturdifferenz arbeiten	• keine Schuldfrage stellen, sondern "Passung" der Interaktionserwartung überprüfen
	• mit der Kulturdifferenz arbeiten

Tabelle 1: Umgang mit Störungen in der interkulturellen Kommunikation

Diese Einstellung zu Störungen ist ganz entscheidend. Für Verhandlungspartner aus Unternehmen mit einer Null-Fehler-Haltung ist das Nutzen von Störungen - die in diesem Verständnis ja gefürchtet sind - eine große Herausforderung, da es mit der Unternehmenskultur inkompatibel erscheint. Erfahrungsgemäß rächt sich aber oft bei interkulturellen Projekten ein scheinbarer Zeitgewinn, der in der Startphase durch Störungsunterdrückung erreicht wird, weil die nicht berücksichtigten Kulturdifferenzen dann mittelfristig in der Umsetzungsphase wirksam werden und zu erheblich aufwendigeren Korrekturen führen, als wenn die Kulturdifferenzen zu Beginn mitbedacht worden wären.

5 Kognitives Wissen

Hofstede (1991, S. 258) unterscheidet drei Phasen des Erlernens interkultureller Kommunikation, nämlich Bewusstwerden, Wissen und Fertigkeiten. Auch wenn wir Hofstedes zeitliche Charakterisierung als Phasen nicht teilen - Fertigkeiten können dem Wissen vorausgehen und umgekehrt, Bewusstsein ist nicht unbedingt Voraussetzung für Wissen -, scheint uns eine Unterscheidung nach Komplexitätsgrad und Reflexionsniveau sinnvoll, um die Ebenen zu beschreiben, auf denen interkulturelles Coaching ansetzt.

Expatriate Briefings oder Crash-Kurse vor Auslandsaufenthalten konzentrieren sich in der Regel auf die Fertigkeitsebene, also auf die Vermittlung von Sprache, Benimm-Regeln und Gebrauchsanweisungen für den alltäglichen Umgang. Solche Kurse bleiben freilich "steril", wenn sie ohne Hintergrundswissen und - im schlechten Fall - sogar ohne eine Grundhaltung der cultural awareness, also ohne Bewusstsein bleiben. Nach unserem Verständnis sollten interkulturelle Coachings alle drei Ebenen bedienen, wobei im Prinzip von jeder Ebene aus ein Einstieg möglich ist. Als produktivste und für international tätige Führungskräfte am besten anschlussfähige Ebene hat sich die mittlere Ebene des Wissens gezeigt. Sie ist spezifischer und anwendungsrelevanter als das Bewusstwerden und läuft weniger Gefahr, sich in Details zu verlieren als die Ebene von Fertigkeiten. Zudem ermöglicht sie mehr situationsübergreifendes Lernen ist und erlaubt Transfer auf nicht planbare und vorhersagbare Situationen.

Als sehr gut anschlussfähiges Modell hat sich das Modell von Fons Trompenaars (1993) erwiesen, dem von Teilnehmern interkultureller Maßnahmen eine hohe Plausibilität zugesprochen wird, wohl auch deshalb, weil Trompenaars sein Modell sehr detailliert für geschäftliche Beziehungen illustriert. Es unterscheidet fünf Dimensionen, die sich auf den Umgang mit anderen Menschen beziehen, eine Dimension des Zeiterlebens und eine, die sich auf den Umgang mit Natur bezieht. Tabelle 2 beschreibt diese Dimensionen in verkürzter Form.

Universalismus versus Partikularismus

Universalistische Kulturen stellen allgemeingültige Gesetze und Normen über persönliche Beziehungen.

Partikularistische Kulturen bewerten persönliche Beziehungen höher.

Individualismus versus Kollektivismus

Individualismus: Beziehungen zwischen Menschen sind lockerer und autonomiebetonter.

Kollektivismus: enge, oft großfamiliäre Beziehungen mit starken Abhängigkeiten, bei denen Gruppeninteressen vor Einzelinteressen stehen. "Nein" gilt als harte Konfrontation.

neutral versus affektiv

neutral: Selbstbeherrschung und kühl-sachliches Auftreten wird favorisiert. Es wird wenig gelacht, Körperkontakt wird vermieden.
Gestikulieren und Körperkontakt sind üblich.

spezifisch versus diffus

spezifisch: beruflicher und privater Kontext werden getrennt. Beziehungen sind kontextspezifisch.
Freundschaften werden schnell geschlossen und schnell beendet
diffus: Beruf und Privatleben sind vermischt. Beziehungen sind zweckfrei. Freundschaften werden langsam geschlossen und halten lange.

leistungsorientiert versus askriptiv

leistungsorientiert: Respekt für Vorgesetzte beruht auf Erfolgen. Geschlecht und Alter sind wenig aufgabenrelevant. Titel gelten nur in dem Kontext, in dem sie erworben wurden
askriptiv: Respekt für Vorgesetzte ergibt sich aus ihrem Engagement für die Firma. Führungskräfte sind meist mittleren Alters, männlich und durch ihren "Background" qualifiziert. Titel dienen als kontextunabhängige Statusmarker.

Monochroner versus synchroner Umgang mit Zeit

Monochron: Aufgaben werden der Reihe nach erledigt. Der Terminkalender bestimmt den Ablauf.
Pünktlichkeit ist hoher Wert. Verstrichene Zeit ist verlorene Zeit.
Synchron: Mehrere Aufgaben werden parallel erledigt. Menschen und Begegnungen haben Vorrang vor Terminen. Heute verstrichene Zeit kommt morgen wieder.

externale versus internale Kontrolle von Natur

external: Menschen sind Teil der Natur. Anderen gegenüber wird Kompromiss und Harmonie gesucht. Wellenbewegungen, Umbrüche und zyklische Prozesse werden als "natürlich" toleriert
internal: Menschen beherrschen die Natur. Anderen gegenüber wird Überlegenheit und Kontrolle gesucht. Unbehagen, wenn die Umwelt als unkontrollierbar erscheint.

Tabelle 2: Leitdimensionen kultureller Unterschiede (nach Trompenaars)

Neben ihrer hohen Plausibilität und Eignung für internationale Geschäftsbeziehungen haben diese Dimensionen den großen Vorteil, statt über spezifische Kulturen spezifische Aussagen zu machen, Punkte der kulturellen Aufmerksamkeit zu benennen, die in multikulturellen Teams oder Konferenzen relevant sind. In interkulturellen Coaching-Settings lassen sich diese Dimensionen am Beispiel von prototypischen Konfliktsituationen und deren Lösung darstellen.

6 Emotionales Wissen

Die kognitive Ebene der Wissenvermittlung kann auch durch Vorträge, Lektüre und Videos vermittelt werden. Aber erst erfahrungsgeleitetes Lernen, das die emotionalen Komponenten interkultureller Kommunikation und damit die Person des Lernenden einbezieht, bereitet die Cochees einigermaßen auf irritierende und unvorhersagbare interkulturelle Situationen vor. Emotionales Lernen zielt auf die Differenzierung der Intuition in Konfliktsituationen, dient also einem flexiblen Ziel, statt vermeintliche Verhaltenssicherheit zu suggerieren, die jenseits von kulturellen Standardsituationen sofort verloren geht.

Emotionales Lernen verstehen wir spezifisch und pragmatisch, also nicht als diffuse Betonung von Emotionalität, sondern als Prozess, in dem die eigenen emotionalen Reaktionen in irritierenden Situationen als Indikatoren interkulturellen Verstehens praktisch genutzt werden können. Insofern stehen die Entwicklung der Unsicherheitstoleranz und eine Entdeckerhaltung im Zentrum des emotionalen Lernens. Auf der emotionalen Ebene bedeutet das oben beschriebene "Nutzen von Störungen", dass z. B. Ärger oder Ungeduld in bestimmten Situationen als Anlass genommen werden zu überlegen, welche nicht gleich erkennbare Regel verletzt wurde. Bei Cochees, die dem Ziel eines "emotionalen Lernens" gegenüber zurückhaltend sind, kann es erleichternd sein, emotionale Irritationen als pragmatische Hinweise anzubieten, die einem helfen zu erkennen, dass man über unbekannte Regeln "gestolpert" ist. Solchen Teilnehmern fällt es dann leichter, Irritationen "sportlich" zu nehmen und sich auf die Suche nach der unbekannten Regel zu machen.

7 Interaktives Wissen

Interaktives Wissen oder Beziehungswissen zeigt sich im konkreten Verhalten mit den interkulturellen Gesprächspartnern. Wir unterstreichen deshalb den Respekt als zentrale Haltung interaktiven Wissens, weil er den kleinsten gemeinsamen Nenner aller interkulturellen Verhaltensregeln darstellt. Respekt gegenüber der fremden Kultur, ihren Vertretern und Symbolen setzt Selbstrespekt gegenüber der eigenen Kultur voraus. Respekt ist eine Haltung, die auf der gleichen Wertschätzungsebene die Differenz der Interaktionspartner wahrnimmt und wertschätzt. Unterwerfung ist ebensowenig respektvoll wie Arroganz. Respekt in Geschäftsverhandlungen heißt weder, alle Bedingungen des Gegenübers zu akzeptieren oder ihm blind zu vertrauen, sondern gelten zu lassen, dass er auf der Basis anderer kultureller Voraussetzungen auch ein anderes Prozessverständnis und andere Verhandlungsstrategien hat.

Kulturbedingte Irritationen können unterschiedlich stark affektiv besetzt sein. Je affektiver die Irritation empfunden wird, desto schwerer fällt es, den Respekt zu wahren. Affektivere Irritationen, die zum Beispiel mit heftigerem Ärger erlebt werden, verleiten leicht zu Abwertungen. Abwertungen des Gegenübers regulieren die eigene Selbstachtung, erschweren aber die kultursensible Weiterführung der Kommunikation. Besonders stressbeladene Situationen können zum unreflektierten Rückfall in den eigenen Kulturmassstab führen. Die folgenden Beispiele zeigen den Unterschied einer affektiv eher schwächer und einer affektiv eher stärker erlebten Irritation.

Beispiel A:

> *Durch den Merger eines deutschen mit einem amerikanischen Großunternehmen kommt es zu zahlreichen interkulturellen Irritationen. In einem Coaching schildert ein Abteilungsleiter folgende Konflikt: "Wenn wir auf englisch mit dem Amerikanern verhandeln, klingt es in deren Ohren merkwürdig, wenn meinen Mitarbeiter mit Mr. Schneider anspreche. Die gehen dann davon aus, dass ich gar nicht sein Vorgesetzter sei. Auf der anderen Seite: Mich in Deutschland mit meinen Mitarbeitern zu duzen, empfinde ich als ausgesprochen unbehaglich. Ich habe mich seit 20 Jahren bei der Arbeit mit niemand geduzt. Jetzt hat mir sogar unser Direktor das Du angeboten, jetzt soll ich zu ihm "Georg" sagen. Wir haben es jetzt mit Vornamen und ‚Sie' versucht, aber das ist so komisch, wenn ich zu meiner langjährigen Sekretärin jetzt Waltraud sagen soll. Das bekomme ich fast nicht über die Lippen."*

Beim Coachinggespräch wird vom Coach zunächst auf die Unterscheidung von spezifisch/diffus hingewiesen: In der spezifischeren deutschen Kultur wird der öffentlich-berufliche und der private Umgang weitaus klarer getrennt als in der diffusen amerikanischen.

Bei diesem Coachinganliegen ist die affektive Besetzung begrenzt (Unbehagen, aber keine heftige Raektion). Der interkulturelle Respekt ist nicht gefährdet. Insofern kann sich das Coaching auch auf einer informativen kognitiven Ebene bewegen. Der Coachee lernt, dass seine in den deutschen Kultur geltende Unterscheidung von privat und beruflich von Amerikanern nicht in der gleichen Art und Weise gemacht wird. Er entwickelt eine Sensibilität seiner eigen kulturellen Herkunft gegenüber, in dem er seine Befürchtungen, er würde Grenzen und Respekt seinen deutschen Mitarbeitern gegenüber verlieren ernst nimmt. Es besteht keine Notwendigkeit in eine interkulturelle Überanpassung zu gelangen und die Regeln des anderen Landes unhinterfragt zu übernehmen. Er entwickelt mit dem Coach eine Differenzierung derart, dass er seine Mitarbeiter in einem englischen Gespräch mit Vornamen anspricht, im deutschen Gespräch dann aber wieder zu den Nachnamen zurückkehrt.

Beispiel B:

Ein Mitarbeiter im Verkauf ist massiv verärgert darüber, dass ein thailändischer Geschäftspartner 5-Loch-Felgen bestellt hatte und, als die Lieferung bereits in Thailand war, bemerkt wurde, dass auf die zu montierenden Räder aussschließlich 10-Loch-Felgen gepasst hätten. Der Auslieferungstermin für die Fahrzeuge drängte. Frage des Coachees: "Wie soll ich den Thailändern sagen, dass sie wirklich Mist gebaut haben?" Wie soll ich gesichtswahrend kommunizieren, wenn "objektiv" Fehler gemacht wurden?

Zunächst wurde erarbeitet, dass es ein überindividuelles, kulturgebundenes Kommunikationsmuster ist, bei einem Konflikt zunächst nach den Schuldigen zu suchen. Durch die Sachorientierung fällt es hier schwer, im Affekt des Ärgers über die falsche Lieferung die Reaktion beim Gegenüber miteinzubeziehen. Gemeinsam wurde folgende Lösung erarbeitet: Der Cochee sollte zunächst nach den Überlegungen der Gesprächspartner fragen, wie es zu der Bestellung in dieser Form kam, dann sollte wiederum gemeinsam festgestellt werden, dass es ein Problem gibt, und dass dafür eine Lösung gefunden werden muss. So konnte vermieden werden, dass der Geschäftspartner einen Gesichtsverlust befürchten musste, ohne dass das objektive Problem verleugnet werden musste. Die Coachingarbeit bestand darin, den Coachee von einer schnellen Bewerter-Haltung. ("die haben mal wieder Mist gebaut") zu einer Haltung des Nachfragens und sich Erkundigens zu bringen.

8 Selbststeuerung statt Fremdsteuerung

Das Beispiele machen deutlich, dass bei kulturbedingten Irritationen – entgegen dem zunächst verspürten Impuls – nur das eigene Verhalten verändert werden kann. Ein "instruktiver" Umgang mit der fremden Kultur ist nicht möglich. Im Beispiel A ist es aussichtslos, von amerikanischen Kollegen eine Differenzierung (die Vornamens-/Nachnamens-Unterscheidung abhängig vom privaten vs. beruflichen Kontext) zu erwarten, die in ihrer Kultur nicht vorbereitet ist. Möglich ist hier lediglich eine Lösung, über die der deutsche Coachee verfügen kann. Im Beispiel B hätte der thailändische Geschäftspartner sein Gesicht verloren, wenn man ihm die Schuld nachgewiesen hätte. So kann es nur durch eine Steuerung des eigenen Verhaltens in Richtung gesichtwahrender Kommunikation zu einer Lösung und zum Erhalt der langfristigen Geschäftsbeziehung kommen.

Literatur

Devereux, G. (1973). *Angst und Methode in den Verhaltenswissenschaften*. München: Hanser.

Hofstede, G. (1991). *Interkulturelle Zusammenarbeit*. Wiesbaden: Gabler.

Trompenaars, F. (1993). *Handbuch Globales Managen: Wie man kulturelle Unterschiede im Geschäftsleben versteht*. Düsseldorf, Wien, New York, Moskau: Econ.

Detlev Kran

Ist der MBA ein interkulturelles Training?

„Ein MBA-Programm, das eine internationale Qualifizierung für das Gebiet Unternehmensführung/Business Administration zum Ziel hat, muss in der Anlage seines Curriculum eine ausgeprägt internationale und interkulturelle Ausrichtung enthalten und den Teilnehmern den Blick für globale wirtschaftliche Zusammenhänge schärfen. Das kann durch methodische Instrumente wie Vorlesungen, die Zusammensetzung der Arbeitsgruppen, die Betonung von international vergleichenden Ansätzen bei Problemlösungen und, generell, durch Mehrsprachigkeit im Programm erreicht werden."[1]

Der MBA (Master of Business Administration) setzt sich in Deutschland immer mehr durch. Sowohl in der Autoindustrie, bei Banken, bei Chemieunternehmen, in Nahrungsmittelkonzernen oder Verbänden nimmt das Interesse rapide zu.

Gab es 1994 rund 35 MBA Angebote in Deutschland waren es 1998 schon rund 85 und 2001 rund 100 Angebote. Die Dauer der mittlerweile rund 200 Programme (2006) in Deutschland beträgt im Mittelwert ca. 21 Monate. Die Bandbreite liegt bei ca. elf Monaten bei Vollzeitprogrammen und bis zu 48 Monaten bei einem Fernstudienprogramm. In den Zulassungsverfahren wird in der Regel ein erster Hochschulabschluss verlangt, drei ausländische Anbieter in Deutschland verlangen keinen. Weitere Voraussetzungen für die Aufnahme eines Studiums sind oft noch Eingangstests wie der GMAT (Graduate Management Admission Test), der als Zulassung für 41 Programme verlangt wird. Der TOEFL (Test of English as a Foreign Language) als Sprachtest wird als Zulassungsbedingung bei 94 Programmen vorausgesetzt. Weitere Zulassungsbedingungen sind das erfolgreiche Durchlaufen eines internen Zulassungsverfahrens, interne Sprachtests, Interviews und Referenzen.

Die Programmkosten haben eine immense Bandbreite von „keine Kosten" bis zu rund 50.000 €. Der Mittelwert von 185 vom Autor ausgewerteten Angebote liegt bei rund 16.000 €. Insgesamt gaben jedoch 19 Anbieter an, dass das Programm für die Studierenden kostenfrei ist bzw. die Kosten unter 1.000 € betragen. In der Regel sind dies Vollzeitprogramme an staatlichen Universitäten und Fachhochschulen.

---

1 FIBAA (2002). Qualitätsstandards der FIBAA für Studienprogramme mit dem Abschluss *Master/Magister* (und „MBA" als spezielle Form) in Deutschland, Österreich und der Schweiz. Bonn.

Insgesamt werden in den im MBA-Guide 2006[2] aufgeführten 185 Programmen in Deutschland rund 5.400 Studienplätze angeboten. Wie viele deutsche Studierende im Ausland zusätzlich eingeschrieben sind, kann nur geschätzt werden. So ist nach den Zahlen des IIE (Institute of International Education) alleine in den USA seit Jahren mit ca. 900 deutschen MBA-Studierenden an US-Business Schools zu rechnen. In Großbritannien, nach Herausrechnung der deutschen Fernstudienteilnehmer, sind es rund 250 Studierende. In Frankreich wird mit ca. 50 deutschen Studierenden gerechnet. In Österreich und der Schweiz mit ca. 200.

Das Durchschnittsalter liegt nach Angaben der Anbieter bei ca. 31 Jahren, wobei in Vollzeitprogrammen der Durchschnitt bei ca. 27 Jahren liegt und bei Teilzeitprogrammen bei ca. 33 Jahren. Fernstudienprogramme und Executive-Programme liegen bei ca. 34 Jahren.

Die minimale Berufserfahrung, die von den Anbietern bei Vollzeitprogrammen verlangt wird, schwankt von „keine Berufserfahrung" bis hin zu sieben Jahren. Die wirkliche Berufserfahrung der Studenten liegt im Durchschnitt bei 6,3 Jahren. In Teilzeit- und Fernstudienprogrammen liegt die verlangte Berufserfahrung in der Regel bei über zwei Jahren. Der Anteil der Frauen in den Programmen beträgt rund 33%. Der genaue Anteil der international Studierenden in den Programmen beträgt rund 30%. Bei 12 Angeboten wurde die Frage nicht beantwortet. Der Anteil der internationalen Studenten hat eine Bandbreite von 5% bis 95%.

92 der angebotenen MBA Programme werden zu über 50% in Englisch (davon 100% Englisch = 66 Anbieter) angeboten. 58 Angebote, so die Anbieter, sind rein deutschsprachig oder der Fremdsprachenanteil liegt unter 25%. Die mittlere Anzahl der zu absolvierenden Studienblöcke liegt bei 12. Bei den Lehrmethoden werden zu 32% Fallstudienarbeiten eingesetzt, 37% sind klassische Vorlesungen. Eine Abschlussarbeit am Ende des Studiums ist bei fast allen Anbietern vorgesehen, lediglich drei Anbieter, die Programme mit US- bzw. britischen Hochschulen anbieten, haben nicht immer eine Abschlussarbeit vorgesehen. Fast alle Anbieter sehen einen zumindest kurzen Auslandsaufenthalt vor, der zwischen einer Woche bis zu drei Monaten schwankt.

Fasst man die Angaben der Anbieter bezüglich der Anzahl der Absolventen zusammen, so kommt man derzeit auf rund 14.000 Absolventen aus den ausgewerteten Programmen. Eine Reihe von Programmen hat zum Zeitpunkt der Auswertung (August 2005) noch keine Absolventen, da sie nach 2003 bzw. 2004 gestartet sind.

---

2 Brackmann, H. J. & Kran, D. (2006). *MBA-Guide 2006*. Luchterhand. Köln.

Insgesamt lässt sich nach Auswertung der verschiedenen nationalen und internationalen Quellen vermuten, dass in den letzten 15 Jahren über 20.000 Deutsche einen MBA-Abschluss erhalten haben.

Weltweit ist von über 1.500 Anbietern mit rund 5000 MBA-Programmen auszugehen. Jährlich verlassen rund 150.000 – 170.000 MBA Absolventen die Hochschulen, davon rund 115.000 in den USA und 40.000 in Europa. Die Qualität der MBA-Programme ist dabei höchst unterschiedlich. Vom Titelhändler bis zum Nobel-MBA ist alles auf dem Markt vertreten.

1 Erwartungen der Unternehmen

Akademiker arbeiten in den verschiedensten Aufgabenfeldern und Funktionen. Deswegen variieren auch die Anforderungen der Arbeitgeber stark. Generell beeinflusst die Lage am Arbeitsmarkt, die Frage wie anspruchsvoll die Arbeitgeber die Anforderungen an die Bewerber stellen können. Bei Berufen mit einem ausgeprägten Bewerbermangel akzeptieren die Arbeitgeber auch Bewerber mit mittleren Abschlussnoten oder Seiteneinsteiger. Wenn Bewerber um vergleichsweise wenige Stellen konkurrieren, legen die Arbeitgeber die Messlatte dagegen sehr hoch.

Dies traf in den letzten Jahren auf die meisten Berufe zu. Dort forderten Unternehmen nicht nur exzellente fachliche, sondern auch außerfachliche Kompetenzen. Sie bevorzugten Kandidaten mit fachlicher Breite, Auslandserfahrung und nur ausnahmsweise Spezialisten. Das erlaubte ihnen, auch bei verringertem Personalbestand ihre Mitarbeiter flexibel einzusetzen, ganz wie die Anforderungen des Marktes dies erforderten. Gern sahen die Arbeitgeber es auch, wenn Bewerber schon erste Berufserfahrung vorweisen konnten, die unmittelbar zum Stellenprofil passte. Die in den Semesterferien üblichen Praktika brachten allenfalls noch Wettbewerbsvorteile, wenn Arbeitgeber ausdrücklich nach Akademikern suchten, die frisch von einer Hochschule kamen („Absolventen"); zu sehr sind sie schon zu einer Selbstverständlichkeit geworden. Es kam dann darauf an, dass die Praktika zum Studium und zur angebotenen Stelle passten. Denn die Arbeitgeber erwarteten, dass die Absolventen ihre Studienzeit zielgerichtet genutzt hatten.

Die Unternehmen gingen darüber hinaus davon aus, dass Kandidaten mit den geschilderten Eigenschaften über aktuelles Fachwissen verfügten, vergleichsweise bescheidene Einkommenswünsche realisieren wollten, lernfähig und lernbereit sowie ehrgeizig und regional mobil waren. Möglichst sicheres Englisch und aktuelle Kenntnisse der gängigen Office- und der jeweiligen tätigkeitsspezifischen IT-Programme rundeten nach Meinung sehr vieler Arbeitgeber das Anforderungsprofil ab. Wo Lebens-, Branchen- und Führungserfahrung eine wichtige Rolle spielten, lag die Altersgrenze, ab der die Stellensuche schwieriger wurde, allerdings höher als im Durchschnitt.

Untergliederung der Arbeitsfelder beim MBA[3]

Bereiche in denen neue MBA - Absolventen eingestellt wurden					
Arbeitsfelder	Unternehmensbereich				
	Abteilung	Lokale Einrichtung	Regionale Einrichtung	Nationale Einrichtung	Weltweite Einrichtungen
	(n = 161)	(n = 131)	(n = 101)	(n = 239)	(n = 101)
Wirtschaftsprüfung	12%	19%	22%	25%	37%
Consulting	19%	33%	27%	22%	27%
Selbstständig	4%	5%	3%	4%	6%
Finanzen	41%	44%	46%	58%	67%
General Management	12%	13%	23%	23%	36%
Personal	4%	10%	9%	11%	23%
IT	11%	15%	12%	13%	37%
Marketing	36%	21%	22%	46%	40%
Vertrieb & Logistik	17%	13%	16%	21%	34%

GMAC, 2005, Bereiche in denen neue MBA - Absolventen eingestellt werden

International agierende Unternehmen sind weiter darauf angewiesen das ihre Mitarbeiter kompetent im Umgang mit anderen Kulturen sind. In internationalen Begegnungen werden immer wieder die eigenen, nationalen Standards als allgemein gültig vorausgesetzt. Dies führt oft zu schwerwiegenden Kommunikati-

---

3 GMAC (2005). *Global MBA Graduate Survey*. McLean.

onsproblemen und Beziehungsstörungen. Kulturelle Einflüsse müssen berücksichtigt werden, um kostspielige Missverständnisse und Fehlentscheidungen zu vermeiden. Bewerber die hier einen Hintergrund haben, sind besonders positiv angesehen.

Fremdsprachenkenntnisse sind in vielen Unternehmen eine weitere Schlüsselqualifikation von Arbeitnehmern. Das gilt längst nicht mehr nur für international tätige Konzerne. Denn die Globalisierung der Wirtschaft betrifft zunehmend auch kleine und mittlere Betriebe. Neue Absatzmärkte müssen erschlossen werden, und um im internationalen Wettbewerb bestehen zu können, sind Fremdsprachenkenntnisse unabdingbar.

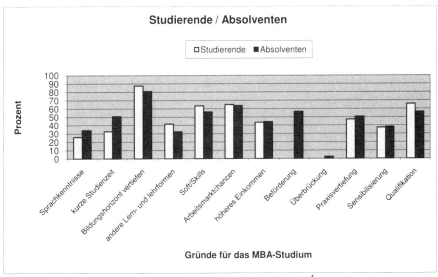

Gründe für das MBA-Studium, BMBF, 2000[4]

Die in Deutschland am häufigsten auf dem Arbeitsmarkt nachgefragte internationale Qualifikation ist Englisch, so auch das BIBB (Bundesinstitut für Berufbildung)[5] in einer Auswertung von Stellenanzeigen in Zeitungen. In fast 40% der Anzeigen werden Englischkenntnisse verlangt. Dabei wird ganz überwiegend (zu 90%) darauf hingewiesen, dass gute oder sehr gute Kenntnisse vorliegen sollen.

---

4 Bundesministerium für Bildung und Forschung (2000). *Der MBA in Deutschland, praxisnah und international.* Bonn.
5 Busse, Gerd & Paul-Kohlhoff, Angela & Wordelmann, Peter (1997). *Fremdsprachen und mehr Internationale Qualifikationen aus der Sicht von Betrieben und Beschäftigten. Eine empirische Studie über Zukunftsqualifikationen.* BIBB. Berlin.

Dass es sich bei der Vermittlung von Schlüsselqualifikationen an Studierende aus Sicht der Betriebe um ein aktuelles und wichtiges Thema handelt, zeigen zahlreiche Untersuchungen, die feststellen, dass eine große Zahl von Hochschulabsolventen hier Qualifikationsdefizite haben. Die Menge der erwünschten so genannten Soft Skills war umfangreich und bunt. Zu den gefragtesten Persönlichkeitsmerkmalen gehörten Flexibilität, Team- und Kommunikationsfähigkeit sowie die Fähigkeit, selbstständig zu arbeiten.

Ausschlaggebend dafür sind die in den letzten Jahren angestoßenen strukturellen Veränderungen der Unternehmen, welche sich nachhaltig auf das Personalmanagement/Human Resource Management auswirken: Die zunehmend internationale Ausrichtung der Unternehmen verändert deren Kultur und Organisation – durch flache Hierarchien und schlanke Strukturen entfallen Führungspositionen, so dass insbesondere dem Nachwuchs deutlich früher Verantwortung übertragen werden muss als noch vor wenigen Jahren. Um diesen Veränderungen gewachsen zu sein, müssen Nachwuchskräfte höhere Potenziale mitbringen und diese schneller entwickeln – Erfahrung und Persönlichkeit, beispielsweise gewonnen im Rahmen von Auslandsaufenthalten, sind diesbezüglich genauso wichtig wie ein entsprechendes Fachwissen.

Bei Ingenieuren und Informatikern haben 59%, bei Wirtschaftswissenschaftlern 45% aller befragten Unternehmen solche Defizite registriert, so eine im Jahr 2000 erschienene Studie des Instituts der deutschen Wirtschaft.[6]

Werden nur diejenigen Unternehmen zugrunde gelegt, die in den letzten drei Jahren Akademiker der entsprechenden Fachrichtungen eingestellt haben und somit auch Erfahrungen mit neu eingestellten Hochschulabsolventen machen konnten, so erhöht sich der Anteil der Betriebe, die Qualifikationsmängel feststellen: Von diesen Unternehmen erkennen 73% bei Technikern und 60% bei Wirtschaftswissenschaftlern Defizite in den fachübergreifenden und vor allem in den überfachlichen Kompetenzen.

Demgegenüber stellen Mängel bei Umfang und Tiefe des Fachwissens für beide Akademikergruppen das geringste Problem dar. Jeweils nur rund ein Zehntel der Betriebe, die Qualifikationsdefizite bemängeln, stellen hier große oder sehr große Defizite fest.

---

6 Institut der Deutschen Wirtschaft (2000). *Möglichkeiten zur Förderung des Erwerbs von Schlüsselqualifikationen durch Studierende - Anforderungsprofile von Unternehmen und Ausbildungsstand von Hochschulabsolventen im Vergleich.* Köln.

2 Programminhalte und Themen

In einem MBA-Studiengang soll der Lehrplan den Teilnehmern und Teilnehmerinnen eine gemeinsame Wissensgrundlage über die wesentlichen Funktionsbereiche in Unternehmen und Organisationen vermitteln. Diese sollen im Studium integrativ behandelt werden, so dass volks- und betriebswirtschaftliche Funktionen und Management als ein ganzheitlicher Prozess verstanden und unternehmerisches Denken gefördert werden.

Das Fächer- und Themenangebot muss der gewählten Studiengangsbezeichnung gerecht werden und den selbst gestellten Auftrag erfüllen. Ein MBA-Curriculum bietet daher eine breite Abdeckung der wesentlichen Funktionsgebiete im Management, vor allem Rechnungswesen, Finanzwirtschaft, Marketing und Verkauf, Unternehmensprozessmanagement/Operations-Management, Recht, Informationssysteme-Management, Personalwirtschaft/„HRM", verbunden mit betriebswirtschaftlichem Grundlagenwissen und quantitativen Methoden.

Geschäftsführung und Unternehmensstrategie/„Business Policy and Strategy" bilden einen Mantel für das grundsätzlich in hohem Maße integrativ angelegte Studium. Neben dem Erwerb von Wissen hat ein MBA-Studium die Aufgabe, beizutragen zur Befähigung, Theorien in die Praxis zu überführen. Dazu soll im Studiengang die persönliche Entwicklung der Teilnehmer und Teilnehmerinnen gefördert werden durch Teamarbeit, Führungsqualifikationen, unternehmerisches Denken, Aufbau von Kooperationsgeflechten, Entscheidungshandeln, Verhandlungstechniken, Präsentationstechniken. So z. B. die Erwartungen der Akkreditierungsagentur FIBAA an ein MBA-Programm.[7]

Aber auch bei den MBA-Programmen ist nicht immer alles zum Besten bestellt. Kritiker wie Henry Mintzberg haben schon lange Mängel der MBA-Ausbildung kritisiert.[8] Weit über die Vereinigten Staaten hinaus beherrschen US-Hochschulen den Markt der derzeitigen Managerausbildung. Die meist zweijährigen Lehrgänge beruhen auf standardisierten Lehrplänen. Die Folge: eine starke weltweite Vereinheitlichung der Managementausbildung nach US-Schema. Gerade die US Business Schools legten den Schwerpunkt auf Finanzen, Marketing und Buchhaltung, die Lehre ist oft losgelöst vom beruflichen Kontext. So lernen die angehenden Manager vor allem, anhand von Papieren und Zahlen rasche Entscheidungen zu treffen. Soziale Situationen kommen dagegen nicht vor, lassen sie sich doch kaum oder gar nicht in Zahlen fassen. Der Glaube an

---

7 FIBAA (2002). *Qualitätsstandards der FIBAA für Studienprogramme mit dem Abschluss MASTER/Magister (und „MBA" als spezielle Form) in Deutschland, Österreich und der Schweiz*, Bonn.
8 Mintzberg, H. (2004). *Managers not MBAs*, Berrett-Kohler, San Francisco/Bonn.

die Macht der Fakten und der Logik ist Mintzberg zu einseitig. Wer seinen Befund, dass viele MBA-Lehrgänge analytische Brillanz mit sozialer Inkompetenz kombiniert, weiterdenkt, kommt zu dem Ergebnis, dass der MBA, so paradox es klingt, sowohl zu mehr Bürokratie als zu Veränderungen und Innovation in den Konzernen führt.

Mintzberg fordert eine Ausbildung, in der die betriebliche Erfahrung gleichberechtigt neben der Theorie steht, in der Jungmanager lernen, welche Rolle die Kooperation der Mitarbeiter spielt und wie man in Veränderungsprozessen die Geisteshaltungen, kulturellen Werte und Emotionen der Mitarbeiter mit einbezieht.

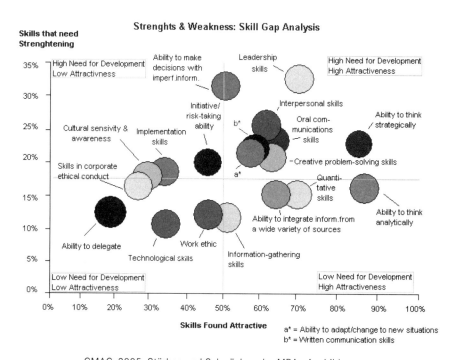

GMAC, 2005, Stärken und Schwächen der MBA - Ausbildung

Die Stärken und Schwächen des MBA analysiert auch eine 2005 erschienene Studie des GMAC (Graduate Management Education Council) aus den USA. Grundsätzlich sind die befragten Arbeitgeber zwar mit der MBA- Ausbildung zufrieden. Doch gibt es eine Reihe von Bereichen, in denen die Studierenden zusätzliche Qualifikationen benötigen. Besonders in den Bereichen "strategic thinking", "communication", und "leadership" lässt die MBA-Ausbildung zu wünschen übrig, so die Unternehmen. Für die Industrie sind folgende Qualifikationen von zentraler Wichtigkeit bei einem Master of Business Administration-Studenten: Analytisches Denken, strategisches Denken, Quantitative Fähigkeiten, Leadership, kreative Problemlösungsstrategien, mündliche Ausdrucksfähigkeit, Informationsverarbeitung. „Cultural sensevity" ist dagegen eher abgeschlagen auf den hintern Plätzen zu finden. Ob dies ein gutes Zeichen ist, sei dahingestellt. Fast alle Programme schauen mittlerweile vermehrt über den fachlichen Tellerrand hinaus und betrachten das wirtschaftliche Handeln eingebettet in ökonomische, soziale und politische Rahmenbedingungen.

Neue Ausbildungsschwerpunkte sind zudem: Führungs- und Verhandlungstechniken, Präsentations- und Kommunikationsfähigkeiten. Ziel ist es, Methoden zu entwickeln und einzusetzen, welche die Voraussetzungen für interkulturelle Verständigung und wechselseitiges Lernen schaffen.

Fazit für die Zukunft. Immer mehr Jungmanager mit internationalem Hintergrund, die einen MBA haben oder mit der Bedeutung des Degrees vertraut sind, werden in den nächsten Jahren in die Chefetagen drängen und den MBA in Deutschland so bekannt und begehrt machen wie in den USA. Das MBA Degree kann ohne Untertreibung als der erfolgreichste und der vielversprechendste Graduate Degree bezeichnet werden.

3 Trends im internationalen Umfeld

„Die Hochschulen müssen in der Zukunft ihre Ausbildung mehr an die Gegebenheiten der modernen Wirtschaft anpassen", so Eric Cornuel, Director General der european foundation for management development (efmd) „Viele Probleme in der MBA-Ausbildung sind seit Jahren bekannt, aber ernsthaft anfassen will sie noch keiner. Der rasante Wandel der Wirtschaft, die Globalisierung ist von vielen Business Schools noch nicht thematisch aufgegriffen und in Handlungskompetenz umgesetzt worden. Bedauerlich, denn gerade für die Manager von morgen ist die globale Verantwortung bedeutend".

Weitere Trends, die sich in der aktuellen Diskussion feststellen lassen, sind:

- Mehr Praxisbezug: Viele Business Schools legen Consulting- und Business-Projekte auf. Angewandte Unternehmensberatung durch Studierende nimmt zunehmend einen festen Platz in der Ausbildung ein. Ziel sollte es sein, eine enge Verbindung zu den Unternehmen zu schaffen, wobei die Unternehmen in Forschungsprojekte einbezogen werden sollen.

- Neue Inhalte: Einige Fachleute vertreten die Meinung, dass die meisten MBA-Programme zu sehr auf „Hard Facts" basieren und „Soft Skills" und besonders „Leadership" und „Management" zu wenig in der MBA-

Ausbildung beachtet werden. Sie haben erhebliche Zweifel, ob mit der heutigen Form der MBA-Ausbildung Führungspersönlichkeiten geschaffen werden. Aber auch die Förderung von interkultureller Kompetenz, z.B. von Empathie, Konfliktfähigkeit, Verantwortungsbereitschaft, Toleranz wird zunehmend in die Inhalte des MBA integriert.

- Internationalität: Immer deutlicher prägt der Globalisierungsgedanke die Studieninhalte. Das zeigt sich in dem wachsenden Angebot von Studienfächern wie International und Multicultural Management, International Finance oder International Marketing. Leider ist die Umsetzung aber nur begrenzt gelungen. Gerade viele US-Programme haben hier noch immer erheblichen Nachholbedarf. In Europa ist man mit der EQUIS-Initiative der MBA-Akkreditierer schon weiter vorangekommen. Viele europäische Akkreditierer haben schon frühzeitig internationale Fragestellungen aufgegriffen. Insgesamt wurde Internationalität an Schlüsselqualifikationen wie Sprachkompetenz, geistige Flexibilität und die Fähigkeit, in anderen Kulturkreisen zu arbeiten, festgemacht. Zukünftig werden nur multikulturelle und international ausgerichtete Business Schools, im Hinblick auf die Kursinhalte und die perspektivische Ausrichtung, wirklich international sein.

- Entrepreneurship: Die MBA-Angebote bringen keine geborenen Unternehmer hervor, aber sie können jenen Absolventen, die sich selbstständig machen wollen, das nötige Rüstzeug und entscheidende Kontakte auf den Weg geben. Langzeituntersuchungen zeigen, dass MBA-Absolventen häufig den Einstieg in die Consulting- oder die Investment-Branche sowie Tätigkeiten bei Großunternehmen bevorzugen. Mittlerweile zieht es aber auch viele MBAler zu kleinen und mittleren Firmen oder sie wagen den Schritt in die Selbstständigkeit.

- E-Business: Trotz der derzeitigen Flaute im E-Business sieht man bei den Dekanen hier einen Zukunftsbereich. Einzelne Business Schools bieten E-Business als eigenständige Kurse an, andere versuchen sie als Pflichtmodule in bestehende Programme zu integrieren. Im Rahmen des lebenslangen Lernens und der Kundenbindung wird die Nutzung der neuesten Technologie nötig sein, um so ein kontinuierliches Lernen zu erleichtern.

- Netzwerke: Immer mehr Business Schools bauen Netzwerke untereinander um Lehrkräfte, Inhalte und Studierende auszutauschen. Hier ist neben den „Hard Facts" das Interkulturelles Training ein weiterer Hintergründe für die Gründung dieser Netzwerke. Die Hochschulen möchten insbesondere Fähigkeiten zum Umgang mit Menschen unterschiedlicher kultureller Prägung und zum angemessenen Verhalten und Verständnis im Ausland fördern.

4 Welcher MBA?

Leider gib es nicht "den MBA" als Allgemeinlösung. Zu unterscheiden ist zwischen der Gruppe der Vollzeitprogramme und der großen Gruppe der Teilzeit und Fernstudienprogramme. Der klassische MBA - Vollzeit wie Teilzeit - ist eine Postgraduierten-Ausbildung. In der Regel haben Teilnehmer an MBA-Programmen 2-3 Jahre Berufserfahrung, bei Executive-MBA-Programmen sind die Teilnehmer sogar meistens um die 10 Jahre berufstätig. Insgesamt kann man vier Basismodelle des MBA unterscheiden:[9]

- der amerikanische Original-MBA
- das europäisch-englische Modell
- das europäisch-internationale Modell
- der fachspezifische MBA

Der amerikanische Original-MBA[10] basiert auf einer zweijährigen Vollzeitausbildung bzw. drei bis vierjährigen Teilzeitausbildung. In den USA stellt der Vollzeit-MBA, der in einem Zeitrahmen von zwei Jahren absolviert wird, die am häufigsten angebotene Programmstruktur dar. Da diese Programme mit akademischen Institutionen kooperieren, sind sie entsprechend nach Semestern organisiert. Ein zweijähriger MBA dauert demnach nicht zwingend zwölf Monate, sondern vier bis sechs Semester, die wiederum jeweils 10 bis 14 Wochen andauern.

Gute Programme haben Studenten mit drei bis vier Jahren Berufserfahrung. Schwachpunkte bei vielen MBA-Programmen in den USA sind: Mangelnde Internationalität der Dozenten, fehlende Fremdsprachenkompetenz und zuwenig Auslandserfahrung der Studenten. Kritisiert wird auch mangelnder Praxisbezug und bei einigen Anbietern die zu große Jahrgangsgruppe mit 800 bis 1000 Studenten. Gab es 1968 lediglich 17.795 MBA Absolventen so stieg die Zahl bis 1988 rasant auf 69.230 Absolventen. Für 1998 wird die Zahl auf 97.000 geschätzt und 2003 schon auf 120.000.

Das Europäisch/Britische Modell entwickelte sich zuerst unabhängig von den universitären Bildungsgängen. Zielgruppe sind Manager, die keine wirtschaftswissenschaftliche Ausbildung haben, diese aber für das weitere berufliche Fortkommen benötigen. In den Programmen werden viele Inhalte eines Grundstudiums bearbeitet. Üblicherweise dauert der britische MBA 12 Monate

---

9 Kran, D. (1998). *MBA-Praxisnah/Flexibel/Teamfähig oder Wie finde ich den richtigen MBA*, IBV - Informationen 43/98, Seite 3873ff, Nürnberg.
10 Zur Geschichte des MBA vgl. Carter, Daniel A. (1998). *MBA: The first Century*. Bucknell. London.

im Vollzeit- bzw. 2-3 Jahre als Teilzeit Programm. Schlossen 1980 ca. 1.100 und 1985 2.200 Studenten ein MBA Programme ab, so gibt es heute in Großbritannien ca. 8000 MBA-Absolventen pro Jahr. Davon 2/3 in Teilzeit und Fernstudienprogrammen.

Das europäische/internationale Modell zeichnet sich durch sehr hohe Qualität und innovatives Vorgehen aus. Die Studierenden setzen sich aus einer internationalen Elite von ca. 27 bis 35 jähriger Führungskräften zusammen. Die Programme dauern etwa 14 bis 24 Monate als Teilzeit oder 10 bis 16 Monate als Vollzeitprogramm. Beide erfordern intensiven Arbeitsaufwand und Selbststudium. Abhängig von der jeweiligen Programmstruktur gibt es keine Semesterferien.

Viele Business Schools bieten den Vollzeit-MBA zunehmend auch als Aufbaustudiengang an, der z.B. im Anschluss an den deutschen Hochschulabschluss absolviert wird. Die Teilnehmer sind somit häufig Universitätsabsolventen, die noch keine Berufserfahrung vorweisen können, sich jedoch von der Teilnahme einen Vorteil für den späteren Berufseinstieg erhoffen. Wenn hier die Qualität der Ausbildung, die internationale Ausrichtung und der Zeitaufwand stimmen, sollte sich das Diplom beim Berufseinstieg als förderlich erweisen. Ob sich allerdings dieser Studienverlauf gegenüber dem "klassischen MBA" durchsetzen kann, ist fraglich und wird zu untersuchen sein.

Die meisten berufsbegleitenden Programme dauern zwei bis drei Jahre, sie können jedoch in einem Zeitrahmen von bis zu acht Jahren durchgeführt werden. Die grundsätzlichen Lehrinhalte sind im Wesentlichen identisch mit den Vollzeitprogrammen und erstrecken sich lediglich über einen längeren Zeitraum. Die Anzahl der zusätzlichen Angebote bzw. Wahlfächer sind hingegen häufig reduziert. Die Mehrzahl der Studenten, die berufsbegleitende Programme absolvieren, ist bereits seit mehreren Jahren im Beruf tätig.

Berücksichtigen muss man bei der Einschätzung des MBA auch, dass 60 - 70% aller MBA-Studenten Teilzeit- und Fernstudienprogramme besuchen und damit berufsbegleitend studieren. Mit einem klassischen MBA-Studium wird also nicht der Einstieg in das Berufsleben vorbereitet, sondern eine zusätzliche Qualifikation erworben. Ein weiteres Phänomen rund um den MBA ist in diesem Zusammenhang wichtig. Rund 90 % aller MBA-Studenten in Großbritannien sind keine Betriebswirte.[11]

---

11 Association of MBAs (1997). *MBA Salary and Career Survey*. London.

Berufsfeld	Durchschnitt der MBA-Studenten	Bandbreite
Engineering / Technical Science	32%	20% - 56 %
Business / Finance / Economics	32%	16% - 51%
Social Science / Science	15.5%	8% - 27%
Law /Liberal Arts / other	15.5%	11% - 42%

Abbildung 3: Berufsqualifikation von MBA-Studenten vor dem Studium[12]

Etwas anders verhält es sich bei den Anbietern auf dem Kontinent und in den USA. Rund 2/3 der MBA-Studenten sind hier Ingenieure, Natur- und Sozialwissenschaftler, Juristen usw., die sich für generelle Geschäftsführungsaufgaben weiterqualifizieren wollen.

Fachspezifische MBA sind z.B. der Master in Marketing Research (MMR), Master in Technology Management (MMT) etc. Rund 100 solcher Programme gibt es mittlerweile. Auch Programme wie der Master in Business Administration and Certified Public Accounting MBA/CPA sind keine Seltenheit.

5 Karrierechancen verbessern

Das traditionelle einjährige Vollzeit-MBA-Programm in Europa bzw. zweijährige MBA-Programm in den USA wird zunehmend durch berufsbegleitende bzw. Executive-Programme ersetzt. Berufstätige können es sich selten erlauben, eine ein- oder mehrjährige Pause zugunsten einer Ausbildung zu nehmen. Auch Unternehmen bevorzugen diese Form der Ausbildung. Die Mitarbeiter qualifizieren sich weiter, und das Unternehmen hat sofortigen Nutzen aus dem gelernten. So werden Teilzeitprogramme in der Regel auch von Unternehmen mit Stipendien, Freistellungen etc. unterstützt. Bei Vollzeitprogrammen eine Ausnahme.

Die tatsächlichen Zeitstunden, die für das Programm aufgebracht werden müssen (classroom contact hours) rangieren zwischen 250 und 1.000 Stunden, liegen jedoch im Schnitt bei ungefähr 600 Stunden.

Es muss dabei grundsätzlich zwischen Unterricht in Präsenzform und Selbststudium unterschieden werden. Die Selbststudienanteile betragen oft bis zu 1.000

---

12 Ausgewertet wurden vom Autor 20 europäische Vollzeit MBA Programme.

Stunden und mehr. Besonders hoch sind sie beim Fernstudium, da hier nahezu keine Präsenz erforderlich ist.

Das Curriculum des MBA besteht in der Regel aus Hauptkursen, die die wesentlichen Bestandteile des Managements, wie Wirtschaft (Mikro und Makro), Informationstechnologie, Entwicklung von Problemlösungsstrategien usw. abdecken. Die Kurse werden durch obligatorische Module, Projekte oder optionale Angebote durchgeführt.

Durch die Einführung der spezialisierten MBA-Programme wird diese Art der breit angelegten Fächerabdeckung naturgemäß verändert. Es sollte ein ungefähres Gleichgewicht herrschen zwischen Soft Skills (z.b. Präsentation, interkulturelle Kompetenzen, Teamfähigkeit, Selbstreflexion usw.) und Hard Skills (Business Administration). Der klassische MBA legt einen Schwerpunkt auf die Bewertung der Studenten durch Tests, Examen etc. Neuere Programmformen werden teilweise als zu "benutzerfreundlich" empfunden, wenn eine regelmäßige Leistungsüberprüfung als Bewertungsinstrument an Bedeutung verliert. Eine Diplomarbeiten (Master Thesis) in englischer Sprache und eine Verteidigung vor den Professoren gehören außerhalb der USA und GB zum guten Standard.

Zusammenfassend lässt sich feststellen, dass der MBA als Möglichkeit gesehen wird, die Karrierechancen allgemein zu verbessern. Rigorose Selektion bei der Rekrutierung von MBA-Kandidaten wird erwartet, jedoch in der Realität nicht immer so erfüllt. So berichtet zum Beispiel das Handelsblatt von einer Ernest und Young Studie die bescheinigt, dass gerade einige französischen Grandes Ecoles zunehmend unter Bewerberschwund leiden. Der Konkurrenzkampf unter den Anbietern und der Druck, Interessenten anzuwerben, führen dann mitunter zu einer Lockerung der Aufnahmekriterien.

Unabhängig vom Geschlecht bestätigt der MBA allerdings seinen (Mehr-) Wert für die von vielen angestrebte Internationalisierung der Karriere, teils sogar in beeindruckender Weise. Am besten gelingt der Sprung auf internationales Terrain den Nachwuchskräften, die schon für den MBA in die Fremde gingen. In der Reihenfolge weisen die Programme der Uni Bern, der University of Strathclyde/Swiss Management Forum St. Gallen, der Donau Universität Krems (General Management Programme), der Universität St. Gallen (beide Programme) und der GSBA Zürich die höchsten Anteile an Deutschen auf, die anschließend ihr Geld außerhalb Deutschlands verdienen, so eine Untersuchung der FAZ.[13]

Deutschen Programm-Anbietern scheint es indessen bisher nur unzureichend zu gelingen, sich bei ausländischen Unternehmen bekannt und ein entsprechendes

---

13 Barthold, H. M. (2005). *MBA-Programme im Vergleich*. FAZ – Hochschulanzeiger, Frankfurt

Netzwerk internationaler „Partner" knüpfen zu können. Ausnahmen bilden lediglich die Fachhochschule für Wirtschaft Berlin (pean Management) und die WHU, von deren deutschen Absolventen immerhin jeder vierte einen Arbeitgeber jenseits der heimischen Gefilde sucht und findet. Viel öfter erweisen sich umgekehrt Anbieter wie NIMBAS, die WHU, die GISMA in Hannover, HWP in Hamburg, ESB in Reutlingen (Full-Time-Programme), die Fachhochschule Esslingen und die ESCP-EAP Berlin für nichtdeutsche MBAér als gutes Einfallstor zum hiesigen Arbeitsmarkt, so Barthold in der FAZ.

6 Qualitätssicherung als Orientierungshilfe

Im Rahmen von Akkreditierungsverfahren[14] und in den Dokumenten des Akkreditierungsrates, der Kultusministerkonferenz oder der Hochschulrektorenkonferenz und auch im „Nationalen Qualifikationsrahmen" (Infos: www.akkreditierungsrat.de) kommt der Begriff „Interkulturelle Kompetenz" als Bildungsziel nicht vor. Man kann sie bei gutem Willen ableiten aus Begriffen und Forderrungen nach „Systemischer Kompetenz", „Sozialkompetenz" und „Kommunikativer Kompetenz". Lediglich bei der Akkreditierungsagentur FIBAA kommt das Thema „Interkulturelle Kompetenz" als Berufsqualifizierendes Element vor. So fragt die FIBAA, neben Fremdsprachen und internationalen Inhalten besonders danach, inwieweit interkulturelle Aspekte den Teilnehmern im Studium direkt und indirekt vermittelt werden.

7 Zusammenfassung

Weil Studierende ohne Auslandserfahrung vor allem von der Internationalität des MBA-Studiums sowie der damit verbundenen Erweiterung ihres interkulturellen Horizontes profitieren, kann man grundsätzlich erst einmal ein MBA Studium im Ausland empfehlen. Hier wird Quasi „nebenbei" ein interkulturelles Studium ermöglicht. Wenn sich interkulturelle Inhalte dann im Curriculum, bei den Lehrkräften und der Studierendengruppe geplant widerspiegeln – umso besser. Freilich ist auch in den gelobten MBA-Auslanden keineswegs alles Gold, was glänzt. So fehlt den amerikanischen Programmen in den meisten Fällen der

---

14 Kran, D. (2005). *Der Akkreditierungsprozess – Durchführung des Verfahrens in Handbuch Qualität in Studium und Lehre,* Stuttgart. Siehe auch: GMAC (2005). *Bologna Projekt Task Force Releases Report.* McLean.

für europäische Studenten so wichtige Blick über den Tellerrand des US-Marktes. Oft muss man auch auf das Privileg kleiner, effizienter Arbeitsgruppen, wie bei den weniger bekannten deutschen und europäischen Anbietern üblich, verzichten. Darüber hinaus zwingen hohe Preise zu einer nüchternen Kosten-Nutzen-Kalkulation. Ganz zu schweigen vom durchweg sehr langen Planungsvorlauf beim Besuch einer Top Business School. Im Übrigen, gute deutsche Programme leben Internationalität durch das Curriculum, die Lehrkräfte und die Zusammensetzung ihrer Studenten auf dem Campus, dazu kommen noch Pflichtauslandsstationen bei leistungsfähigen Partnerhochschulen.

Literatur

Association of Business Schools (1998), *Pillars of the Economy - The contribution of UK business schools to the economy 1997*, London.

Association of MBAs (1997), *MBA Salary and Career Survey*, London.

Bundesministerium für Bildung und Forschung, (2000), *Der MBA in Deutschland, praxisnah und international,* Bonn.

Barthold H. M. (2005), *MBA-Programme im Vergleich*, FAZ – Hochschulanzeiger, Frankfurt.

Birkerstaffe, G. (2005), *Which MBA*, The Economist Intelligent Unit, Harlow.

Brackmann, H. J. & Kran, D. (2006), *MBA-Guide 2006*, Luchterhand, Köln.

Busse, G. & Paul-Kohlhoff, A. & Wordelmann, P. (1997), *Fremdsprachen und mehr Internationale Qualifikationen aus der Sicht von Betrieben und Beschäftigten, Eine empirische Studie über Zukunftsqualifikationen.* BIBB., Berlin.

Carter, A. D. (1998), *MBA: The first Century*, Bucknell. London.

Crainer, S. & Dearlove, D. (2001), *MBA Planat – The Insider Guide to the Business School Experience*, Financial Times, London.

Crainer, S. & Dearlove, D. (1999) *Gravy Training – Inside the Business of Business School*, Jossy-Bass, San Francisco.

IIE - Institute of International Education (2005), *Open Doors 2004, Report on International Educational Exchange*, New York.

Duke University (1998), *1998 Survey of MBA Graduates from Top-Tier Programs*, Durham, The Fuqua School of Business.

Ederleh, J. & Griesbach, H. (1998), *Ausbildung und Qualifikation von Ingenieuren: Herausforderungen und Lösungen aus transatlantischer Perspektive A6/98*. HIS, Hannover.

FIBAA (2002), *Qualitätsstandards der FIBAA für Studienprogramme mit dem Abschluss MASTER/Magister (und „MBA" als spezielle Form) in Deutschland, Österreich und der Schweiz,* Bonn.

Fraunhofer-Institut für Systemtechnik und Innovationsforschung (ISI). (1998), *Delphi´98,* Karlsruhe.

GMAC (2005), *Global MBA Graduate Survey,* Mclean.

GMAC (2005), *Corporate recruiters Survey,* Mclean

GMAC (2005), *Bologna Projekt Task Force Releases Report,* Mclean

Institut der deutschen Wirtschaft Köln (Hrsg): *Möglichkeiten zur Förderung des Erwerbs von Schlüsselqualifikationen durch Studierende - Anforderungsprofile von Unternehmen und Ausbildungsstand von Hochschulabsolventen im Vergleich,* Köln, 2000

Kran, D. (1998), *Der Markt der MBA-Programme,* CH-D Wirtschaft 10/98, Zürich.

Kran, D. (1998), *MBA-Praxisnah/Flexibel/Teamfähig oder Wie finde ich den „Richtigen MBA",* IBV - Informationen 43/98, Nürnberg.

Kran, D. (2005), *Der Akkreditierungsprozess – Durchführung des Verfahrens in Handbuch Qualität in Studium und Lehre,* Stuttgart.

Mintzberg, H. (2004), *Managers not MBAs,* Berrett-Kohler, San Francisco

List, J. (1997), *Universitäten im internationalen Wettbewerb. Wie attraktiv sind deutsche Hochschulen für ausländische Studenten?* In Institut der deutschen Wirtschaft Köln (Hrsg.), Beiträge zur Gesellschafts- und Bildungspolitik. Nr. 215, Köln.

Peterson's (2005), *Peterson's MBA Programs 2005,* Thomson, Lawrencville.

Reingold, J. (1997). *Corporate America Goes To School.* Business Week. Hightstown.

The Wall Street Journal (Hrsg.). (2006). *Top Business Schools.* Random House, New York.

Rüdiger M. Trimpop/Timo Meynhardt

Interkulturelle Trainings und Einsätze:
Psychische Kompetenzen und Wirkungsmessungen

Pro Jahr werden mehrere Millionen Berufstätige wechselseitig zwischen den Ländern „ausgetauscht". Nicht zuletzt durch die Europäische Union, international agierende Firmen, aber auch durch Tourismus oder zunehmenden Studentenaustausch, durch ausländische Arbeitende oder Asylsuchende leben wir in einer internationalen Lebens- und Arbeitsgemeinschaft. Es stellt sich demnach nicht die Frage, ob wir uns mit interkulturellen Fragestellungen beschäftigen wollen, sondern lediglich ob wir aktiv gestalten oder passiv reagieren wollen.

Die Thematik ist jedoch nicht für jede Organisation in gleichem Masse relevant. So unterscheidet Furnham (1997) je nach Art und Mass der Auslandsaktivitäten vier Organisationstypen: Domestic, International, Multidimensional und Global, die in zunehmendem Masse im Kontakt mit dem Ausland agieren, bzw. untrennbar durch Mutter-Tochter oder Partnerunternehmensteile international verbunden sind. Solche international agierenden Unternehmen streben an, über Mitarbeiteraustausch Abläufe zu kontrollieren, z. B. bei der Einführung neuer Produktionsabläufe, Know-how zu vermitteln bzw. zu gewinnen, z.B. bei der Nutzung von neuen Maschinen, präsent zu sein und Kundenkontakte zu etablieren, z.B. in durch Zölle in Import/Export begrenzten Ländern oder aber als Karrierevoraussetzung. In allen Fällen ist es unter Umständen notwendig, Personal auszutauschen. Unklar ist jedoch, ob, wie und wodurch Auslandsaufenthalte erfolgreich gestaltet oder optimiert werden können. Bei Betrachtung der wenigen wissenschaftlichen und wirtschaftlichen Daten ergibt sich ein ernüchterndes Bild:

Bisherige Auslandsaufenthalte verlaufen überwiegend nicht erfolgreich.

Die Erfolgseinschätzung für Auslandsaufenthalte wird von den Unternehmen mit unter 30% angegeben. Das heisst, über 70% aller Entsendungen ins Ausland werden als Fehlschläge zugegeben! Wieviele „Assignments" dann gut oder sehr funktioniert haben, wird sich wohl eher im 10% Bereich bewegen, also in dem Bereich, der wissenschaftlich an die Grenze der Zufallsergebnisse rückt. Die entstehenden Kosten sind durchaus relevant: Landis und Bhagat (1996) berichten, dass weniger als die Hälfte der amerikanischen „Overseas Managers" ihr „Assignment" erfolgreich erfüllen. Die daraus entstehenden Kosten liegen zwischen $250,000 und $1,000,000 pro Entsendung.

Warum also kommt es zu dieser geringen Erfolgsquote? Sind die Erwartungen zu hoch? Werden Messkriterien herangezogen, die nicht adäquat sind? Sind die Vorbereitungsmassnahmen und Unterstützungsaktionen vor Ort und bei der Rückkehr unzureichend?

Die Unternehmen geben an, dass die Auswahl der Entsandten in erster Linie nach Fachkompetenz erfolgt, dass nur 30% der Entsandten an einem Vorbereitungstraining und nur 10% dieser 30% an einem Reentrytraining teilnehmen. Dieser „Reentry"- Faktor ist besonders bedeutsam, denn bei einer Rückkehr nach einem erfolglosen Aufenthalt können grosse Schwierigkeiten bei der Wiedereinbindung der Entsandten auftreten. Die alte Position ist möglicherweise besetzt, die neue kann nicht eingenommen werden, da kein Erfolg vorlag. Oder aber, durch „Change Management" - Prozesse wurde die geplante Position für die Rückkehr aufgelöst oder inhaltlich stark verändert.

Die Schwierigkeiten der Expatriates werden nicht nur in der Fachliteratur seit langem beschrieben. Als Hauptprobleme nennen die Entsandten selbst Erscheinungen des „Culture Shock" (Anpassungsprobleme) und familiäre Probleme. Es müssen demnach also die Vor-Nachbereitungs- und Adaptationsprozesse verbessert werden, um Fehlschläge zu vermeiden. Da die vermuteten Faktoren in erster Linie psychische oder soziale und nicht wirtschaftliche, technische oder wissensbedingte Kompetenzprobleme sind, können Trainings selten vom Stammpersonal durchgeführt werden. Neben den klassischen Schulungen gibt es aber auch andere Formen der Wissensvermittlung, die jedoch noch seltener Eingang in die Trainings finden. So sind regelmässige Workshops, International Task Force Teams, global trainee programs, best-practice exchanges, Rezipientenbefragungen, etc. nur einige dieser Ansätze, die im letzten Abschnitt näher beschrieben werden.

Bei einer Fehlschlagquote von fast 75% müssen jedoch neben nachweislich praktikablen Lösungen, wie sie im dritten Abschnitt anhand von Praxisbeispielen für Evaluationsstudien vorgestellt werden, auch theoretische Grundlagen für Auslandseinsätze und Trainingsprogramme erstellt werden. Abschnitt Zwei beschreibt einige der erfolgsbestimmenden psychischen Prozesse und wendet sie exemplarisch auf Problemfelder und Trainingsansätze an. Somit entsteht ein Kategorisierungssystem, dass, checklistenähnlich, Aussagen über adäquate Evaluations-, Umsetzungmethoden und -inhalte machen kann. Diesen Kriterien zugrunde liegen jedoch elementare Konzepte der Kompetenz-, Wert-, und Verhaltensbildung, auf die -überwiegend theoretisch- in Abschnitt eins eingegangen wird. Somit soll eine Grundlage für das komplexe System der Auslandsaufenthalte und der Vorbereitungstrainings geschaffen werden.

1 Zum Zusammenhang von Kultur, Wert und interkultureller Kompetenz

Interkulturelles Handeln wird mit erhöhter Komplexität gegenüber intrakulturellem Handeln konfrontiert (Deller, 1996). Die Akteure sind dadurch verstärkt auf ihre Selbstorganisationspotenzen angewiesen. Psychologische Orientierungssysteme in diesem Prozess gründen auf kulturell mitgeformten Werten. Dazu zählen auch Selbst- und Weltbilder. Sie sind Grundlagen der Filterung und Bewertung von „Input-Daten". Sie dienen uns, Verlässlichkeit und Stabilität im Kontakt mit der Welt zu schaffen.

Das Problem ist nun, dass sich außerhalb des individuellen Kontextes möglicherweise andere als die eigenen Maßstäbe für die Bewertung sozialer Ereignisse oder „Kulturstandards" (Thomas, 1993) durchgesetzt haben und damit das eigene „In-der-Welt-Sein" nicht mehr zur Realität passt. Somit stehen vertraute -adäquate- Normen und Werte nicht mehr zu Verfügung. Eigentlich gut erprobte und bewährte Bewertungsmuster versagen, werden brüchig. Die Irritation wird extrem, wenn auch die eigenen sprachlichen Begriffe mehrdeutig werden, oder die Sprachkompetenz nicht für feine Differenzierungen ausreicht. Der Interaktionspartner kann nicht mehr „erwartungsgemäß" in seinen Reaktionsweisen antizipiert werden. Erscheint die Konfrontation mit anderen Werten bedrohlich, stellt sie „zuerst die Selbstidentität in Frage, welche als ein komplexes Gefüge von tief interiorisierten, in lebenslanger Sozialisation entstandenen Werten, insbesondere Sinnvorstellungen zu begreifen ist." (Erpenbeck et al. 1995)

In der neuen interkulturellen Situation kann es deshalb von Bedeutung sein, Kompetenzen und eigene Wertmassstäbe zu hinterfragen und wo notwendig zu relativieren. Unter kognitiver und emotionaler Unsicherheit werden die in der Selbststruktur eingeschlossenen Wertkomponenten handlungswirksam, indem sie Entscheidungsprozesse abkürzen, deren adäquate Bewältigung einen hohen Bereitstellungsaufwand an Kenntnissen und Methoden sowie kognitiver und emotionaler Energie und Aufmerksamkeit erfordern würde. Wertvorstellungen „überbrücken" nach Erpenbeck (1996) fehlende Kenntnisse in Fällen ungenügender Kenntnislage bzw. völlig fehlender Kenntnisse und „schließen die Lücke zwischen Kenntnissen, praktischen Erfahrungen und Handeln" (S. 240). In der ungewohnten, verunsichernden Situation, steht demnach auch das Bild von der eigenen Person und nicht zuletzt das Selbstwertgefühl auf dem Prüfstand (Luzio-Lockett, 1998).

Interkulturelle Kompetenz in Organisationen ist Teil der beruflichen Handlungskompetenz. Handlungskompetenzen haben mit Wertvorstellungen zu tun. Diese sind Bestandteil von Kompetenzen, sie gründen also auf Wertvorstellungen (Heyse und Erpenbeck, 1997). Unter der Annahme, dass in der interkulturellen Situation mit erhöhter sozialer Komplexität zu rechnen ist, weil vorhandene Orientierungsgrundlagen nicht notwendigerweise „funktionieren", kommt dem selbstorganisierten, kreativen Handeln besondere Bedeutung zu.

Kompetenzen sind als Selbstorganisationsdispositionen des Individuums modellierbar (Heyse & Erpenbeck, 1997). „Kompetenzen werden von Wissen fundiert, durch Werte konstituiert, als Fähigkeiten disponiert, durch Erfahrungen konsolidiert, aufgrund von Willen realisiert." (Erpenbeck, 1998, 58). Dabei unterscheiden Heyse und Erpenbeck (1997):

- **Fach- und Methodenkompetenzen:** Dispositionen, geistig selbstorganisiert zu handeln, d.h. mit fachlichen Kenntnissen und fachlichen Fertigkeiten kreativ Probleme zu lösen, das Wissen sinnorientiert einzuordnen und zu bewerten bzw. Dispositionen, instrumentell selbstorganisiert zu handeln, d.h. Tätigkeiten, Aufgaben und Lösungen methodisch kreativ zu gestalten und von daher auch das geistige Vorgehen zu strukturieren.

- **sozial-kommunikative Kompetenzen:** Die Dispositionen, kommunikativ und kooperativ selbstorganisiert zu handeln, d. h. sich mit anderen kreativ auseinander- und zusammenzusetzen, sich gruppen- und beziehungsorientiert zu verhalten, um neue Pläne und Ziele zu entwickeln.

- **personale Kompetenzen:** Die Dispositionen, reflexiv selbstorganisiert zu handeln, d.h. sich selbst einzuschätzen, produktive Einstellungen, Werthaltungen, Motive und Selbstbilder zu entwickeln, eigene Begabungen, Motivationen, Leistungsvorsätze zu entfalten und sich im Rahmen der Arbeit und ausserhalb kreativ zu entwickeln und zu lernen.

- **Aktivitäts- und Handlungskompetenzen:** Dispositionen, gesamtheitlich selbstorganisiert zu handeln, d. h. viele oder alle der zuvor genannten Kompetenzen nicht nur zu integrieren, sondern auch tatsächlich umzusetzen.

Welche Zusammenhänge ergeben sich nun zwischen interkultureller Kompetenz, Wert und Kultur? Interiorisierte Werte beziehen sich wesentlich auf den kulturellen Kontext. Die Kompetenz, in anderen Kulturen erfolgreich zu agieren *und* dabei Interkulturalität wirklich zu leben, erfordert aus psychologischer Perspektive zumindest partielle Aneignung dort vorhandener Wertvorstellungen. Dazu zählen etwa auch Selbstbewertungen als Teil des in der Sozialisation angeeigneten Wertesystems einer Kultur. Als Bezugssystem „Selbstkonzept" spielen zum Beispiel die Einstellungen zur eigenen Person eine große Rolle beim Management des Person-Umwelt-Verhältnisses.

Mit Maurer (1973, S. 823) ist Kultur das, „...was die Menschen aus sich und ihrer Welt machen und was sie dabei denken und sprechen." Erpenbeck (1996) hält fest:„Die vielleicht präziseste Quintessenz des Zusammenhangs von Kultur und Wert stammt von Max Weber: ‚Der Begriff der Kultur ist ein Wertbegriff (...) ‚Kultur' ist ein vom Standpunkt des Menschen aus mit Sinn und Bedeutung bedachter endlicher Ausschnitt aus der sinnlosen Unendlichkeit des Weltgeschehens.' Damit werden Wert und Wertung die eigentlichen Mittelpunktkategorien des Kulturbegriffs." (Maurer, 1973, S. 234).

Bezogen auf die individuelle Ebene im interkulturellen Kontakt bedeutet dies im Klartext: Ein Kulturschock ist nichts anderes als ein Werteschock. In der interpersonellen Kommunikationssituation treffen immer „individuelle Kulturen" aufeinander, d.h. die Beteiligten gehören einer bestimmten Subkultur an und haben (nur) einen bestimmten Teil des in ihrer Kultur vorherrschenden Wertesystems als „subjektive Kultur" (Triandis, 1972) tatsächlich internalisiert. Insofern sind die Beteiligten typisch und untypisch zugleich.

Das bisher Dargestellte lässt sich gut verbinden mit einer gängigen Definition des Wertbegriffs: „Im allgemeinen dient ‚Wert' als Bezeichnung dafür, was aus verschiedenen Gründen aus der Wirklichkeit hervorgehoben wird und als wünschenswert und notwendig für den auftritt, der die Wertung vornimmt, sei es ein Individuum, eine Gesellschaftsgruppe oder eine Institution, die die einzelnen Individuen oder Gruppen repräsentiert." (Baran, 1991, 805 f.)

Werte können offenbar nur funktional bzw. adäquat, jedoch nicht „wahr" an sich sein. Insofern als sie sich im Lebensvollzug „bewähren", sind sie für das Individuum eine praktikable Entscheidungshilfe bei der Überbrückung fehlender Kenntnisse. Genau dies dürfte im interkulturellen Kontext zunächst der Normalfall sein, denn fremde Wertesysteme sind zwar wissenschaftlich rekonstruierbar, aber nicht ohne ihr tatsächliches Erleben vollständig erfahrbar.

Vor dem Hintergrund des skizzierten Kompetenzmodells und dem Wertbegriff nach Max Weber wird die Rolle von individuellen Wertesystemen und deren Management deutlich. Folgt man der Behauptung von Geert Hofstede (1994): „The business of international business is culture" – so ist klar, dass das individuelle Wertemanagement mehr oder weniger kompetent sein kann. Partielle Aneigung einer fremden Kultur bedeutet partielle Interiorisation fremder Wertesysteme.

Selbstmanagementfähigkeiten und Selbstlernprozesse können so zum Beispiel als personale Kompetenz beschrieben werden.

Kompetenzen im hier verstandenen Sinne gründen – wie angedeutet – auf Wertvorstellungen. „Wenn Kompetenzen die individuell-psychischen und sozial-kooperativ-kommunikativen Möglichkeiten menschlicher Selbstorganisation erfassen, die bei vorhandenem Realisierungsvermögen (Wille) im individuellen bzw. organisationalen Handeln verwirklicht werden können, so müssen Werte ihre entscheidenden Bestandteile sein." (Heyse & Erpenbeck, 1997, 11) Werte dienen nach den Autoren als „Ordner" im Sinne der Synergetik von Hermann Haken und können Handlungen stabilisieren (ebd., 28 ff.; siehe auch Götz und Häfner zur Synergetik im Unternehmen, 1999). Individuelles Wertemanagement wäre der Kern interkultureller Kompetenzentwicklung; Wandel der Werte geht jedoch nicht notwendigerweise mit Kompetenzerweiterung einher.

Der Kompetenzbegriff ist in dem beschriebenen Kompetenzmodell kein Positionsbegriff, sondern ein Dispositionsbegriff. Kompetenzen sind auch nicht mit Qualifikationen gleichzusetzen. Kompetenzdiagnostik erfordert deshalb besondere Methoden. Denn: „Je exakter ein Lernprozess funktional erfassbar und in seinem Ergebnis überprüfbar ist (Einzelqualifikationen), desto uninteressanter (wenn auch unbedingt notwendig) ist er für die langfristige Entwicklung des Einzelnen, des Unternehmens und letztlich der Volkswirtschaft. Je weniger exakt dagegen ein Lernprozess funktional erfassbar ist (Selbstorganisationsprozesse sind in diesem Sinne indeterminiert) und je eher sich seine Ergebnisse nur als Dispositionen deuten und kaum prüfen, sondern nur evaluieren lassen (Kompetenzen), desto wichtiger ist er für jene Entwicklungen." (Erpenbeck & Heyse, 1996, S. 113) An dieser Stelle kann vermutet werden, dass die jahrelange – und bisher keineswegs befriedigende Suche nach Erfolgsfaktoren für Auslandsentsendungen damit zusammenhängt, dass entscheidende Selbstorganisationsdispositionen nicht wie Qualifikationen erfassbar sind und nicht vollständig im Modell der klassischen Testtheorie zu fassen sind.

Kompetenzentwicklung bedarf spezifischer Methoden, die sich von der Vermittlung von Sachwissen und Kenntnissen unterscheiden. Wenn Wertemanagement so bedeutsam ist, ist das bloße Wissen über andere Wertvorstellungen lediglich Voraussetzung für die Handlungswirksamkeit. Die Frage nach der „Induktion" eines Wertewandels bzw. Stabilisierung produktiver Wertvorstellungen wird damit zu einem fundamentalen Kriterium jeder Intervention. Wertlernen ist nicht Selbstzweck, sondern gerade für interkulturelles Agieren essentiell.

2 Erfolgsrelevante psychische Faktoren und Prozesse

Auch wenn die Überprüfung Vorhersagefähigkeit von Erfolgsfaktoren schwierig ist (Deller, 1996), so werden Faktoren genannt, welche direkt als Kompetenzen gedeutet werden können oder zumindest wesentlich durch Kompetenzen bestimmt werden. Vor allem spielen personale Kompetenzen eine wichtige Rolle, u. a. sich selbst einzuschätzen, produktive Einstellungen, Werthaltungen, Motive und Selbstbilder zu entwickeln. Welches sind bei aller Individualität grundlegende Wertdimensionen, deren Kenntnis hilfreich für den Einzelnen sein kann?

2.1 Kulturspezifische Faktoren

In seinen bahnbrechenden Untersuchungen zu interkulturell differierenden Werten und Verhaltensweisen hat Hofstede (1980) über mehrere Jahrzehnte hinweg Untersuchungen mit 117.000 Beschäftigten innerhalb der IBM - Niederlassungen und Tochterfirmen in mehr als 40 Ländern der Welt durchgeführt. Auch wenn klar ist, dass IBM-Mitarbeiter nicht repräsentativ für die durchschnittlichen Beschäftigten eines Landes sind, so kann man davon ausgehen, dass Unterschiede in diesen Firmenkulturen zum einen durch die Landeskultur mitgeprägt sind, zum anderen aber im Land selbst noch verstärkt auftreten sollten.

Wertdimension	Kernaussagen
Power distance	Angst vor Meinungsäusserung
Uncertainty avoidance	Regelhaftigkeit, Stabilität
Individualism	Autonomie, persönliche Arbeitsgestaltung
Feminity	Beziehungsorientierung
Masculinity	Wettbewerbsorientierung

Tabelle 1: Kategorisierung nach Werten (Hofstede, 1980)

Natürlich können andere Berufsgruppen andere Wertdimensionen entwickeln und Werte ändern sich nach Inglehart (1989) über die Zeit, dennoch weist diese

Studienserie darauf hin, dass es in anderen Ländern nicht nur andere Sitten, sondern auch andere organisationskulturelle, arbeitsrelevante Werte und Einstellungen gibt. Diese psychischen Dimensionen werden durch theoretische Konstrukte aus der Organisations- und Motivationsforschung gestützt. So zeigt sich die Dimension „power distance" z.b. in den Persönlichkeitsansätzen aus den 60er Jahren zum „Need for Achievement, Leistungs- vs. Misserfolgsorientierung. Die Differenzierung zwischen „Femininity" und „Masculinity" findet sich in Führungstheorien zur Aufgaben- und Mitarbeiterorientierung (z.b. Fiedler) oder in Ansätzen zur „transactional" (handlungsorientiert) versus „transformational" (beziehungsorientiert) leadership (Geyer & Steyrer, 1998). Die Dimension „Individualism" findet vor allem Eingang in Konzepte der Gruppenarbeit, aber auch in theoretischen Konstrukten, wie dem Job Characteristics Model von Hackman und Oldham (1980), in dem Autonomie eine Schlüsselrolle spielt. Mit anderen Worten, die von Hofstede gefundenen Dimensionen finden einen bedeutungsvollen Agonisten innerhalb der Organisationsforschung. Wenn jedoch schon innerhalb einer Organisation mit ihren multifacettierten Kulturen, Subkulturen, Wertesystemen und Beziehungsnetzwerken (Schein, 1985; Likert, 1967) grosse Anpassungs- und Passungsprobleme bestehen, so ist plausibel, dass diese zwischen Kulturen, mit historisch unterschiedlich gewachsenen Werten, Sprach- und Verhaltensnormen verstärkt auftreten müssen.

2.2 Psychologische Ansätze für interkulturelle Aufenthalte und Trainings

Hinzu kommen jedoch eine Reihe von psychischen Prozessen, die man als nahezu „basale" bezeichnen kann, da sie in viele Situationen automatisch „hineinwirken". Insgesamt sind damit die persönlichkeitsbezogenen Charakteristika (personale und soziale Kompetenzen) gemeint. Diese erscheinen als kritische Erfolgsfaktoren für die Leistungsentwicklung im interkulturellen Kontext (Deller, 1996). Hier sollen davon drei wesentliche beschrieben, ihre Auswirkungen auf den Aufenthalt dargestellt und Schlüsse für Trainings gezogen werden.

Streben nach emotionaler Harmonie und Gleichgewicht: Grossberg und Guttowski (1987) gehen in ihrer „Affective Balance Theory" ebenso wie Solomon (1980) in der „Opponent Process Theory" davon aus, dass der Mensch nach emotionaler Harmonie und Gleichgewicht strebt. Es werden also emotionale Prozesse und Reaktionen ausgelöst, um unerwünschte oder zu intensive Gefühlszustände auszugleichen. Diese werden von Kognitionen und Verhaltensweisen begleitet, welche die Wahrscheinlichkeit eines angestrebten, homöostatischen Zustandes erhöhen sollen. Wenn also die Person im Ausland ein erhöhtes Gefühl der Unsicherheit, Unklarheit verspürt, wird sie sich verstärkt um emotionalen Ausgleich bemühen, das heißt, entweder der Situation ausweichen, sie mit „vertrauten, sicheren" Mitteln bewältigen wollen, oder sie schlicht im Sinne der bekannten Denkmuster uminterpretieren. Jeder dieser Anpassungsprozesse führt potentiell zu Missverständnissen, Fehlwahrnehmungen und falschen Ausgangspositionen. Trainings sollten also die Wahrnehmung anderer Kulturen, Zusammenhänge und emotional beunruhigender Gedankenmuster simulieren, erleben und bewältigen lassen.

Balance zwischen Herausforderung und Kontrolle: In der Risikohomöostasetheorie (Wilde, 1982, 1996) und der Risikomotivationstheorie (Trimpop, 1994) gehen die Autoren davon aus, dass der Mensch ständig bestrebt ist, eine optimale Balance zwischen Herausforderung (siehe auch Zuckerman, 1979) und Kontrolle (siehe auch Burger & Cooper, 1979) herzustellen. Risiko setzt sich aus den Komponenten „Gefahr" und „Chance" zusammen. Der Mensch ist also darum bemüht, seine Umgebung so zu gestalten, dass er in Situationen der Langeweile Herausforderungen sucht und in Situationen mit erhöhter wahrgenommener Gefahr oder Unsicherheit, nach Sicherheit strebt. Das Bedürfnis nach Kontrolle oder „Mastery" ist also in einem homöostatischen Wechselspiel mit der optimalen Herausforderung. Mit wachsender Kompetenz steigen die notwendigen Herausforderungen, um in eine optimale Stimulation, auch im Sinne von Czikszentmihalys „Flow"-Ansatz (1975), zu kommen.

Im interkulturellen Einsatz sind beide Prozesse relevant. Zunächst strebt der oder die Entsandte in der wahrgenommenen Unsicherheit nach Bekanntem, zeigt verstärkt „heimatbewährte" Denk- und Verhaltensmuster. Das muss aber nicht unbedingt passend für die neue Umgebung sein. Wird durch dieses Verhalten eine wahrgenommene Sicherheit und Gewohnheit erreicht, werden neue Stimulationen gesucht und erhöhte „Risiken" eingegangen, ohne dass die subjektive Wahrnehmung mit der objektiven abgeglichen wurde. Auch hier kann es zu Fehleinschätzungen der Situation kommen, die wiederum nach einer negativen Rückmeldung den Prozess aufschaukelnd verstärken. Trainingsansätze müssten auf diese Prozesse hinweisen, die Abstimmung zwischen subjektiver und objektiver Gefahren- und Chancenwahrnehmung schulen und alternative Herausforderungs- und Beruhigungstechniken vermitteln.

Umgang mit psychologischen Widersprüchen: Wertvolle Hinweise liefert hier die Theorie der kognitiven Dissonanz (Festinger, 1957). Dieser Ansatz geht davon aus, dass wahrgenommene Diskrepanzen zwischen Wunsch und Wirklichkeit Unwohlsein („Psychological Discomfort"), also Dissonanzen erzeugen, und dass Individuen danach streben, diese zu reduzieren. Dies gelingt durch eine Anpassung der äußeren Umwelt, also Beseitigung oder Änderung des Stressors oder durch eine Umstrukturierung der eigenen Gedanken, also eine Änderung der Wertigkeit oder durch selektive Wahrnehmung und Interpretation. So können

Schwierigkeiten im Auslandseinsatz nicht immer im Umfeld beseitigt werden. Der oder die Entsandte können dementsprechend ihre Wahrnehmung und Interpretation so „umgestalten", dass sie die Schwierigkeiten als meisterbare Belastungen oder überwältigende Beanspruchungen (siehe Stresskonzept von Lazarus, 1966) uminterpretieren. Als Folge nehmen sie jeweils die Aspekte ihrer Umwelt selektiv wahr, die in ihr Denkschema passen. Diese eigenen Kognitionen werden dann auf die Umgebung projeziert und attribuiert. Je nach Erfahrungs- und Persönlichkeitsmuster können solche Attributionen (Heider, 1958, Kelley, 1972) und Social Information Processing (Fiske & Maddi, 1984) Vorgänge zur permanenten Schuldzuschreibung bei sich oder anderen führen.

Hier wäre im Training besonders darauf zu achten, die Motiv- und Denksituation der Gegenüber zu erfragen, anstatt die eigenen automatisch auf den anderen zu übertragen. Typische Beispiele für solche Fehlattributionen sind unterschiedliche Vorstellungen über Pünktlichkeit, bürokratische Ordnung, Kleiderordnung, Vornamenbenutzung, Arbeitszeiten, etc. wo eigene nationale, regionale oder persönliche Standards und Motive für Verhaltensweisen drastisch von denen anderer Menschen abweichen können. Diese erhöhte Ambiguitätstoleranz aufzubauen, wäre ein erstrebenswertes Ziel von Trainings. Die folgende Tabelle gibt einen Überblick über einige relevante psychologische Konstrukte in diesem Zusammenhang, welche als Kompetenzdimensionen gedeutet werden können. Die Zuordnung erfolgt nach dem jeweiligen Schwerpunkt:

Personale Kompetenz	Soziale Kompetenz	Fach- und Methodenkompetenz	Aktivitäts- und Handlungskompetenz
- Selbstkonzept - Selbstwert - Self-efficacy - Initiativfähigkeit - Leistungsattributionen - Sinnvorstellungen - Autonomiestreben - Kritische Selbstwahrnehmung - Selbstdisziplin - Antrieb - Ambiguitätstoleranz - Rollendistanz - konstruktiver Umgang mit eigenen Emotionen	- Verantwortungsbewusstsein - Kommunikationsfähigkeit - Kooperations- und Konfliktfähigkeit - Vertrauensbereitschaft - Teamfähigkeit - Empathie und Sensibilität - Steuerung von Gruppenprozessen - Überzeugungs- und Präsentationsfähigkeiten	- Wissen - Erfahrung - Informationsmanagement - Kognitive Fähigkeiten - Methodische Fähigkeiten im Umgang mit intellektuellen Problemen (z.B. Problemlösung), mit sich selbst (z.B. Selbstwahrnehmung) und mit anderen (z. B. Verhandlungstechniken)	-Umsetzungsorientierung („etwas bewegen wollen") - Risikobereitschaft - Bereitschaft, Verantwortung zu übernehmen - Dominanzstreben - Führungsanspruch - Veränderungsbereitschaft - Automatismen

Tabelle 2: Psychologische Konstrukte im Kontext von (interkulturellen) Kompetenzen

In der Literatur existierende „Erfolgsprofile" (z. B. Kealey, 1989) lassen sich jeweils auf eine Kombination aus diesen Dimensionen zurückführen. Vor diesem Hintergrund ist unmittelbar plausibel, dass umfangreiche (interkulturelle) Kompetenzkataloge immer auf die vier genannten Kompetenzbereiche zurückgeführt werden können.

2.3 Psychisches Erleben der Arbeit im Ausland: Culture Shock

Furnham und Bochner (1988) beschreiben, dass nahezu jeder „Expatriate" einen, individuell unterschiedlich ausgeprägten „Culture Shock" erleidet. Dieser geht einher mit Verlustgefühlen, Heimweh, Ablehnung, Rollenkonfusion, Ärger, Ekel, mangelnder Kontrolle, Hilflosigkeit, Selbstwertverlust aber auch Akzeptanz, Überraschung, Freude, Herausforderung, Stimulation, Wachstum, Erfolg. Die Verlaufsphasen des Auslandsaufenthaltes werden im allgemeinen mit einer U-Kurve des Wohlbefindens beschrieben, das heisst, nach einem Ausgangszustand sinkt das Wohlgefühl ab, bleibt eine Zeitlang niedrig und kehrt auf das Ausgangsniveau zurück (Lysgaard, 1955; Oberg, 1960). Letzerer beschreibt die 4 Stufen als: Honeymoon, Crisis, Recovery, Adjustment. Furnham (1982) spricht von der W-Kurve der Akkulturation, d. h., dass ein ähnlicher Kulturschock auch bei der Rückkehr erlebt wird und ein neuer Anpassungsprozess durchlaufen werden muss.

Diese U- bzw. W-Kurve findet sich in sehr vielen Berichten über Auslandsaufenthalte in Anekdotenform wieder. Churchs (1982) Metaanalyse zeigt jedoch 7 Studien mit U-Kurve und 7 mit anderen Verläufen. Man kann also nicht unbedingt davon ausgehen, dass ein Verlauf universell ist, sondern stark personen- und situationsabhängig. Für Trainings ist es dennoch empfehlenswert darauf hinzuweisen, dass es nach einiger Zeit zu solchen Effekten kommen kann und was dagegen zu tun ist.

2.4 Psychische Prozesse bei der Akkulturation

Akkulturationsprozesse sind Prozesse des Wertemanagements. In Anlehnung an Bochner (1982) können psychische Reaktionen beim Anpassungsprozess kategorisiert werden:

Kultureller Einbindungsgrad	Reaktion	Charakteristische Äußerungsformen
Passing	Assimilation	Aufgeben der eigenen Kultur, Übernahme des neuen Wertesystems
Chauvinism	Konfrontation	Ablehnen der neuen Kultur, Bumerang – Effekt („Überhöhung" der eigenen Kultur)
Marginalism	Separation	Ablehnung der neuen und der alten Kultur, Rückzug ins Private
Mediation	Integration	Individuelle Integration der neuen und alten Kultur

Tabelle 3: Einbindung und Commitment

Die Darstellung legt eine Optimallösung einer Integration der positiven Aspekte beider Kulturen und damit einen deutlichen Zugewinn für alle Beteiligten nahe. Auch wenn im Einzelfall „Mischtypen" eher die Regel sind, sollte in Trainings auf bisherigen Umgang mit neuen Werten und fremden Situationen eingegangen werden und die verschiedenen Konsequenzen der Reaktionen durchgesprochen und in Rollenspielen erlebbar gemacht werden. Denn: Gerade für Organisationen ist entscheidend, mit welchem Zugehörigkeits-, Identifikations- und Einsatzbereitschaftsgefühl (Commitment) Mitarbeiter auf neue Situationen reagieren.

Grad des Commitment				
Zur alten Firma	niedrig	hoch	niedrig	hoch
Zur neuen Firma	niedrig	niedrig	hoch	hoch
Psychische Reaktion	Separation	Konfrontation	Assimilation	Integration

Tabelle 4: Kategorisierung nach Commitment (Black, Gregerson & Mendenhall, 1992)

Die Autoren gehen davon aus, dass entsprechend des Konstruktes von Bochner auch für das Commitment unterschiedliche Entwicklungen denkbar sind. So kommt es bei niedrigen Ausprägungen für beide Unternehmen oder Unternehmensteile zu einer Separation mit überwiegender Verfolgung eigener Ziele, bei deutlichem Gefälle zu Lasten der neuen Firmenumgebung, zu Konfrontationen, bei umgekehrter übermäßiger Akzeptanz der neuen Werte, zu einem Abfall des Commitments für die alte Firma. Auch hier bietet die Integration die Chance, aus den positiven Komponenten beider Unternehmen zu lernen und somit eine hohe Einsatzbereitschaft und Identifikation mit dem Gesamtbild zu entwickeln. In Trainings sollte daher neben der Fokussierung auf Problemfindung und Problemlösung die Fähigkeit geschult werden, in den anderen Abläufen, Werten, Interaktionen eine Lernchance zu sehen und nach positiven, übertragbaren Aspekten aktiv zu suchen und zu fragen.

2.5 Einflussgrößen im Akkulturationsprozess

Faktoren, die den Akkulturationsprozess beeinflussen sind zum Beispiel:

Rahmenfaktoren	Organisations-Faktoren	Personenfaktoren
Dauer Freiwilligkeit Zweck Distanz Kultureller Unterschied	Arbeitsaufgabe Einbindung Vorbereitung Erfolgsaussichten Karrierebedeutung Funktion	Erfahrung Alter Geschlecht Familienstand Familieneinbindung Persönlichkeit

Tabelle 5: Einflussfaktoren im Akkulturationsprozess

Im konkreten Einsatz wirken diese Faktoren natürlich immer in einem komplexen Gefüge. Deller (1996) beschreibt z.B. die Bedeutung des Beziehungsnetzwerkes eines Expatriates. Der Akteur muss sich nicht nur in firmeninternen Beziehungen, sondern auch in Außenbeziehungen, in den Beziehungen zur Hauptverwaltung, zur Regierung des Gastlandes und der des Heimatlandes und nicht zuletzt in veränderten Familienbeziehungen sicher bewegen können.

Bittner (1996) beschreibt ausführlich die psychologische Situation der Vorzubereitenden. So können die Grundhaltungen in einer Trainingsgruppe von euphorischer Vorfreude bis zu massiver Ablehnung reichen: Wie steht es um die Gewichtung von ausreisebezogenen Motiven versus solchen, bei denen die Ausreise nur Mittel zum Zweck ist? Liegt möglicherweise gar ein Motiv der „Inlandsflucht" vor? Wie stark ist dabei die Auslandsattraktionsmotivation? Welche Rolle spielt die Ausreiseentscheidung für die individuelle Biographie insgesamt?

Unklar ist außerdem, wann ein „Erfahrungsvorsprung" sich günstig auswirken kann oder Karriereambitionen eher hinderlich wirken usw. Ohne diese Beschreibungen weiter zu verfolgen, lässt sich festhalten, dass die psychologische Situation vor der Ausreise im Einzelfall sehr kompliziert sein kann und hohe Anforderungen an die Beteiligten stellt.

3 Praxisbeispiele für Evaluationsstudien

3.1 Experimentelles Herangehen

Die Vorteile eines experimentellen Ansatzes liegen in der Kontrollierbarkeit der Einflussvariablen, der zufälligen Zuordnung der Teilnehmer, wodurch sich individuelle Unterschiede ausgleichen und ein kausaler Zusammenhang dann nachweisbar wird, wenn man alle Einflussvariablen kontrolliert hat. Die Nachteile liegen in der Isolation dieser Einflüsse, da in der Realität fast immer mehrere Einflussfaktoren wirksam sind, die einander –mit unterschiedlicher Gewichtung beeinflussen und überlagern. Häufig werden Studierende herangezogen, deren Erfahrungshintergrund kaum Rückschlüsse auf Manager zulässt. Ein Experiment, das jedoch viele der Schwachpunkte ausgleicht, soll hier prototypisch dargestellt werden.

Thomas und Ravlin strebten 1995 an, kulturelle Attributionen in einem experimentellen Setting im Unternehmen zu untersuchen. Als theoretischer Rahmen dienten die Attributionstheorie von Heider (1958) und Kelley (1972) und die Social Information Processing Theory von Fiske und Taylor (1984). Die Vorhersagen waren:

- Wahrgenommene Ähnlichkeit führt zu anderen Motivattributionen als Fremdheit
- Wahrgenommene Ähnlichkeit führt zu höheren Effektivitätszuschreibungen
- Die Bedeutung der eigenen kulturellen Identität bestimmt die Attributionen

Die Stichprobe bestand aus 277 Mitarbeitern einer amerikanischen Niederlassung eines japanischen Konzerns, die zufällig den verschiedenen Bedingungen zugeordnet wurden.

Das Untersuchungsdesign sah zunächst einen Pretest 1 vor. Eine unabhängige, vergleichbare Stichprobe (N= 63) bestimmte amerikanische vs. japanische Stereotypzuschreibungen für das Verhalten von gefilmten Führungskräften und leitete damit die Itemkonstruktion.

Pretest 2 diente der Erfassung der unabhängigen Attributskategorien für Japaner (Scott`s H). Als Manipulation wurde die kulturelle Ähnlichkeit im Problemlösegesprächsverhalten variiert. Ein japanischer Manager verhielt sich im Film entweder „japanisch" oder „amerikanisch", entsprechend der zuvor erhobenen Erwartungen der Manager. Als abhängige Masse wurden die Ähnlichkeit zwischen Filmmanager und sich selbst, Attributionen, nationale Selbstidentität, potentieller Führungserfolg und Verhaltensintentionen.

Als wesentliche Resultate konnten die Hypothesen generell bestätigt werden, aber die Ähnlichkeit wirkt nur hypothesenkonform, wenn sie erwartet wird. Das heißt, wenn man von einem japanischen Manager kein amerikanisches Verhalten erwartet, wirkt das Verhalten gespielt, aufgesetzt, unglaubwürdig. Negativere Motive werden unterstellt und der Führungserfolg geringer eingeschätzt. Diejenigen Personen jedoch, die davon ausgingen, dass der japanische Manager sich bereits an das amerikanische Leben angepasst hat, zeigten deutlich positivere Attributionen und Erfolgserwartungen.

Daraus ergibt sich ein Dilemma für das Training. Je nach Erwartung der späteren Mitarbeiter, muss entweder fremd- oder eigenkulturspezifisches Verhalten gezeigt werden, um nicht von vornherein negativen Stereotypen zu unterliegen und damit die Erfolgswahrscheinlichkeiten zu verringern. Welches dieser Trainingsziele angestrebt werden soll, müsste also im Vorfeld bei der späteren Zielgruppe ermittelt werden, was selten möglich sein wird. Dennoch kann aus solchen Untersuchungen gelernt werden, dass ein „landestypisches" Verhalten nicht unbedingt zu dem gewünschten Ziel führt. Vielmehr muss auf Authentizität der eigenen Person im umfeldabhängigen Verhaltenskontext geachtet werden.

3.2 Feldstudie

In einer der bemerkenswertesten Studien im interkulturellen Kontext hat Daniel Kealey (1988) 277 von 282 Feldmitarbeitern des kanadischen Entwicklungshilfedienstes (CIDA) vor einem Einsatz, vor Ort und bei der Rückkehr mit einer umfassenden Testbatterie untersucht. Die Evaluationsinstrumente umfassten: Selbsteinschätzung, Kollegen, Vorgesetzten, Gastgeberbeurteilungen. Der Prozessverlauf und Probleme wurden durch Interviews mit Personal und Familien erfasst. Eine Wirkungsfaktorenerfassung der Vorbereitungstrainings erfolgte durch 15 Fragebögen mit insgesamt 298 Items zu den folgenden Dimensionen:

(PreAftertests: group embedded figures test; selfMonitoring Scale; Jackson PI; social desirability, predeparture attitudes and expectations; interpersonal skills inventory; values survey; background.

Feldtests: satisfaction; acculturative stress; crosscultural understanding; contact with hostculture scale; overall adjustment and effectiveness scale; living conditions scale; job constraints scale)

Aus der Fülle von Ergebnissen sollen hier zwei dargestellt werden:

Zum einen scheinen Persönlichkeitsfaktoren, nämlich hohe Ladungen in der field-dependence scale (Anpassungsfähigkeit), Feminity (Beziehungsorientierung), und Adventuresomeness (Interesse an Unbekanntem und Neuen) einen positiven Zusammenhang mit selbst und fremdeingeschätzem Erfolg zu haben. Das Vorher-Training legte auf diese Punkte jedoch traditionell weniger Wert, als auf Sach- und Sprach- sowie politische und Wirtschaftsinformationen, deren Einfluss jedoch deutlich niedriger war. Die Feldmitarbeiter betonten in den Interviews oft, dass die spezielle Situation vor Ort wichtiger war, als die generelle politische oder wirtschaftliche Situation des Landes.

Als zweites Ergebnis soll auf den Kurvenverlauf des Anpassungsprozesses eingegangen werden. Während im Allgemeinen von einem U- bzw. W-Verlauf ausgegangen wird, konnte Kealey dies nur für 10% seiner „professionellen" Ausländer finden. Die Verläufe sind in der folgenden Abbildung dargestellt.

Demnach begannen ca. 35% mit niedrigen Erwartungen, die sich im Verlauf zu hoher Zufriedenheit entwickelten, 30% blieben hoch, 10% mittelhoch und 15% blieben niedrig. Es zeigte sich ein deutlicher Zusammenhang zwischen Erfolg und Zufriedenheitsselbsteinschätzung. Ob sich dieser Kurvenverlauf jedoch auf Mitarbeiter in Wirtschaftsunternehmen übertragen lässt, für Führungskräfte gilt, die zum ersten Mal beruflich ins Ausland gehen, oder für Studierende kann so nicht beantwortet werden. Hier können Studien mit bewährten Methoden wesentlich zum Erkenntnisgewinn, aber auch zu praktischen Umgestaltungsmethoden des Aufenthaltes beitragen, der unter Umständen personenorientiert anders gestaltet werden sollte.

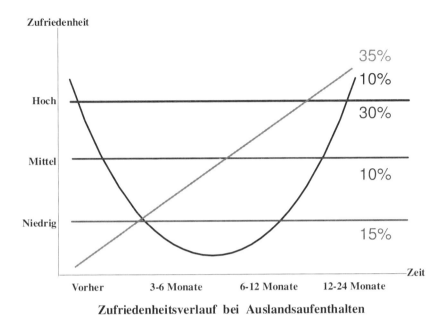

Zufriedenheitsverlauf bei Auslandsaufenthalten

4 Effektivitätssteigerung der Auslandsaufenthalte

Im letzten Abschnitt sollen zunächst Ansatzpunkte für die Gestaltung und Begleitung von Auslandsaufenthalten aufgezeigt werden. Danach werden einige unserer Meinung nach wesentliche Forschungsfragen zusammengetragen.

4.1 Kategoriensystem zur Bewertung von Maßnahmen zur Gestaltung und Begleitung interkultureller Einsätze

Die folgende Zusammenstellung ist als erster Vorschlag für eine Checkliste zu verstehen, welche als Orientierungshilfe bei der Evaluation von Maßnahmen zur Gestaltung und Begleitung interkultureller Einsätze herangezogen werden kann.

1. *Klären der Rand- und Rahmenbedingungen*
   - Planen des Gesamtprojektes (zeitliches, finanzielles Budget, ...)
   - Bestimmen der beeinflussbaren Größen (Gesundheit, Erfahrung, Karrierepfade, ...)
   - Planen eines Evaluationsprogrammes (summativ / formativ)
   - Ableitung von konkreten Maßnahmen (Meilensteine, Verantwortlichkeiten, ...)
2. *Klären der personalen Voraussetzungen*
   - Definition von Anforderungsprofilen als Kompetenzspektrum von fachlich methodischen, sozialen, emotionalen, risikobezogenen, personalen und Aktivitäts- und Handlungskompetenzen
3. *Management der personalen Voraussetzungen*
   - Bestimmen des relevanten Personenkreises
   - Festlegen der Auswahlmethoden (Interviews, Fragebögen, AC, ...), Personalauswahl
   - Trainingsbedarfsanalyse, Priorisierung, Konzeption der Trainingsprogramme (Was wird trainiert?)
   - Festlegen der Trainingszeitpunkte (Vor, während, nach dem Auslandsaufenthalt)
   - Bestimmen des Trainingssettings (z. B. Coaching, Gruppe) (Wie wird trainiert?)
   - Erstellen eines Methodenmix (Wissensvermittlung, destabilisierende Verfahren)
   - Durchführung, Monitoring, ggf. Anpassung
   - Programmevaluation

4.2 Kernelemente interkultureller Trainings

Es existiert eine Vielzahl an Trainingsprogrammen und -konzepten für die Entwicklung interkultureller Kompetenzen (siehe Gydekunst et al., 1996, Thomas & Hagemann, 1996 oder Bolten in diesem Band). Ein aus dem Kompetenzmodell von Erpenbeck und Heyse ableitbares übergreifendes Charakteristikum (interkultureller) Kompetenztrainings ist die Veränderung von Wertvorstellungen und damit Bezugssystemen, z. B. von einer ethnozentristischen zu einer ethnorelativen Sichtweise. Bittner (1996, 338) schreibt in diesem Zusammenhang:

„Soll es (das Training) hilfreich sein, muss es im Verlauf auch identitätsbedrohende Erkenntnisse vermitteln, die Bedrohung jedoch auffangen und zumindest den Grundstock für ein teilweise revidiertes Selbstverständnis legen." Dies kann als Hinweis auf einen anzustrebenden Wertewandel gelesen werden. Er schlägt ein Programm mit den Schritten vor:

- Lernbedarf schaffen
- gewohnte Bewertungen relativieren
- lokale Bewertungen partiell übernehmen
- eigene Einflussmöglichkeiten relativieren.

Das „Wie" des Interiorisationsprozesses beschreiben Erpenbeck und Weinberg (1993) sehr ausführlich. Meynhardt (1999a) hat versucht, ein in dieser Richtung konzipiertes Trainingsprogramm zum Selbstkonzeptmanagement von Erpenbeck et al. (1995) auf das interkulturelle Training zu übertragen. Dabei wird zwischen vier Phasen unterschieden:

1. Anwärm- und Reflexionsphase
2. Selbstreflexionsphase
3. Einwirkungsphase und
4. Selbstorganisationsphase.

Die hierfür einsetzbaren Methoden schließen neben kognitiven Interventionsansätzen vor allem erfahrungs- und emotionsorientierte Verfahren ein (z. B. Gruppendiskussionen, Rollenspiele, Datenkonfrontation oder Videofeedback).

Erfolgversprechend erscheinen Programme, die einen systemischen Ansatz verfolgen, um der Komplexität des Themas gerecht zu werden. Götz (1998a) hat die konkrete Gestaltung eines systemischen Instructional Designs am Beispiel eines Trainings zur Förderung von Führungskräftenachwuchs demonstriert, welches durchaus auf interkulturelle Trainings übertragen werden könnte.

Bei Durchsicht der Literatur fiel auf, dass selbst in dem neuesten verfügbaren *Handbook of Intercultural Training* von Landis & Bhagat (1996) der Gedanke der Selbstkonfrontation und des Wertelernens kaum verfolgt wird. Ein Um- oder Neulernen von Werten über den Prozess der Selbstkritik durch erhöhte Selbstaufmerksamkeit wird jedoch zu einem Schlüsselelement, um (interkulturelle) Kompetenzen zu entwickeln.

Das heißt nicht, dass etwa landeskundliche Kenntnisse nicht mehr zu beachten sind. Allerdings verschiebt sich die Gewichtung eindeutig hin zum Training personaler und sozialer Kompetenzen für den interkulturellen Kontakt. Trainingskonzeptionen sollten deshalb künftig stärker anhand der Betonung des Wertelernens evaluiert werden. Die Konzeption erscheint zudem geeignet, eine bisher ausstehende Theorie des interkulturellen Kompetenztrainings zu entwerfen. Möglicherweise ist der unbefriedigende Forschungsstand mit sehr disparaten empirischen Ergebnissen auf das Fehlen einer handlungsleitenden theoretischen Grundlage zurückzuführen.

4.3 Vorschläge für Trainingsansätze

Folgende Bereiche haben sich als gute Ansatzpunkte für eine Effektivitätssteigerung von Auslandsaufenthalten herausgestellt und sollten deshalb in Trainings einbezogen werden.

a. Personalselektion

Hier wird ein FlowChart Entscheidungsbaum (Tung, 1988) vorgeschlagen, der die Entscheidungskriterien Notwendigkeit, Fachkompetenz, Motivation und Sozialkompetenz hierarchisch geordnet berücksichtigt. Tung (1988) zeigt in seinen Studien, dass man nur dann „Expatriates" Einheimischen vorziehen sollte, wenn dies notwendig ist, wenn die Fachkompetenz gewährleistet, eine hohe Motivation und Sozialkompetenz vorhanden sind. In jeweiligen Nein-Antworten schlägt der Entscheidungsbaum vor, keinen Auslandsaufenthalt anzutreten.

In Traineeprogrammen kommen zu Ausbildungszwecken natürlich weitere Kriterien hinzu. Spreitzer et al. (1997) beschreiben insgesamt 14 Dimensionen des Internationalen Executives, die ihrer Meinung nach bei allen Führungskräften globaler und internationaler Unternehmen gut ausgeprägt sein sollten, da sie meist in absehbarer Zeit benötigt werden und dann viele Führungskräfte nicht über die entsprechende psychische Ausstattung verfügen, einen Auslandsaufenthalt gelingen zu lassen. Diese Autoren halten die Vorauswahl für besser, als nachträgliche, grundlegende Trainings. Diese sollten vielmehr für die Feinabstimmung genutzt werden. Wer diese Dimensionen zufriedenstellend erfüllt, verspricht, erfolgreich im In- und Ausland zu agieren. Als Kerndimensionen nennen die Autoren: cultural sensitivity, business knowledge, courage, brings out the best in people, integrity, insightfullness, commitment, riskinclination, feedback seeking, feedback using, cultural adventurousness, seeking learning opportunities, openness to criticism, flexibility

Es wird sofort ersichtlich, dass die Autoren zum überwiegenden Teil personale und soziale Kompetenzen beschreiben und fachliche Kompetenzen demgegenüber zurücktreten (weil sie möglicherweise vorausgesetzt werden).

Hier soll nicht weiter auf die große Anzahl von Verfahren zur interkulturellen Eignungsdiagnostik eingegangen werden (siehe z. B. Deller, 1996). Eine Anmerkung ist dennoch notwendig: Wenn Kompetenzen im hier propagierten Sinne abgeschätzt werden sollen, muss geprüft werden, in welchem Ausmaß mit vorhandenen Instrumenten tatsächlich Kompetenzen erfasst werden (z.B. im Interkulturellen Assessment Center) bzw. es sind verstärkt Methoden wie die der Kompetenzbiographie anzuwenden. (Erpenbeck & Heyse, 1999). Dieses neue Verfahren wird als selbstfokussiertes Interview durchgeführt, um den Kompetenzerwerb bzw. deren Realisierungen im Lebensvollzug zu rekonstruieren. In einer Studie zum Kompetenzerwerb bei erfolgreichen Unternehmern wurde dieses Verfahren erfolgreich erprobt. Die Interviewauswertung ist an der Grounded Theory orientiert und erfolgt mit Hilfe der von Muhr (1994) entwickelten Software Atlas (Meynhardt, 1999b).

b. Vorbereitungstrainings

Desphande (1992) zeigt in einer Metaanalyse dass sich besonders die folgenden Themen für Vorbereitungstrainings anbieten: Literaturstudium, Wissensvermittlung, Sprache, Sensibilitätstraining, Stressbewältigung, Simulationen, Cultural-Assimilationtraining unter Einbeziehung der ganzen Familie.

c. Unterstützung im Feld für Mitarbeiter und Familien

Kealey (1988) weist auf die Bedeutung der folgenden Aspekte während des Aufenthaltes im Gastland hin:

- Intensive Vorbereitung durch die Gastgeber
- Soziale Einbindung von Mitarbeitern und Familie
- Klare Aufgabenstrukturen
- Klare Erfolgskriterien
- Alternativpläne

d. Rückkehrbetreuung

Furnham (1997b) betont, dass besondere Aufmerksamkeit auch der Rückkehr gewidmet werden sollte. Dabei sind folgende Themen zu beachten:

- Veränderungsinformation
- Wiedereingliederung
- Ersatzpläne bei Misserfolg
- Wohnungs-, Schul-, Jobsuche für die Familie
- Organisierter Erfahrungsaustausch und -weitergabe

4.4 Methodische Herausforderungen

Trotz der berichteten Vorschläge für Evaluationsmaßnahmen und der durchgeführten Studien sind noch viele Fragen unbeantwortet. Auf diese möchten wir abschließend eingehen: Das Methodeninventar in der inter- bzw. crosskulturellen psychologischen Forschung entwickelt sich rasant (Van de Vijver & Leung, 1997). Ob es sich um die Prüfung von Hypothesen oder um Explorationsstudien handelt, die methodischen Anforderungen sind in jedem Fall immens. Betrachtet man dazu noch die Schwierigkeiten der Evaluation intraindividueller Veränderung (Steyer et al. 1997a, Steyer et al. 1997b) im interkulturellen Kontext, dann werden sehr schnell Grundprobleme, wie z.B. die Fragen nach der kulturellen Relevanz der Evaluationsmerkmale oder nach dem Konzeptverständnis solcher Begriffe wie etwa Freundschaft oder Chef, deutlich. Götz (1998b,c,d) hat eine umfassende Betrachtung der Gesamtproblematik vorgestellt. Eine Frage ist z.B., inwieweit die Methode der Kompetenzbiographie als Instrument zur Evaluierung von interkulturellen Kompetenzen herangezogen werden kann. Und: Ist überhaupt sinnvoll interkulturelle Trainingsforschung als Spezialgebiet zu behandeln oder unterliegt diese den gleichen Kriterien wie intrakulturelle Forschung? Einige Methoden der Wirkungsmessung lassen sich schwerpunktartig folgendermaßen zuordnen:

	Methodenklasse		
Ausgewählte Probleme	Surveymethode (z. B. Hofstede, 1980)	Feldstudienmethode (z. B. Kealey, 1990)	Experiment (z. B. Thomas & Ravlin, 1995)
	• Mangel an Vergleichbarkeit der Personen, Situationen und Organisationen	• Effekte sozialer Erwünschtheit, Befragtenbias, Reliabilitätsprobleme bei Fragebogenantworten	• Probleme der Generalisierung, Kausalität, Validität, Operationalisierungsäquivalenz
	• Selektive Auswahl der Beteiligten und Befragten	• spezielle Probleme des Begriffs und Wertverständnisses bei Interviewdaten	• Unklare Zusammenhänge zwischen Labor und dem Arbeitsalltag

• Konzeptattributionsfilter der Forscher/innen, d. h. man sucht nach dem, was man kennt oder vermutet	• Beobachterbias, systematischer Einfluss nonverbaler Kommunikation oder der Motivattribution bei Beobachtungsdaten	• Universalität der Methoden und Grundannahmen der westlichen Psychologie nicht gesichert

Tabelle 6: Kategorisierung von Evaluationsstudien

4.5 Alternative Trainingsverfahren und Herausforderungen

Neben den regulären Trainings lassen sich jedoch Auslandsaufenthalte bzw. die Bewältigung entsprechender Aufgaben anders organisieren und strukturieren. Für die Kontaktschaffung und Information zwischen Unternehmensteilen haben sich Workshops als wesentlich zur Vertrauensbildung und Kulturvermittlung herausgestellt. So zeigte sich eine deutlich verbesserte elektronische Kommunikation im Anschluss an persönliche Treffen, verglichen mit Gruppen, die sich nicht persönlich kannten.

Neben dieser Form haben sich zu bestimmten Themen, z. B. dem Arbeits- und Gesundheitsschutz internationale Task-Force-Teams als sehr erfolgreich herausgestellt. So können solche Teams in den unterschiedlichen Ländern praktizierte Erfolgs- und Misserfolgserfahrungen aufgreifen, analysieren und in anderen Niederlassungen implementieren. Besonders die situativen Werte und Kulturspezifika lassen sich so erfassen. Trainees oder auch Führungskräfte können in solche Teams eingegliedert werden und im Kontext mit erfahrenen Kolleginnen und Kollegen den Anpassungsprozess einfacher bewältigen.

Kaum ein Unternehmen macht vor der Entsendung eine systematische Erfassung der Rezipientenerwartungen oder der expliziten Abgleichung der Auftragsziele bei Entsandten und Rezipienten. Wenige Unternehmen integrieren regelmäßig Besucher aus anderen Unternehmensteilen im Ausland in die Vorbereitung oder in reguläre Fortbildungen.

Insgesamt gesehen ist unbedingt anzustreben, dass die Vernetzung von Forschung und Praxis, von staatlichen und wirtschaftlichen, von privaten und öffentlichen Erfahrungen intensiver vorangetrieben wird, da nur die Kombination der vielfältigen Wahrnehmungen, Erlebensweisen und Erfahrungen, der Komplexität des Auslandsaufenthaltes gerecht wird. Schließlich finden sich Entsandte in all diesen Rollen wieder und benötigen alles an Unterstützung, dass sie, ihre

Firmen und ihre Familien vor der 70%igen Fehlschlagswahrscheinlichkeit bewahrt.

Mit anderen Worten, bei einem so geringen Wirkungsgrad der Auslandsentsendungen, sollte erheblich mehr Energie in die Ursachenerfassung und die Verfahrensoptimierung investiert werden, da diese sich schon in kurzer Zeit amortisieren kann. Genau diese prozessorientierte Wirkungsforschung interkulturelle Arbeitsbedingungen mit dem Zweck der Interventionsgestaltung kann von den Methoden der Sozial- und Verhaltenswissenschaften erheblich profitieren, ebenso wie diese die Anwendungsvalidierung ihrer Konzepte und Methoden somit erreichen kann. Auch auf diesem Gebiet ist also der „interkulturelle" Austausch, mit entsprechenden Trainingsverfahren, vielversprechend.

Literatur

Baran, P. (1991). „Werte". In *Enzyklopädie der philosophischen Wissenschaften. Vol. 3*, Frankfurt/Main.

Bittner, A. (1996). Psychologische Aspekte der Vorbereitung und des Trainings von Fach und Führungskräften auf einen Auslandseinsatz. In A. Thomas (Hrsg.), *Psychologie interkulturellen Handelns* (S. 317-339). Göttingen: Hogrefe.

Black, J. H., Gregerson, M. & Mendenhall, K. (1992). *Global Assignments*. San Francisco: Jossey-Bass.

Bochner, S. (1982). The social psychology of cross-cultural relations (pp. 5-44). In S. Bochner (Ed.), *Cultures in Contact: studies in cross-cultural interactions*. Oxford: Pergamon.

Bolten, J. (1999). *Interkultureller Trainingsbedarf aus der Perspektive der Problemerfahrungen entsandter Führungskräfte* (in diesem Band).

Byrnes, F. (1966). Role shock: an occupational hazard of American technical assistants abroad. *Annals of the American Academy of Political and Social Science, 368*, 95-108.

Church, A. (1982). Sojourner Adjustment. *Psychological Bulletin, 91*, 540-572.

Csikszentmihalyi, M. (1975). *Beyond Boredom and Anxiety: The Experience of Play in Work and Games*. San Francisco: Jossey- Bass.

Burger, J. M. & Cooper, H. M. (1979). The Desirability of Control. *Motivation and Emotion, 3*, 381- 391.

Deller, J. (1996). Interkulturelle Eignungsdiagnostik. In A. Thomas (Hrsg.), *Psychologie interkulturellen Handelns* (S. 283-316). Göttingen: Hogrefe.

Erpenbeck, J. & Weinberg, J. (1993). *Menschenbild und Menschenbildung*. Münster: Waxmann.

Erpenbeck, J., Heyse, V., Schulze, A. & Pieper, R. (1995). Training zur Verbesserung des Selbstkonzeptmanagements. In V. Heyse & H. Metzler (Hrsg.), *Die Veränderung managen, das Management verändern* (S. 73-143). Münster: Waxmann.

Erpenbeck, J. (1996). Interkulturalität, sozialer und individueller Wertewandel, Vorabdruck aus R.A. Mall & N. Schneider. *Ethik und Politik aus interkultureller Sicht. Studien zur interkulturellen Philosophie, Vol. 5.*, 233-250.

Erpenbeck, J. & Heyse, V. (1996). Berufliche Weiterbildung und berufliche Kompetenzentwicklung. In Arbeitsgemeinschaft Qualifikations-Entwicklungs-Management (Hrsg.), *Kompeenzentwicklung '96. Strukturwandel und Trends in der betrieblichen Weiterbildung* (S. 15-152). Münster: Waxmann.

Erpenbeck, J. (1998). Chaos, Selbstorganisation und Kompetenzentwicklung. In Arbeitsgemeinschaft Qualifikations-Entwicklungs-Management (Hrsg.), *Lernen im Chaos. Lernen für das Chaos, Schriften zur beruflichen weiterbildung, Heft 52*, (S. 51-58). Berlin.

Erpenbeck, J. & Heyse V. (1999). (Eds.). *Die Kompetenzbiographie. Strategien der Kompetenzentwicklung durch selbstorganisiertes Lernen und multimediale Kommunikation*. Münster: Waxmann.

Fiske, S. T. (1989). Examining the role of intent: Toward understanding its role in stereotyping and prejudice. In S. U. James & J. A. Bargh (Eds.), *Unintended thought* (pp. 253-283). New York: Guilford Press.

Festinger, L. (1957). *A Theory of Cognitive Dissonance*. Evanston, Ill.: Row Peterson.

Furnham, A. (1997). *The psychology of behaviour at work*. Biddles.

Furnham, A. & Bochner, S. (1982). *Culture Shock*. London: Methuen.

Geyer, A. & Steyrer, J. (1998). Messung und Erfolgswirksamkeit transformationaler Führung. *Zeitschrift für Personalforschung, 12,* 376-401.

Götz, K. (1998a). Förderung von Führungskräftenachwuchs. Ein Beispiel für die Gestaltung von (systemischen) Instructional Designs (ID). In K. Götz (Hrsg), *Theoretische Zumutungen. Vom Nutzen der systemischen Theorie für die Managementpraxis*. Heidelberg: Auer.

Götz, K. (1998b). *Zur Evaluierung beruflicher Weiterbildung*. Band 1. Theoretische Grundlagen. 2. Auflage. Weinheim: Deutscher StudienVerlag.

Götz, K. (1998c). *Zur Evaluierung beruflicher Weiterbildung*. Band 2. Empirische Untersuchungen. 2. Auflage. Weinheim: Deutscher Studien Verlag.

Götz, K. (1998d). *Zur Evaluierung beruflicher Weiterbildung*. Band 3, Beispiele aus der Praxis. 2. Auflage. Weinheim: Deutscher Studien Verlag.

Götz, K. & Häfner, M. (1999). Erfolgsgeheimnisse der Natur – Denkanstösse zur Führung von Organisationen? In K. Götz (Hrsg.), *Führungskultur. Teil 2: Die organisationale Perspektive*. München: Rainer Hampp Verlag.

Grossberg, S. & Gutowski, W. E. (1987). Neural dynamics of decision making under risk: Affective balance and cognitive-emotional interactions. *Psychological Review, 94*, 300-318.

Gudykunst, W. B, Guzley, R. M. & Hammer, M. R. (1996). Designing Intercultural Training. In D. Landis & R. S. Bhagat (1996), *Handbook of Intercultural Training.* 2nd ed. Thousand Oakes: Sage.

Heider, F. (1958). *The psychology of interpersonal relations.* New York: John Wiley & Sons.

Heyse, V. & Erpenbeck, J. (1997). *Der Sprung über die Kompetenzbarriere.* Bielefeld: Bertelsmann. wbv.

Hofstede, G. (1984). *Culture`s consequences.* Beverly Hills: Sage

Hofstede (1994). The Business of International Business is Culture. In *Internatinal Business Review, Vol. 3, No. 1*, 114.

Inglehart, R. (1989). *Kultureller Umbruch: Wertewandel in der westlichen Welt.* Franfurt/M.: Campus.

Kealey, D.J. (1988). *Explaining and predicting cross-cultural adjustment and effectiveness: A study of Canadaian technical advisors overseas.* PH.D.Thesis, Queen's University, Kingston, Ontario, Canada.

Kealey, D.J. (1989). A study of cross-cultural effectiveness: theoretical issues, practical applications*, International Journal of Intercultural Relations, 13*, 387-428.

Kelly, G. A. (1955). *The Psychology of Personal Constructs.* New York: Norton.

Landis, D. & Bhagat, R. S. (1996). *Handbook of Intercultural Training.* 2nd ed. Thousand Oakes: Sage.

Lazarus, R. S. (1966). *Psychological Stress and the coping process.* New York: McGraw Hill.

Likert, R. (1967). *The human organization: Its management and value.* New York: McGraw Hill.

Luzio-Lockett, A. (1998). The squeezing effect: the crosscultural experience of international students. In *British Journal of Guidance & Counselling, Vol. 26*, No.2.

Lysgaard, S. (1955). Adjustment in a foreign society. Norwegian Fulbright gantees visiting the United States. *International Social Science Bulletin, 7*, 45-51.

Maurer, R. (1973). „Kultur". In H. Krings u. a. (Hrsg.), *Handbuch philosophischer Grundbegriffe, Bd. 3,* München.

Meynhardt, T. (1999a). *Selbstkonzeptentwicklung und -erfassung im interkulturellen Kontext. Ein Vergleich britischer und chinesischer Führungskräfte.* Unveröff. Diplomarbeit, Friedrich-Schiller-Universität Jena.

Meynhardt, T. (1999b). Die Auswertung mittels der Software ATLAS/ti. Kompetenzmessung als Rekonstruktion von Entwicklungsverläufen. In J. Erpenbeck & V. Heyse (Hrsg.), *Die Kompetenzbiographie. Strategien der Kompetenzentwicklung durch selbstorganisiertes Lernen und multimediale Kommunikation* (S. 369-471). Münster: Waxmann.

Muhr, Th. (1994). *ATLAS/ti. The Knowledge Workbench. Visual Qualitative Data Analysis Management & Theory Building. Short User's Manual. Guide and Reference.* Berlin: Scientific Software Development.

Oberg,, K. (1960). Culture shock: adjustment to new cultural environments. *Practical Anthropology, 7,* 177-182.

Solomon, R. (1980). The opponent-process theory of acquired motivation: The costs of pleasure and the benefits of pain. *American Psychologist, 8,* 691-712.

Thomas, A. (1993). Psychologie interkulturellen Lernens und Handelns. In A. Thomas (Hrsg.), *Kulturvergleichende Psychologie. Eine Einführung* (S. 377-424). Göttingen: Hogrefe.

Thomas, A. & Hagemann, K. (1996). Training interkultureller Kompetenz. In N. Bergemann & A. L. J. Sourisseaux (Hrsg.), *Interkulturelles Management.* 2nd ed., Heidelberg: Physica.

Triandis, H.C. (1972). (Ed.). *The Analysis of Subjective culture.* New York: Wiley.

Schein, E. H. (1985). *Organizational Culture and Leadership.* San Francisco: Jossey-Bass.

Steyer, R., Hannöver, W. & Telser, Ch. (1997). Zur Evaluation intraindividueller Veränderung, *Zeitschrift für Klinische Psychologie.*

Steyer, R., Eid, M., Schwenkmezger, P. (1997). Modeling True Intraindividual Change: True Change as Latent Variable. *Methods of Psychological Research-Online, 2,* 21-33.

Trimpop, R. (1994). The Psychology of Risk-Taking Behavior. Textbook Series: Advances. *Psychology No. 107.*

Tung, R. (1981). Selection and training of personnel for overseas assignments. *Columbia Journal of World Business, 16,* 66-68.

Van de Vijver, F. & Leung, K. (1997). *Methods and Data Analysis for Cross Cultural Research.* Thousand Oaks: Sage.

Wilde, G. J. S. (1982). The theory of risk homeostasis: implications for safety and health. *Risk Analysis, 2,* 209-258.

Wilde, G. J. S. (1994). *Target Risk.* Toronto: PDE Publications.

Zuckerman, M. (1979). *Sensation Seeking: Beyond the Optimal Level of Arousal.* Hillsdale: Lawrence Erlbaum.

Kultur und Bildung

Domingo Diel

Interkulturelles Lernen: Auf dem Weg zum gegenseitigen Verständnis und Respekt

1 Einleitung

Bereits durch den Titel klingt an, dass dieser Artikel weder theoretisch noch wissenschaftlich angelegt ist. Er baut vielmehr auf der Grundlage multikultureller Beobachtung und basiert auf lange Jahre Begegnung und Erfahrung mit Kulturen verschiedener Länder wie Indien, Deutschland und den Philippinen. Ich habe in den ersten zwei studiert und in Theologie, Religion und Mission meine Abschlüsse gemacht. Auf den Philippinen doziere ich an der Universität und übe meinen Beruf aus. In diesem Rahmen, dem Kontext des Studiums und der Beobachtung, der Begegnung und der Erfahrung, des Lebens und der Praxis, wurde der Artikel über interkulturelles Lernen auf dem Weg zum gegenseitigen Verständnis und Respekt konzeptualisiert.

Wie wichtig ist es doch, dass Studien zu interkulturellen Fragen unternommen werden. Wichtig in einer Zeit der Globalisierung von Wirtschaft und Handel, der Einführung und schnellen Akzeptanz von modernen Informationstechnologien - gibt es eine andere Wahl? - , der Bürgerkriege, der ethnischen Konflikte und der neuen Kriegsdrohungen aufgrund von globalen Sanktionen durch mächtige Länder gegenüber den weniger mächtigen Ländern. Diese Studien dienen einem höheren Verständnis und können einen Beitrag leisten zur Reduzierung von gewaltsamen Konflikten und Kriegen auf der Welt. Solche Studien können nicht nur einen Einfluss auf sozialpolitische Gegebenheiten ausüben, sie können zudem in sozioökonomischen Feldern eine Atmosphäre schaffen, die dem Gedeihen der Wirtschaft und des Handels in verschiedenen Ländern der Welt dienlich ist.

Die Problematik des interkulturellen Lernens möchte ich nun anhand folgender Punkte behandeln: 1. Einige Diskussionen zu Kultur 2. Einige Erfahrungen in interkulturellen Begegnungen und Leben und 3. Einige Bekräftigungen auf dem Weg zum interkulturellen Verständnis und gegenseitigen Respekt.

2 Einige Diskussionen zu Kultur

Zu Beginn muss eine Erklärung zu der Einschränkung „einige" in allen drei Punkten gegeben werden. Die Diskussionen zum Thema „Kultur" sind divers und umfassen einen sehr weites Feld und auch die persönlichen und aktuellen Erfahrungen in Bezug auf das Thema sind breit gefächert; es mussten daher, auch im Hinblick auf den Rahmen dieses Artikels, ganz bewusst „einige" Diskussionspunkte ausgewählt werden. Diese Punkte führten dann zu bestimmten Bekräftigungen und Schlussfolgerungen.

2.1 „Kultur" als Konzept

Wie bei vielen anderen wissenschaftlichen Begriffen und Konzepten gibt es mit dem Konzept „Kultur" Probleme, wenn eine präzise Definition erwartet wird, denn aus Sicht der Anthropologen gibt es hunderte von verschiedenen Variationen des Begriffes. Kultur ist also ein komplexer, vielschichtiger Begriff, einer, der Konzepte wie Sprache und Wissen, Glaubensvorstellungen und Traditionen, Gewohnheiten, Gegenstände, Verhaltensmuster, Einstellungen, Moral, Werte, Normen u. a. von Völkern oder Gruppen von Menschen eines Landes oder einer Gesellschaft umfasst. Dieser ganze Komplex, den wir heute als „Kultur" verstehen, ist so alt oder so jung wie die Menschen oder die Gruppe von Menschen selbst, mit denen „Kultur" identifiziert wird.

2.2 Kultur und Identität

Tatsache ist, dass die Kultur eines Volkes oder einer Gruppe von Menschen ihr stabilisierendes Fundament ist. Kultur kann das Überleben sowie den Niedergang des Volkes oder der Gruppe von Menschen bedeuten, je nachdem wie konsistent und treu sie ihre Kultur den folgenden Generationen durch ihre Sprache und Institutionen, durch ihre Handlungsweisen, Einstellungen und durch ihre allgemeine kulturelle Praxis weitergibt. Kultur, als Handlungsrahmen, bietet Stabilität für den Alltag der Gruppe und dient somit ihrer Sicherheit. Zudem wird durch Kultur die „Identität" des Volkes oder der Gruppe von Menschen für die Gegenwart und die Zukunft bewahrt. Diese Tatsache, dass „Kultur" auch eine Identitätsfrage für Völker oder Gruppen von Menschen ist, wird leider oft übersehen. Es ist jedoch wichtig, diesen Punkt zu betonen, denn man läuft sonst in Gefahr, nicht nur Unterschieden gegenüber gleichgültig zu sein, sondern kulturelle Identitäten nicht ernst zu nehmen.

2.3 Kultur und Würde

Die kulturelle Identität eines Volkes bedeutet nicht nur ihre kulturelle Würde, sie bedeutet die Würde des Volkes an und für sich. Wenn ein Volk eine eigene Kultur hat - und welches Volk hat keine Kultur? - dann definiert diese Kultur die Identität des Volkes, bewusst und unbewusst. Dieselbe Identität bewahrt die Würde dieser Gruppe von Menschen, dieses Volkes: zum einen ihr Wissen und Sprache, ihre Traditionen und Moral, ihre Verhaltensweisen und Werte und zum anderen die Mechanismen oder Institutionen, die sie entwickelt hat, um ihre Kultur den nachfolgenden Generationen zu vermitteln. Diesen ganzen Komplex zu ignorieren bedeutet nicht nur den Träger der Identität - die „Kultur" - eines Volkes zu missachten, diesen Komplex zu ignorieren, beraubt diesen Menschen ihre Würde. Theoretisch gesehen kann niemand jemandem anderen wirklich seine Kultur rauben oder dessen Kultur vernichten. In der Praxis, von der kolonialen Geschichte bis heute, sind jedoch Unterwerfung, wenn nicht sogar Unterjochung und Unterdrückung der so genannten „minderwertigen" Kulturen durch „überlegene" Kulturen zu beobachten. In der Vergangenheit auf eine plumpe Art, heute geschliffener.

2.4 Kultur und Zivilisation

Es ist wahrscheinlich Teil des Verdienstes aktueller Diskussionen zu Kultur, dass Kategorien wie „minderwertige" Kulturen und „überlegene" Kulturen oder „primitive" und „zivilisierte" Kulturen nicht mehr anwendbar sind, ohne hinterfragt zu werden. Es muss zugegeben werden, dass solche Kategorien durch das Urteil oder durch die Kriterien jener, die zu den so genannten „überlegenen" oder „zivilisierten" Kulturen gehören, entstanden sind. Es gibt genügend Beispiele dafür, vor allem in der Kolonialgeschichte, welchen großen Schaden kolonisierten Völkern und Gruppen zugefügt worden ist, aufgrund solcher Urteile über ihre „Kulturen". Zwei philippinische Beispiele können dies illustrieren: 1. Die Ordination philippinischer Priester wurde lange Zeit hinausgezögert, da die spanisch-katholische Hierarchie auf den Philippinen glaubte, dass die Filipinos noch nicht „zivilisiert" genug waren, um zum Priesteramt zugelassen zu werden. Dies wurde später auch zu einem der Gründe für die Spaltung in der katholischen Kirche auf den Philippinen. 2. Die philippinische Unabhängigkeit von den USA und die Übertragung der Regierung in philippinische Hände wurde verzögert, da die US-amerikanische Regierung davon überzeugt war, dass die Filipinos dazu noch nicht bereit waren - sie wären nicht gebildet und zivilisiert genug, um Führungsaufgaben zu übernehmen. Die Spanier und die US-Amerikaner ihrer Zeit mögen recht gehabt haben, sie könnten sich aber auch geirrt haben: vor der Ankunft der Spanier und der US-Amerikaner, lebten in diesem Land bereits Menschen, die seit langer Zeit ihre eigene kulturelle Identitäten hatten und die in reger Beziehung zu Chinesen und Muslimen standen, die ihrerseits eigene Kulturen entwickelt hatten. Das Problem war, dass beide, die Spanier und die Amerikaner, davon überzeugt waren, dass ihre eigene Kulturen - und Zivilisationen! - denen der Filipinos überlegen waren.

3 Einige Erfahrungen in interkulturellen Begegnungen und Leben

Heute führt die schnelle Entwicklung des Globalisierungsprozesses, d. h. die Konstruktion des so genannten „globalen Dorfes" nicht nur zu intensiveren Begegnungen zwischen Volk und Volk sondern auch zwischen Person und Person auf der ganzen Welt. Faktoren wie moderne und viel schnellere Verkehrsmittel über Land, Meer und Luft und nicht zuletzt der rasante Fluss von Nachrichten und Informationen von einem Erdteil zum anderen durch moderne Informationstechnologien, tragen dazu bei, den Prozess, die Welt zu verkleinern, d. h. Länder und Völker einander viel näher zu bringen als vorher, zu beschleunigen.

Wenn Völker, Gruppen oder Individuen, die unterschiedlichen Gegenden, Kulturen und Glaubensrichtungen angehören, sich treffen oder begegnen, erwartet man einerseits die Möglichkeit zur Entwicklung von Verständnis und Freundschaft auf internationaler, nationaler und sogar persönlicher Ebene. Andererseits kann der gleiche Kontakt zwischen Völkern und Menschen auch Vorannahmen, Vorurteile oder Hass gegen ein Volk oder eine Person verstärken. Anders formuliert, es gibt nicht nur den Prozess der Harmonisierung und des sympathischen Vergleichs von Ähnlichkeiten mit der eigenen Kultur und Tradition, es finden auch offene wie versteckte Diskriminierungen, Wertungen und die Abgrenzung des „Eigenen" von dem des „Anderen" mit der üblichen Schlussfolgerung: unseres ist anders und besser wenn nicht sogar überlegen. Diese interkulturellen Prozesse oder die Konfrontationen zwischen Völker, Gruppen von Menschen oder Individuen geschehen manchmal allmählich, passieren auch mal plötzlich und erschüttern dann die Betroffenen. Diese Prozesse, die man Erfahrungen in interkulturellen Begegnungen und Leben nennen kann, möchte ich nun anhand einiger Beispiele illustrieren:

3.1 Tourismus

Der Tourismus, der für viele Länder zu einer sehr wichtigen Devisenquelle geworden ist, führt zum häufigen Kontakt zwischen Menschen verschiedener Völker. Verallgemeinernd gesprochen kann man jedoch sagen, dass dieser Kontakt zu einem bestimmten Land, ihren Leuten und ihre Kultur durch einen Tourist oder einer Gruppe von Touristen einen anderen Ausgangspunkt, Motivation und Ziel hat. Zum Beispiel werden meistens nur Länder besucht, die bekannte Touristenattraktionen zu bieten haben. Urlaub, um sich zu entspannen und sich auszuruhen, Sehenswürdigkeiten zu besuchen und zu genießen - all dies können Motive und Ziele eines Touristen sein. Menschen zu begegnen und von ihrer Kultur zu lernen, um internationales Verstehen zu fördern, dies ist oft eine zweitrangige Motivation, wenn nicht sogar lediglich ein Nebenprodukt. Da Touristen genug Mittel haben, um ihre touristischen Abenteuer zu unternehmen, können lokale Gruppen oder Individuen, Einrichtungen und andere Annehmlichkeiten bezahlt werden und diese sollten wiederum den Interessen und dem Genuss der ausländischen Gäste dienen - eine Situation die wohl nur in einem sehr geringen Maße gegenseitiges Verständnis und Respekt fördert und nur bedingt dem Lernen von anderen Kulturen, Werten und Traditionen dient. Vielleicht können wiederholte touristische Reisen und Besuche in das gleiche Land und Volk die Gegebenheiten verbessern, die interkulturelles Lernen auf dem Weg zum Verständnis und gegenseitigem Respekt kultureller Hintergründe fördern, Tourismus von sich aus kann diese Erwartung jedoch nicht erfüllen.

3.2 Handel und Wirtschaft

Die Globalisierung von Handel und Wirtschaft hat sich in den letzten Jahren verstärkt wie noch nie. Ein wichtiger Faktor in diesem Prozess ist der Transfer hoch qualifizierten Personals von einem Land zum anderen in vielen multinationalen Unternehmen. Während die „Globalisierung" ein nicht neues Phänomen darstellt, so ist sie zunehmend komplexer geworden. Zum einen, was die Zahl multinationaler Gruppen, die bei Transfers involviert sind, was das erhöhte Volumen von ökonomischen Transaktionen und was die globale Konkurrenz in der Qualität von Produkten zwischen Ländern der *World Trade Organization* (WTO) und multinationalen Korporationen anbelangt. Zum anderen, was die Art und Weise, wie mit Personal von multinationalen Unternehmen umgegangen wird, wie sie in Relation zum Rest der Bevölkerung bezahlt werden und was die natürlichen Ressourcen der Gastgeberländer betrifft. Zwei Problemfelder sollen in diesem Zusammenhang aufgezeigt werden:

3.2.1 Rechte von Arbeitern und Angestellten

Es ist heutzutage nicht unüblich, dass multinationale Unternehmen von „weiterentwickelten" Ländern Investitionen in den so genannten Entwicklungsländern in Asien, Afrika und Lateinamerika tätigen oder ihre Produktion entweder ganz oder teilweise in diese Länder verlagern. Die Gründe dafür scheinen offensichtlich; dort wo politische Stabilität und liberale Besteuerungspakete für ausländische Investoren vorhanden sind, ist die wirtschaftliche Atmosphäre vorteilhaft. Mit diesen Wirtschaftskonditionen wird, von einer Laienperspektive aus gesehen, der *return on investments* garantiert, das Unternehmen wird gedeihen. Es gibt aber eine andere Seite des Bildes, denn es tauchen z. B. Fragen auf wie: wie werden die Arbeiter und Angestellte von den Unternehmen bezahlt? Ist ihr Arbeitsplatz garantiert? Wie sieht oder geht das Unternehmen mit organisierten Arbeitern und Angestellten um, wenn überhaupt eine solche Organisation existiert? Wenn es keine gibt, warum nicht? Und wenn das Unternehmen ein produzierendes Unternehmen ist, befolgt es auch strikt die Gesetze und Regeln der Regierung des Gastlandes, um die Umwelt für das Wohl der dort lebenden Menschen und der zukünftigen Generationen zu schützen und zu bewahren?

Leider ist es oft so, dass die Arbeiter und Angestellten in diesen Ländern meist nur zeitlich befristete Arbeitsverträge bekommen. Dadurch ist die Arbeitssicherheit nicht gewährleistet und ist ausschließlich vom Management abhängig. Tatsache ist, dass viele multinationale Unternehmen ihre Standorte aufgrund der billigen Arbeitskräfte in die so genannten Entwicklungsländer verlagern. Dies berührt jedoch nicht nur die Frage der Arbeitsplatzsicherheit, sondern auch der Altersversorgung und der sozialen Sicherheit der Arbeiter. Verfolgt man dieses Argument weiter, so verletzt diese Wirtschaftsstrategie nicht nur das Recht der Arbeiter und Angestellten auf gesicherte Arbeitsplätze, sie verletzt ihre eigentlichen Rechte und ihren „Wert" als Menschen. Meistens gehen diese Unternehmen, die ihre Standorte in die so genannten Entwicklungsländer – auch arme Länder genannt – verlagern, nicht auf gleiche Weise mit den Arbeitern und Angestellten in ihren Heimatländern um, wie sie mit den Mitarbeitern in den Gastgeberländern umgehen. Es ist wahr, der Lebensstandard in diesen Ländern ist niedriger, aber ist es nicht auch wahr, dass die Arbeiter und Angestellten in diesen so genannten Entwicklungsländern unbewusst als weniger entwickelt, gebildet und zivilisiert gesehen werden? Um die Sache noch komplizierter zu machen, manchmal helfen die Regierungen der Gastgeberländer diesen multinationalen Unternehmen, aus Angst, dass diese großen Wirtschaftskräfte aus dem Land gehen würden, indem sie durch Gesetze und Regulierungen den Arbeitern und Angestellten verbieten, ihre Probleme öffentlich in Form von Demonstrationen oder Streiks kundzutun.

3.2.2 Ökologie

Das andere Problem, das ich in diesem Zusammenhang erwähnen möchte, ist das Gebiet der Ökologie. Beispiele auf Beispiele von ausländischen Firmen können erwähnt werden, die mit ihrem Hauptanliegen der Profitsteigerung in den so genannten Entwicklungsländern agieren. Während Zusicherungen gemacht werden, die Umwelt in diesen Regionen zu schützen, bleiben diese Garantien, das ökologische Gleichgewicht zu bewahren, um das Wohl der Menschen in der Gegend, wo diese Unternehmen sind zu gewährleisten oft nur auf dem Papier. Die Praxis sieht dagegen meist ganz anders aus; folglich sind Flüsse und Seen verschmutzt, Berge kahl, Täler und Ebenen überflutet und Felder und Erträge aus Subsistenzwirtschaft regelmäßig zerstört. Wenn es den dort lebenden Menschen auch nicht unbedingt schlechter geht, so bleiben sie doch in bitterer Armut. In diesen Situationen könnte man vielleicht immer noch einen Aspekt von Kultur sehen, eine Kultur der Armut, aber man kann nicht mehr von tatsächlicher Würde für eine solche Gruppe von Menschen sprechen.

3.3 Persönliche Erfahrungen

Im Folgenden werde ich beispielhaft persönliche Erfahrungen und Begegnungen in interkulturellen Kontexten zur weiteren Auseinandersetzung mit dem Komplex „Kultur" schildern:

3.3.1 Zusammenarbeit zweier Organisationen

Es sind fast zwei Jahrzehnte her, seitdem zwei Organisationen sich entschlossen haben, unter den Ärmsten der armen Kinder auf den Philippinen zu arbeiten. Die eine war eine deutsche Organisation, sie übernahm im Projekt die Rolle der finanziellen Hauptquelle, die andere war eine philippinische Organisation, sie übernahm die Rolle des „Umsetzers" auf den Philippinen. Beide Organisationen sind in ihren jeweiligen Ländern juristische Personen mit eigenen Vorständen und eigenem Personal. Beide unterschrieben vertraglich ausgearbeitete Richtlinien, wie mit den Kindern der Armen gearbeitet werden sollte. Der Vertrag, der hauptsächlich auf gegenseitiges Vertrauen und Partnerschaft basierte, definierte die Beziehung der beiden Partner, die Autoritätsausübung, die Verfahren der Kommunikation, die Einstellung der Mitarbeiter und sogar die gegenseitigen Besuche der Führungskräfte. Während dieser Zusammenarbeit haben die zwei Organisationen seit den Anfängen ca. 70 Zentren aufgebaut in denen 7000 bis 8000 Kinder im ganzen Land versorgt wurden. In der ganzen Zeit gab es Führungswechsel in beiden Organisationen und sicherlich gab es große wie auch kleine Probleme, die gelöst werden mussten und die auch gelöst wurden. Erst vor kurzem, fast 20 Jahre später, gab es eine große Krise in der Zusammenarbeit zwischen der philippinischen und der deutschen Organisation – eine solch gravierende Krise, die bis dahin reichte, dass sie bis zum Zusammenbruch und der Einstellung der Zusammenarbeit in diesem Feld hätte führen können. Die Krise ist noch nicht überstanden und es gab genug Erklärungen, Rechtfertigungen und Klärungen der Krise. So aufschlussreich diese Gespräche und Auseinandersetzungen in der Oberfläche sein mögen, sie haben nicht weit genug gereicht, um das tiefere Problem des kulturellen Zusammenstoßes zu erreichen. Zusammenstoß in Bezug auf Werturteile, Arbeitsethik, Verhalten und die Bedeutung der Nuancen der Sprache – Englisch, als Medium der Kommunikation zwischen den beiden Parteien konnte das, was gemeint war oder wie es zu verstehen war nicht präzise genug transportieren – um nur ein paar kulturelle Aspekte zu erwähnen, die sehr ernst genommen hätten werden müssen, aber nicht wurden, da in solchen Situationen Kultur meist in einer „versteckten" Weise operiert und agiert.

3.3.2 Freundschaft

Zwei junge Pfarrer wurden Freunde in einem Land außerhalb ihrer jeweiligen Heimat – der Deutsche ging nach Deutschland zurück um sich weiter auf seine Tätigkeit vorzubereiten, während der Filipino in sein Land zurück ging, um in der theologischen Fakultät einer protestantischen Universität zu unterrichten. Ein Jahr später bekam er ein Stipendium, um in Theologie in Hamburg, Deutschland zu promovieren. Es dauerte nicht lange, bis er die Schwierigkeiten erkannte, die damit verbunden sind, in einem fremden kulturellen Milieu zu studieren, mit Leuten zu leben, die andere Wertvorstellungen und Lebensstile haben und vor allem eine andere Sprache zu lernen und zu sprechen. Zwangsläufig kam es zu einem Konflikt zwischen kulturellen Traditionen: zwischen derer in der ich aufwuchs, derjenigen mit der ich mich fünf Jahre in Indien auseinandergesetzt hatte und derer in der ich in dem Moment lebte. Es war in mir ein Gefühl der Hilflosigkeit, der Einsamkeit und Verwirrung in Mitten von Menschen und in einer unpersönlichen Gesellschaft, die, meinem erleben nach, wenig Zeit hatte, wenn nicht sogar „gar keine", für persönliche Belange mit anderen. Mitstudierende hatten vielleicht mit den gleichen Problemen zu kämpfen, aber Freunde, so dachte ich, könnten in jenen Situationen sicherlich von großer Hilfe sein. Als ich diesem Pfarrer Freund, den ich in Indien getroffen hatte schrieb, um Ratschläge oder tröstende Worte zu bekommen, die ich von Freunden zuhause erwarten kann, bekam ich den normalen, „typisch deutschen" Sarkasmus zu hören. Heute kann ich diese mir inzwischen bekannte Form von Antwort zwischen Bekannten und Freunden tolerieren, damals zu der Zeit war es für mich jedoch eine sehr ernste Beleidigung. Eine, die so verletzend war, das ich mich dreißig Jahre später immer noch an den Schmerz und an die „normale" sarkastische Antwort erinnere. Kulturelle Unterschiede dürfen nicht auf die leichte Schulter genommen werden, wenn man sich auf den Weg zu einem effektiven und anhaltenden interkulturellen Lernprozess befindet.

4 Einige Bekräftigungen auf dem Weg zum interkulturellen Verstehen und gegenseitigen Respekt

Die meisten Kriege und gewaltsamen Konflikte in etlichen Ländern Afrikas, Asiens und auf dem Balkan und die menschlichen Katastrophen - vor allem gegenüber Kindern, Jugendlichen und Frauen -, die diese Kriege mit sich bringen sind ethnischen Ursprungs. Man denkt daher, zunächst einmal, dass Diskussionen über interkulturelles Lernen und gegenseitiges Verstehen sinnlos sind. Dieser Artikel hat jedoch nicht den Anspruch ethnische Kriege oder Konflikte zu verhindern, noch sage ich, dass solche Konflikte gelöst werden, wenn all dies schließlich geschrieben ist; es wäre eine Anmaßung, um das Mindeste zu sagen. Die ethnischen Kriege und Konflikte in vielen Teilen der Welt, die nicht erzählten Geschichten von menschlichem Leid und die Katastrophen, die von diesen Kriegen verursacht wurden und immer noch verursacht werden und die Eskalation dieser Kriege durch den Einsatz von militärischer Gewalt und modernen Waffen machen solche Studien über Kulturen von Völkern und Gruppen von Menschen jedoch immer notwendiger. Wenn sie auch nur mit dem Ziel verfolgt werden, einen Beitrag zur Förderung von internationalem Verständnis zu leisten; ein Verständnis, das einen Schritt auf dem Weg zum Weltfrieden, Gerechtigkeit und Wohlbefinden für alle Völker bedeutet.

4.1 Internationale Organisationen

Die *United Nations Organization* (UNO) hat nicht nur den Sicherheitsrat, dessen Entscheidungen für den Weltfrieden und die Sicherheit für die Mitgliedsstaaten, von einigen ihrer Mitglieder nicht immer respektiert worden sind, unter ihrer Schirmherrschaft, auch die UNICEF und die UNESCO sind Unterorganisationen der UNO. Die UNICEF arbeitet für das generelle Wohl von Kindern auf der ganzen Welt, die UNESCO schützt und fördert unter anderem das kulturelle Erbe und die Traditionen der Mitgliedsstaaten dieser Weltorganisation. Wenn immer es jedoch Probleme gibt, d. h. Konflikte oder Kriege zwischen Mitgliedstaaten, ist, erstaunlicher Weise, immer der Sicherheitsrat der UNO an vorderster Front. In solchen Fällen versucht der Rat durch diplomatische Mittel, durch Resolutionen und Sanktionen, die Krisen zu Lösen. Selten wurde, wenn überhaupt, die UNESCO gebeten, Probleme des Friedens zu klären. Natürlich ist es der Sicherheitsrat, der das Mandat hat, sich mit den Problem des Friedens und der Sicherheit auseinanderzusetzen und nicht die UNESCO, so endet scheinbar die Geschichte. Tut sie das? Nein, denn nicht wenige der Konflikte und Kriege haben andere Wurzeln als politische oder ökonomische. Diese Realität ist der Weltorganisation sicherlich bekannt und dem Sicherheitsrat auch, aber anscheinend sind Lösungen, die anders gelagert sind, als in der Politik oder schlimmer noch im Militär, schwierig zu finden und noch schwieriger auszuarbeiten. Im Allgemeinen werden solche Probleme daher einfach den Politikern oder dem Militär überlassen. Zudem haben heute, wie zu kolonialen Zeiten, die „überlegenen" Mächte sowie die „starken" Kulturen mehr zu sagen und können die Agenda bestimmen.

Als Kofi Anan, der Generalsekretär der UNO nach einer Verhandlung mit Sadam Hussein interviewt wurde, sagte er, bezogen auf das UN-Waffeninspektionsteam - ich zitiere aus dem Gedächtnis -, dass der Irak Respekt brauche und dass es deswegen wichtig wäre, ihm diesen Respekt zu erweisen. Ob diese Aussage damals von den zuständigen Organen der UNO beachtet wurde, ist zweifelhaft. Ein anderes Beispiel, Slodoban Milosovic und seine Pressesprecher sagten wiederholt, dass Kosovo ein sehr wichtiger Teil Jugoslawiens ist, da es der Geburtsort der serbischen Nation ist. In anderen Worten ist der Kosovo nicht nur eine Provinz, der Name Kosovo selbst ist ein elementarerer Bestandteil des kulturellen Erbes der Serben. Haben die mächtigen Kräfte des Westens versucht dies zu verstehen? Haben sie versucht, das historische Erbe dieses Volkes zu respektieren bevor die Katastrophe geschah und die politisch-militärische Macht als Lösung eingesetzt wurde?

Im Lichte all dieses Geschehens ist die Frage eine akademische geworden. Die ethnischen Kriege in Afrika und im Balkan dauern an, es gibt hunderttausende von Flüchtlingen - Menschen, die aufgrund ihrer Kultur, ihres Glaubens und ihrer ethnischen Zugehörigkeit vertrieben, enteignet und gedemütigt werden.

Solange Menschen oder Gruppen von Menschen der so genannten „starken Kulturen", der „überlegenen Mächte" nicht versuchen zu verstehen, solange sie nicht versuchen die unterschiedlichen Kulturen und die verschiedenen kulturellen Traditionen zu respektieren aus denen „die Anderen" - so klein und schwach sei auch sein mögen - ihre Identität und Stabilität als ein Volk schöpfen, solange wird es ethnische Kriege und Konflikte geben, solange wird es Vertriebene und Enteignete geben und solange wird es keinen anhaltenden Frieden und keine Gerechtigkeit in vielen Ländern und Orten dieser Welt geben.

4.2 Diplomatie und Verhandlung

Es hat sich immer wieder gezeigt, dass Diplomatie oder Verhandlungen auf den obersten Regierungsebenen nicht immer erfolgreich sind. In vielen Ländern der Welt konnten diese diplomatischen Bemühungen bisher weder ethnische Konflikte, Stammeskriege noch gewaltsame Religionskriege verhindern. Ich sage damit nicht, dass diplomatische Beziehungen im politischen Kontext nicht mehr relevant oder dass die UNO oder der Sicherheitsrat nicht mehr nötig wären. Der Punkt ist, dass sie, definiert durch ihre Mandate, ihre Grenzen haben - ob sie diplomatische Verhandlungspartner einer Regierung sind oder der UNO Sicherheitsrat in Sitzung ist. Zudem arbeiten und verhandeln sie in einem definierten Bezugsrahmen, der meist nur wirtschaftspolitische und militärische Faktoren im Namen des Weltfriedens beinhaltet.

Es gibt einige andere Faktoren, die den Erfolg von politisch-diplomatischen Verhandlungen verhindern können: die „polizeiliche" Atmosphäre am Verhandlungstisch, die subtil wirkt und nicht unbedingt klar erkennbar ist, die aber deutlich wird, wenn Forderungen nicht eingehalten werden, denn da werden Ultimaten und Sanktionen verhängt. Es ist harte Realität, dass in einer Gemeinschaft von Nationen wie die UNO nicht alle Nationen überlegen, stark und mächtig sind und dass die schwachen und kleinen Länder bei Verhandlungen im Nachteil sind - sogar zwischen Diplomaten. Zum Glück oder zum Unglück haben auch die so genannten weniger mächtigen und kleinen Länder ihre Identität und Würde, zu der sie stehen können und über die sie stolz sein können. Das Problem ist, dass in den Hallen der internationalen Machtpolitik - die angeblich immer in Namen von Frieden und Gerechtigkeit agieren - nur die überlegenen und mächtigen Ländern die Agenda definieren, die politischen Forderungen diktieren, Ultimaten austeilen und Sanktionen verhängen. Kein Wunder, dass Diplomatie für den Frieden und Verhandlungen auf höchster Ebene im Irakkonflikt, in den Balkanstaaten und in den ethnischen Bürgerkriegen in einigen afrikanischen Ländern gescheitert sind - ihre kulturelle Traditionen wurden nicht ernst genommen und ihre Forderungen nach ethnischer Identität und nationaler Würde wurden ignoriert, wenn nicht sogar mit Respektlosigkeit behandelt.

4.3 Dialog

In einer globalen Gemeinschaft, die z. B. durch die UNO verkörpert wird und im Prozess der Globalisierung von Wirtschaft und Handel funktionieren feudalistische und kolonialistische Einstellungen im Verhalten mit Partnerorganisationen, Institutionen oder mit Gruppen von Menschen auf die Dauer nicht mehr. Diktatoren von oben, ob militaristisch, ideologisch, lächelnd oder hoch gebildet werden im allgemeinen nicht mehr akzeptiert, sie werden sogar gehasst und auch jegliche Form von Diktatur in Verhandlungen oder Transaktionen stoßen nicht mehr auf positive Resonanz, vor allem wenn solche Transaktionen auf internationaler Ebene geschehen. Und die Diplomatie hat, wie bereits erläutert wurde, ihre Grenzen, auch wenn sie in internationalen Beziehungen wichtig ist.

Es hat keinen Sinn die Tatsache zu leugnen oder zu ignorieren, dass jedes Land, jede Nationen oder die verschiedenen ethnischen Gruppen die innerhalb des Territoriums leben über ihre kulturellen Traditionen und Identität stolz sind, denn auf diesen Faktoren basiert mehr oder weniger die Stabilität dieser Leute, vielmehr noch, aus ihnen schöpfen sie ihre Würde. Wir haben genug menschliche Gewalt und Leid, die durch Kriege und brutalen Konflikten verursacht wurden erlebt, weil ein Land oder ein Volk ihrer Identität und folglich ihrer Würde beraubt wurden. In der internationalen Machtpolitik werden die Grundlagen eines Volkes und einer Nationen leider meist schnell vergessen und ignoriert, andererseits werden sie oft nicht verstanden und ernst genommen.

Ich schlage daher nun vor, dass ein dialogischer Ansatz in diesem Kontext versucht werden sollte. Dieser Ansatz wurde bereits in einigen anderen Gebieten menschlicher Studien und Bemühungen eingesetzt, wie zum Beispiel im Feld der Religionen. Der dialogische Bezugsrahmen kann Diskussionen und Verhandlungen sehr dienlich sein und zu fruchtbaren Ergebnissen führen.

Ohne ins Detail zu gehen, möchte ich ein paar Elemente dieses Ansatzes aufzählen. Es wird erwartet, dass alle Dialogteilnehmer als gleichberechtigte Partner im ganzen Prozess gesehen werden. Jeder sollte eine klare Position zur Sache haben und sollte bereit sein, diese Position mitzuteilen. Daran gekoppelt müssen ein paar grundlegende Regeln befolgt werden. Vorhanden sein muss: 1. Die Bereitschaft, auf die Positionen der Anderen zu hören. 2. Der Wille, das was die Anderen zu sagen haben ernst zu nehmen. 3. Die Bereitschaft, das Eigene im Lichte der Aussagen des Anderen neu zu überdenken 4. Offenheit gegenüber ihren Einsichten. 5. Der Wille, Unterschiede und Variationen zu respektieren und zu verstehen, zumindest die Unterschiede, die tatsächlich (nicht nur eingebildet) zwischen den Dialogpartnern existieren.

All dies mag einfach und simpel klingen, aber in der Praxis ist es schwerer und komplizierter und die ganzen Verhandlungen können ohne konkrete Ergebnisse zur mentalen Übung werden. Dennoch, der Prozess oder die Übung selbst, in dem die Teilnehmer permanent herausgefordert werden „die Anderen" ernst zu nehmen, ihre Positionen klar zu verstehen und kulturelle Unterschiedene, die vorhanden sein können zu respektieren, all dies sind bereits wertvolle Ergebnisse, die auf dem Weg zum interkulturellen Verstehen und gegenseitigen Respekt einen Beitrag leisten können.

5 Schluss

Man kann sich in der Wirtschaft, Politik und in der gesamten gesellschaftlichen Entwicklung von Menschen der Tatsache nicht entziehen, dass wir lernen müssen „interkulturell" zu leben, wenn Friede, Gerechtigkeit und die Erhaltung des Ökosystems auf dem Spiel stehen. Das bedeutet einfach, dass wenn wir in unserem Kontext mit unseren Ressourcen und kulturellen Traditionen leben, wir versuchen müssen die Anderen in ihren Kontexten zu verstehen und die Unterschiede, die zwischen uns sind zu respektieren. Indem wir dies tun, tragen wir dazu bei, Frieden und Gerechtigkeit zu fördern.

Martin Ott

Alles verstanden – Nichts begriffen?
‚Global Players' zwischen Kultur und Konflikt

„Warum sollen wir für das wenige Geld, das wir vom reichen Norden abbekommen, auch noch Rechenschaft ablegen?"
„Im Grunde traut keiner keinem. Das ist unsere Kultur."
Zwei afrikanische Hochschuldozenten auf einem Fundraising – Workshop

Die Eingangszitate stammen von zwei Afrikanischen Kollegen an der Universität von Malawi. Diese Sätze, auf deren Hintergrund ich noch ausführlich zu sprechen komme, fielen während einer hitzigen und konfliktbeladenen Debatte zum Thema Geld. Sie boten mir die seltene Gelegenheit, Einblick in die Denkwelt und die Argumentationsmuster meiner Kollegen zu nehmen, einer Dimension, die bei der täglichen Arbeit zwar präsent ist, aber so nicht thematisiert wird. Die beiden Sätze und die dazugehörige Diskussion waren und sind Türöffner für mein Verstehen von Menschen in Malawi, mit denen ich täglich in meiner Arbeit zu tun habe. Erfahrungen wie diese sind für mich wichtiger als ethnologische Detailinformationen oder das Fachwissen um sozio-kulturelle Faktoren in Malawi. Was ich dadurch „begriffen" habe, steht für eine Dimension interkultureller Kommunikation, die schwierig in einem theoretisches Konzept zu fassen ist, die aber für das Miteinander von Afrikanern und Europäern äußerst aufschlussreich ist: es geht um die Aufarbeitung und Reflexion eines differenzierten Wahrnehmens von Einstellungen, Urteilen und Werten der an der interkulturellen Zusammenarbeit Beteiligten.

Die Hauptthese dieses Artikels ist: Lokales Wissen, ethnologisches Verstehen, sozio-kulturelle Faktoren sind unerlässlich und wichtig. Aber dieses Wissen genügt nicht. Man muss auch Einblick in den Verstehenshorizont, die Argumentationsmuster und die nicht artikulierten Zielerwartungen der Akteure bekommen. Erlerntes Wissen einer spezifischen Gesellschaft ist für die Vorbereitung eines Arbeitsaufenthaltes in einer anderen Kultur unabdingbar. Aber das Leben und Arbeiten dort erlaubt ein vertieftes Verstehen, eben das „Begreifen", wenn man tatsächlich „involviert" ist. Wenn man nicht nur intellektuell, sondern mit seiner ganzen Existenz „betroffen" ist, wenn man in einer anderen Kultur „gefangen" ist und geradezu davon abhängig ist, „Offenbarungssätze" wie die eingangs zitierten zu hören, um sich besser orientieren zu können; wenn man als Handelnder in eine Gesellschaft eingreift, wenn man Fehler begangen hat, eventuell sogar Menschen verletzt oder Umgangsregeln missachtet hat. Man „begreift" die Unterschiedlichkeit der Kulturen, wenn der Unterschied weh tut, wenn man Geld, Freunde, Kontakte verliert oder auch gewinnt. Ohne methodische Nachhilfe geschieht „Begreifen" nur in seltenen Sternstunden; mit größerer Wahrscheinlichkeit fördern Missverständnisse, Probleme und Konflikte und deren Bearbeitung das „Begreifen", etwa wenn man einen Blick jenseits der Hülle interkultureller Höflichkeit tun kann. Interkulturelle Begegnung und Kommunikation ist deswegen „a soft word for a hard matter".

Ich selbst lebe in Malawi und war, als die oben zitierten Sätze fielen, als Dozent an der Universität tätig. Mein Gehalt erhielt ich zwar aus Deutschland, aber sonst war ich vollständig in die lokale Infrastruktur eingebunden. Von wenigen Ausnahmen abgesehen waren meine Kollegen Malawier. Heute arbeite ich als Projektleiter eines von der Bundesregierung unterstützten Vorhabens der malawischen Regierung zur Förderung des politischen Dialogs und der Krisenprävention. Ähnlich wie die Universität versucht auch die Entwicklungszusammenarbeit Wissen, das per definitione nicht-ethnisch, nicht regional, eben universal ist, mit lokalen Fragen zu verbinden. Universales soll lokal vermittelt, Lokales in universale Zusammenhänge gestellt werden. Das Handlungsfeld, oder wie wir später definieren werden, die „Arenen" Universität und Entwicklungszusammenarbeit sind somit herausragende Betätigungsfelder für interkulturelle Begegnung.

Dieser Beitrag versucht die Notwendigkeit des „Begreifens" in der interkulturellen Kommunikation zu reflektieren und in einen größeren Zusammenhang zu stellen. Angeregt von der Methodik der „entspannenden Verwirrung" (vgl. Götz 1997, S. 7 ff.) und der Aufarbeitung von interkulturellen Konflikten (vgl. Knapp 1998), sollen im Folgenden Anregungen für eine Kombination von kognitivem „Verstehen" und pragmatischem „Begreifen" in interkulturellen Trainingsprogrammen gegeben werden, wie sie in Entwicklungshilfeorganisationen, internationalen Unternehmen und NGO's ihre Anwendung finden können. Obwohl in einem schwarzafrikanischen Kontext entstanden, bestätigen ähnliche Überlegungen aus anderen Kontinenten die Bedeutung einer Kombination von Grundlagenreflexion und Handlungsorientierung in der interkulturellen Zusammenarbeit (vgl. Bergemann & Sourisseaux 2003, S. XVII ff.).

Nach einem Überblick, welche Bedeutung kulturelles (lokales) Wissen für *global players* hat (1), werden die besonderen Probleme interkulturellen Verstehens in Subsahara-Afrika beleuchtet (2). Der notwendigen Reflexion über eigene (westliche) Vorbedingungen (3) schließt sich die Diskussion um die Rahmenbedingungen interkultureller Kommunikation an, wie sie dem heutigen Stand der Ethnologie und Pädagogik entspricht (4).

1 Interkulturelles Lernen und interkulturelles Training
Geschichte – Akteure – Trends

Die wachsende Vernetzung in Wirtschaft und Politik weltweit stellt hohe Anforderungen an solche Akteure, die vor Ort in eine Gruppe von Menschen unterschiedlicher sprachlicher, ethnischer und kultureller Herkunft eingebunden und zur Zusammenarbeit verpflichtet sind. Während der liberale Bildungsbürger im Norden Ausländer bestenfalls „kennt" (mit ihnen aber nicht „verkehrt"), aber für interkulturellen Dialog, plurizentrales Denken und die Relativität westlicher Werte eintritt, gehen in der Regel Menschen, die im Ausland und unter „Ausländern" leben, diese Floskeln nicht so leicht über die Lippen. Es sind zum Teil enorme Schwierigkeiten und Belastungen, die in einem interkulturellen Setup entstehen. Der Grund liegt nicht nur in der Sprach- oder Kulturkompetenz. Es sind im letzten die Fragen nach den Grenzen der eigenen Toleranz, nach dem schwierigen Weg zwischen der Skylla der kulturellen Anpassung und der Charybdis der eigenen Identität, und nicht zuletzt nach der Universalisierbarkeit von Werten. Der Grad der Schwierigkeit, kulturell zu kommunizieren, ist dabei in Afrika ungleich höher als z. B. bei einer amerikanisch – französischen Grenzüberschreitung. Und selbst mit asiatischen Ländern wie China, Japan oder Indien tut sich der Westen leichter in der Verständigung als mit Partnern in Schwarzafrika.

Die Ethnologie hat es seit ihren Anfängen als eine ihrer Aufgaben betrachtet, Menschen fremder Kulturen, deren Kultur und Alltagsverhalten zu verstehen, und im eigenen Kulturkreis daheim um Verständnis und um den Abbau von Vorurteilen zu werben. Diese Form von „applied anthropology" ist heute nicht genug. Aufgabe der Ethnologie muss es auch sein, einen Beitrag zur Kommunikation zwischen den Kulturen zu leisten.

Das akademische Interesse der Ethnologie an schriftlosen „primitiven" Völkern war eines. Ein anderes war es, ssdass Wissenschaftler – wie ihnen später immer wieder vorgeworfen wurde – auch im Dienst der Kolonialregierungen tätig waren, um diesen das „Verstehen" ihrer Untergebenen zu erleichtern. Die berühmte Hamburger Südsee Expedition (1908–1910), die eine stattliche Anzahl von Ethnologen in die deutschen Kolonien führte, brachte nicht nur akademischen Ertrag in Form von 30 großformatigen Berichtsbänden. Die Reise sollte Wissen zugänglich machen und aufarbeiten, wie die Arbeitskraft von Einheimischen für europäische Unternehmungen am besten genutzt werden könne (vgl. Fischer 1981). Als sich später die Präsenz des Weißen in Afrika vom Kolonialisten zum Geber, und vom Plantagenbesitzer zum Entwicklungshelfer und Experten wandelte, war die Zuarbeit der Ethnologen weiter gefragt. Es ist heute offizielle Politik der Bundesregierung, dass Vorhaben der Entwicklungszusammenarbeit nach sozio-kulturellen Kriterien geplant, durchgeführt und evaluiert werden müssen (vgl. Rahmenkonzept „Sozio-kulturelle Kriterien für Vorhaben der Entwicklungszusammenarbeit", BMZ aktuell 49, Dezember 1994). Entsprechende Länderanalysen sind Teil der bundesdeutschen Entwicklungspolitik (vgl. Sozio-kulturelle Fragen der Entwicklungspolitik, Teil 1, BMZ Materialien Nr. 83, und Teil 2, BMZ Materialien Nr. 93). Das soziokulturelle Rahmenkonzept des BMZ (1992) ist heute in dessen Partizipationskonzept (1999) integriert. Die dort geforderten sozioökonomischen Kurzanalysen der Durchführungsorganisationen (meist von GTZ und KfW) werden heute allerdings nur noch in wenigen Ländern erstellt. Unter dem Titel „Kulturelle Faktoren in Konzeption und Instrumentarium der Deutschen EZ im Kontext der aktuellen Diskussion und `best practices` ausgewählter bilateraler Geber" hat das BMZ im Jahre 2004 eine ausführliche Standortbestimmung der Entwicklungszusammenarbeit (EZ) zum Umgang mit Kultur vorgelegt. Ein von der GTZ und der schweizerischen Direktion für Entwicklung und Zusammenarbeit (DEZA) herausgegebenes Glossar „Kultur und Entwicklung" gibt den am Thema Interessierten einen umfassenden Überblick.

Im Blick auf die aktuelle entwicklungspolitische Diskussion stehen heute folgende Empfehlungen und Desiderate zur Implementierung an (vgl. BMZ, 2004, S. 5):

- die verstärkte Integration der Kulturperspektive, gerade und wegen der fortschreitenden Globalisierung *(„culture matters")*;
- die Abkehr von einem essentialistischen Kulturbegriff zu einem offenen, Diskurs und Prozess orientierten Kulturbegriff, in dem „die Akteure flexibel und mit erfinderischem Pragmatismus ihre kulturellen Ansprüche geltend machen" *(„context matters")*;
- die Verknüpfung von Macht, Kultur und Partizipationschancen, und
- die Herausarbeitung der damit einhergehenden Dilemmata.

Neben dieser mehr konzeptionellen Schnittstelle zwischen EZ und Ethnologie, kann heute jeder, der als Entwicklungshelfer oder Experte mit einem Vertrag der Gesellschaft für Technische Zusammenarbeit (GTZ), des Centrums für internationale Migration (CIM), der Kreditanstalt für Wiederaufbau (KfW), des Deutschen Entwicklungsdienstes (DED), des Evangelischen Entwicklungsdienstes (EED), der Arbeitsgemeinschaft für Entwicklungshilfe (AGEH) oder von Horizont 3000 (des Österreichischen Entwicklungsdienstes) ausreist, in seiner Vorbereitung ein interkulturelles Training in Anspruch nehmen (meist in der Vorbereitungsstätte von InWent in Bad Honnef).

Von Seiten der staatlichen EZ ergibt sich somit ein erhöhter Bedarf nach kulturwissenschaftlicher bzw. ethnologischer Beratung. Im Hintergrund stehen auch das Wissen und die Erfahrung, dass Entwicklungsprozesse durch Technik, Finanzen und Know how-Transfers alleine nicht gelingen. Nachdem erst vor wenigen

Jahren das Ende der Ethnologie besungen wurde (Ethnologen sind für ihre schier ungebrochene Geduld berühmt, in end- und oft ergebnislosen Grundsatzdiskussion ihre akademische, soziale und politische Berechtigung zu befragen, vgl. Valjavec 1992), hat heute ein gewisser Pragmatismus die Oberhand gewonnen. In Deutschland haben sich Ethnologen zur „Arbeitsgemeinschaft für Entwicklungsethnologie" (AGEE) zusammengeschlossen. Deren Zeitschrift „Entwicklungsethnologie" hat es sich zur Aufgabe gemacht, auf die Relevanz kulturspezifischen Wissens für Entwicklungsprozesse hinzuweisen. Die gemeinsame Publikation von GTZ & Working Group on Development Anthropology (1991) „The Socio-cultural Dimension in Development" und das schon erwähnte „Glossar Kultur und Entwicklung" sind wichtige Meilensteine in der Kooperation von deutschen Ethnologen und Praktikern der Entwicklungszusammenarbeit. Auf internationaler Ebene wurde im Jahre 1991 die „Euro-African Association for the Anthropology of Social Change and Development" (APAD) ins Leben gerufen. Ihr Ziel ist es, die Theorie-Praxis-Schnittstellen der Anthropologie zur Entwicklungshilfe wissenschaftlich und in einem multikulturellen Netzwerk aufzuarbeiten (Zeitschrift: APAD-Bulletin).

Ethnologen haben nicht nur die Entwicklungszusammenarbeit, sondern inzwischen auch die Wirtschaft als potentiellen Partner entdeckt. Auf der Konferenz der Vereinigung der Afrikanisten Deutschlands (VAD) in Bayreuth im Jahre 1998 zum Thema „Afrika und Globalisierung" haben sich mehrere Arbeitsgruppen mit der Schnittstelle zu wirtschaftlichen Fragen beschäftigt. Die Arbeitsgruppe „Organisationskultur und Interkulturelles Management" (geleitet von der Tübinger Ethnologin Erika Dettmar) gab einen Einblick in die kulturellen Aspekte der Unternehmensorganisation in verschiedenen Ländern Afrikas. Mikrostudien in Unternehmenskulturen bieten neue Möglichkeiten von Feldforschungen für Ethnologen. Es mag kurios, traurig oder bizarr erscheinen: Für den ethnologischen Insider ist dieser neue Pragmatismus Verrat an alten Idealen. Wie hatte noch im Jahre 1980 der Nestor der *Action Anthropology*, Karl H. Schlesier geschrieben:

> Die neue Kulturanthropologie erscheint mir die wichtigste aller Wissenschaften zu sein, da sie sich mit den Menschen aller Zeiten befaßt. Sie hält dem heutigen Menschen einen Spiegel vors Gesicht und zwingt ihn sich kennenzulernen. [Die neue Kulturanthropologie] ist nicht nur in die Schule der kleinen Gesellschaften gegangen: sie wendet die dort erhaltenen Lehren auf sich selber und auf die heutige Erdbevölkerung an. (...) Sie hat den Feind erkannt, und der Feind ist das europäisch-ideologische Gedankengut in einer ins Maßlose angeschwollenen Erdbevölkerung. Dieser Ausgangspunkt ist ihre größte Stärke. Es versteht sich, dass die neue Kulturanthropologie an der Seite der Unterdrückten gegen die Mächtigen steht. (...) Man beutet schließlich keine Menschen aus, die man versteht. (Schlesier 1980, 32 ff.)

Selbst wenn der klassenkämpferische Ton heute verstummt ist, versteht sich die Ethnologie doch nicht als eine wert- und weltanschauungsfreie Disziplin. Ein tief humanistisches Erbe und das Engagement für marginalisierte Kleinkulturen gehört zu ihrem Ethos. Das müssen alle wissen, die die Ethnologie um Zusammenarbeit bitten. Doch wie notwendig erachten heute Unternehmen, die mit Mitarbeitern und Kunden aus verschiedenen kulturellen Herkünften arbeiten, die Bedeutung des Kulturellen und die Serviceleistungen einer ins Pragmatische geläuterten Anthropologie? Eine empirische Datenerhebung unter Firmen liegt meines Wissens für Afrika nicht vor. Abgesehen von wenigen charismatischen Unternehmerpersönlichkeiten mit Gespür für Land und Leute (vgl. Dettmar, in: Engels 1994, S. 150–152), scheint mir, dass in Schwarzafrika internationale Firmen praktisch überhaupt nichts tun, um ihre Mitarbeiter auf eine Zusammenarbeit mit Kollegen und Kolleginnen aus einer anderen Kultur vorzubereiten. In der von J.H. Hooker aufbereiteten Bibliographie zu „Cultural Anthropology and Management" ist Afrika ein Nebenschauplatz (vgl. http://ba.gsia.cmu.edu/ jnh/culture/refs.html). Es ist vor allem der nordamerikanische Markt, der eine Fülle von Angeboten interkulturellen Trainings an Instituten und Universitäten anbietet. Die Trainings zielen in der Mehrheit auf Japan und die attraktivsten Schwellenländer der Erde, die so genannten *Big Five,* nämlich Brasilien, Indonesien, China, Indien und Russland.

2 Kultur, Kommunikation und Zusammenarbeit: Afrika – ein Tanz der Kontexte?

Die vorrangige Orientierung des Westens nach Japan und den *BiG Five* ist verständlich. Afrika bildet derzeit das Schlusslicht der Weltwirtschaft: Der Anteil afrikanischer Exporte am Gesamtexportvolumen weltweit fiel von 4,6% im Jahre 1980 auf 1,6% im Jahre 1999. Im gleichen Zeitraum sank der Exportanteil der Länder südlich der Sahara von 2,5 auf 0,9%. Der Anteil der deutschen Exporte nach Afrika an der deutschen Gesamtausfuhr betrug im Jahr 2001 1,9 %; die deutschen Einfuhren aus Afrika hatten einen Anteil von 2,0 % an den deutschen Gesamteinfuhren des gleichen 2001, wobei Südafrika und die Maghrebstaaten ca. 80 % des Handelsvolumens ausmachten. Investitionen deutscher Unternehmen oder das Engagement transnationaler Konzerne in Schwarzafrika sind schlicht eine quantité négligeable. Im Jahre 2002 konnte der gesamte Kontinent weniger ausländische Direktinvestitionen anziehen (7,8 Mrd. US-Dollar) als die kleine Tschechische Republik (8,5 Mrd. US-Dollar).

Interessant ist hier ein Vergleich Südkoreas und Kameruns. Im Jahre 1948 hatten beide Länder nahezu die gleichen makro-ökonomischen Daten (Bevölkerungsanzahl, Pro-Kopf-Einkommen, Infrastruktur, Rate der Urbanisierung, Bildung, Gesundheit, Bodenschätze, etc.). Im Jahre 1998 gehört Kamerun noch immer zu den ärmsten Ländern der Erde, während Südkorea – bei gleichen weltwirtschaftlichen Rahmenbedingungen – im gleichen Jahr auf die Geberseite des OECD gewechselt ist. In der Diskussion um die Gründe wird immer wieder auf kulturelle Faktoren, wie z.B. den Gemeinsinn der Koreaner und die Opferbereitschaft des Asiaten für das größere Ganze hingewiesen. Aber ist „Gemeinschaft" nicht auch ein typisch afrikanischer Wert? Es kommt hier anscheinend auf ein differenziertes Verständnis im Gebrauch des Begriffs „Gemeinschaft" an, wo doch die afrikanische Variante offensichtlich weniger wirtschaftlich erfolgreich ist als die konfuzianisch-buddhistische. Wir wollen hier keinen falschen Eindruck entstehen lassen. Wesentlichen Einfluss auf wirtschaftlichen Erfolg haben *good governance* der Regierungen (Tetzlaff, in: Engels 1994, S. 154–169) und wirtschaftsförderliche Strukturen (Mir a Ferdowski, in: Engels 1994, S. 12–31). Jede monokausale Erklärung, auch aus dem Bereich Kultur, würde zu kurz greifen. Wenn wir uns trotzdem etwas näher mit dem Faktor Kultur beschäftigen, interessieren uns dabei nicht nur die Gründe für Armut und wirtschaftliches Versagen; es geht vielmehr um ein langsames Vortasten, welche spezifischen Probleme im Bereich der interkulturellen Kommunikation, also im Vorfeld politischer und wirtschaftlicher Entscheidungen, auftreten.

In der interkulturellen Debatte ist es oftmals „politically incorrect" für Probleme in Afrika Afrikaner verantwortlich zu machen. Die Kamerunerin Axelle Kabou, brach geradezu ein Tabu, als sie es wagte, die Krise Afrikas in erster Linie so genannten kulturellen Faktoren, also dem Denken und dem Handeln afrikanischer Akteure anzulasten.

> Man könnte meinen, es gebe ein stillschweigendes Verbot, die Situation Afrikas direkt mit dem Verhalten der Afrikaner in einen Zusammenhang zu bringen. Das stimmt auch in Bezug auf die internationale Literatur über die afrikanische malaise, die [...] die angeblich schädlichen Auswirkungen der globalen Krise auf alle Bereiche des afrikanischen Lebens endlos variiert. (Kabou 1993, S. 41)

Und in der Tat: eine der für Nicht-Afrikaner oft belastenden Erfahrungen im Dialog mit Afrikanern ist der ständige Verweis auf die Verantwortung anderer für die Misere des Kontinents: den Sklavenhandel, den Kolonialismus, die Weltwirtschaftsordnung, die politische und wirtschaftliche Dependenz vom Norden, die Entwicklungsstrategien der Geberländer (*donor dictated agendas*), usw. Es sind immer „die Anderen", die Verantwortung, Schuld und Macht haben, während Afrikaner sich in die Rolle des ewigen Opfers begeben, um durch Mitleid und – an das schlechte Gewissen des Westens mahnend – finanzielle Unterstützung einfordern. Es ist diese Konstellation, die oft ein differenziertes Gespräch, eine angemessene Sachdiskussion, und den Blick in die Tiefe verhindern. Zudem wird oft unterschätzt, welch tiefe kulturelle und gesellschaftliche Risse durch die globalisierte Welt gehen. Obwohl jede Einzelkultur in sich noch einmal gestuft und äußerst differenziert ist, treffen im „global village" doch Kulturen aufeinander, deren Rationalitäten nicht oder nur bedingt miteinander kompatibel sind. Das Leitbild vom *global village*, in dem alle Menschen gleichberechtigt und in Harmonie miteinander leben, ist irreführend. Die Welt ist eben kein Dorf, wo alle Dörfler eine vergleichbare Sozialisation erfahren haben. Auf der Erde leben und kommunizieren Menschen, die – vom Gesichtspunkt der Ausdifferenzierung der Gesellschaften – in nur denkbar verschiedene Lebenswelten und Rationalitäten sozialisiert werden. Ein Zusammenleben und gegenseitiges Verstehen von Menschen vor Ort, also im Mikrokosmos der eigentlichen Begegnung, ist deswegen alles andere als selbstverständlich, eher aber Reibungen, Auseinandersetzungen und Konflikte. Genau dies wird aber in der wissenschaftlichen und öffentlichen Debatte zu wenig berücksichtigt und genau hier muss eine interkulturelle Arbeit z.B. mit Afrikanern ansetzen (vgl. Staewen 1991). Die Forderung nach der Gleichberechtigung aller Kulturen verschleiert die Tatsache ihrer Ungleichheit. Eines ist die moralische und ethische Forderung nach Gleichheit, ein anderes die sozial- und kulturwissenschaftliche Beschreibung der Verschiedenheit. Obwohl auch in Nord- und Südamerika, in Asien und in Australien Menschen leben, deren Gesellschaften entwicklungsgeschichtlich weit von der westlichen Kultur entfernt sind, verkörpert Schwarzafrika diese „größere" Distanz. Diese Distanz oder Andersheit soll am Beispiel der Legitimierung von Macht in Afrika verdeutlicht werden, einer Dimension, die für interkulturelle Akteure von zentraler Bedeutung ist und oft genug zum Stolperstein interkultureller Zusammenarbeit wird.

Offiziell sind die modernen afrikanischen Staaten nach dem Modell der öffentlichen Verwaltungen des Westens aufgebaut. Der Zugang zu und die Ausübung von Macht und (Staats-)Gewalt verdankt sich „rational-legalisierten Autorität" (M. Weber), d.h. Wahlen, Gesetzen und einer objektiven, von politischen Wechseln unabhängigen Administration. Diese „unpersönlichen" Strukturen sollen garantieren, dass der Grundwert Gleichheit in Gleichbehandlung durch öffentliche Organe umgesetzt wird. Wird ein Beamter durch einen anderen ersetzt, übt der Nachfolger seinen Job wie sein Vorgänger aus. Der Bürger soll den Wechsel – was die Korrektheit der Amtsgeschäfte angeht – gar nicht bemerken. Ohne eine ähnliche, strukturelle Unpersönlichkeit in der Behandlung von Mitarbeitern könnte auch ein modernes, gewinnorientiertes Unternehmen nicht agieren (Planungssicherheit durch Abstraktion von menschlichen Unwägbarkeiten). Allein, Schwarzafrika ist – in der Praxis – von diesem (zugegebenermaßen auch im Westen unerreichten) Ideal weit entfernt. Die Legitimierung von Entscheidungsgewalt in Politik und Wirtschaft könnte man eher mit einem anderen Grundtyp der von Max Weber beschriebenen Autorität bezeichnen: Patrimonialismus. Hier ähnelt öffentliche Autorität – wie der Name nahe legt – der des Vaters über seine Kinder. Untergebene haben keine klar definierten Machtbefugnisse aufgrund ihrer Position und Stellung in der Hierarchie, sondern sie sind in ihrem Handeln ganz und in jedem Schritt vom „Vater" an der Spitze abhängig. Das System wird von gegenseitiger Loyalität und durch Verwandtschaftsbeziehungen, nicht aber durch ein transparentes und arbeitsteiliges Netz von Funktionen und Dienstgraden zusammengehalten. Da im Grunde nur der "Patron" entscheiden kann, führt dieser Flaschenhalseffekt zum bekannten Phänomen, dass in afrikanischen Gesellschaften nur dann etwas passiert, wenn der Präsident gehandelt hat - mit der oft einhergehenden quasi religiösen Überhöhung seines Amtes zum Messias und Erlöser („Ngwazi" – Erlöser war der offizielle Titel des früheren Präsidenten von Malawi, Dr. Hastings Banda). Der weitaus schlimmere Effekt dieses Konstruktes betrifft den Einzelnen. Bei ihm kann gar kein Gefühl von Eigenverantwortung (*ownership*) oder die Bereitschaft zu eigenen Entscheidungen entstehen; der Patrimonialismus ist internalisiert und mit ihm die Angst, bei Nicht-Konsultation des Patrons dessen und die eigene soziale Stellung in Frage zu stellen und öffentlichen Gesichtsverlust zu provozieren. Offene Konflikte und offene Konfliktaustragung (auch zu Gleichgestellten oder Untergebenen) wären Zeichen eines gebrochenen Verhältnisses zum Patron; sie sind deshalb unter allen Umständen zu vermeiden *(non confrontational attitude)*.

Entscheidend für das Verstehen einer afrikanischen Gesellschaft und der in ihr agierenden Menschen ist das Neben- und Ineinander dieser beiden Gesellschaftslogiken, ein Hybridzustand, den die Politikwissenschaft mit dem Begriff „Neopatrimonialismus" bezeichnet (vgl. Engel & Erdmann 2002). Menschen in neo-patrimonialen Hybridsystemen bedienen sich - je nach Bedarf und Möglichkeit - eines Gemisches von privaten und öffentlichen, von ökonomischen und altruistischen, von konservativen und progressiven, von patrimonialen und modern-technokratischen Argumentationsmustern, um ihre offiziellen und ihre privaten Ziele zu verfolgen. Dies ergibt einen „Tanz der Kontexte", der sich für einen „Außenseiter" nur sehr bedingt, wenn überhaupt erschließt.

Warum sind diese kulturwissenschaftlichen Überlegungen für die Frage des Trainings von Mitarbeitern so wichtig? Die Tragik und das Trauma Schwarzafrikas liegen darin, dass diese zwei verschiedenen Typen der Legalisierung von Autorität nebeneinander existieren. Je nach Entscheidungs- und Kommunikationszusammenhang verhalten sich Afrikaner nach dieser oder jener Logik, bzw. setzen diesen „Kulturwechsel" bewusst ein. Heruntergebrochen auf die Ebene des Individuums könnten wir auch von einem sozialen oder politischen „Doppelleben" sprechen. Denn oft unversöhnt, im Konflikt und für afrikanische Akteure je nach Situation belastend oder entlastend, veranlassen diese verschiedenen

Denk – und Handlungslogiken die Menschen jeweils unterschiedlich zu handeln. Und es sind genau diese Menschen, die als Partner und Mitarbeiter in Entwicklungshilfeorganisationen, Regierungsstellen, Unternehmen, Kirchen und NGO's den westlichen Akteuren gegenübersitzen. Mit ihnen muss man sich in interkultureller Kommunikation über anstehende Probleme verständigen. Eines ist die Kenntnis um den Neopatrimonialismus in Afrika, ein anders ist es, dieses Wissen in gelingende interkulturelle Kommunikation umzusetzen. Dazu bedarf es - neben des ethnologischen und politikwissenschaftlichen Einblicks - noch weiterer Kompetenzen.

3 Brett und Splitter

Bevor wir zur Behandlung der Frage kommen, wie in solch einem Setup eine für alle verbindliche und effiziente Verständigung *und* Zusammenarbeit funktionieren kann, möchte ich an einigen Beispielen zeigen, wie die (für alle Beteiligten wichtige) Dimension der inneren Disposition für die Seite des westlichen Partners erschlossen werden kann und muss. Ihre Beachtung ist eine unverzichtbare Bedingung für den Eintritt in den interkulturellen Dialog. Es geht näherhin um die Vergewisserung über die eigenen weltanschaulichen Voraussetzungen und über das implizite und explizite Wertesystem, von dem her Einschätzungen und Entscheidungen getroffen werden. G. Hofstede hat dafür den Begriff der *Software of the mind* geprägt (vgl. Hofstede 1991). Ohne die vorbereitende (und stets begleitende) Selbstreflektion wäre der Dialog mit Menschen aus anderen Kulturen zum Scheitern verurteilt; er verbliebe auf einer rein oberflächlichen Ebene. Ich bringe mich eben in jeder Kommunikationssituation so ein, wie ich bin und richte mich nach den Werten und Konzepten aus, die ich für mich internalisiert habe. Ohne Selbstkenntnis und Selbstreflexion ich bin in der Gefahr, vorschnell Fehler und Mängel bei anderen zu kritisieren, ohne meine eigenen Begrenztheiten und Anteile zu kennen und anzunehmen. Gerade für Konfliktfälle und für Situationen kultureller Verunsicherung ist es wichtig reflektiert zu haben, nach welchen Kriterien ich mein Handeln und meine Entscheidungen ausrichte. Interkulturelles Arbeiten stellt mich in eine Vielzahl solch kritischer Situationen, in der ich – wegen der allgemeinen kulturellen Verunsicherung – leicht den Boden unter den Füßen zu verlieren drohe. Es geht nicht darum, alles schon vorher zu wissen. Gerade die Fehler, die ich mache, können zu einer wichtigen Lernquelle werden. Aber gerade weil der Kontakt mit Afrikanern das Meistern erheblicher kultureller Unterschiede erfordert, ist bei schlecht vorbereitenden, ungeduldigen oder unsensiblen Menschen schnell die Schwelle zum Kulturschock und zum

Rassismus überschritten (vgl. Thomas, Hagemann & Stumpf 2003, S. 241 ff). Eigene Erfahrungen werden unkritisch generalisiert; besonders schlechte Erfahrungen oder Erfahrungen des kulturellen Unterschiedes werden – weil psychisch belastender – in den Vordergrund gerückt. Solch ein Verhalten ist meist Folge mangelnder Selbsreflexion und ein Nachgeben der Versuchung, eben doch zuerst den Splitter im Auge des Anderen, und erst dann das Brett vor dem eigenen Kopf – falls überhaupt – wahrzunehmen. „Einen Kulturschock", so der Mitarbeiter einer internationalen Hilfsorganisation, „könne er sich bei seiner Position und seinem Gehalt nicht leisten". Besser können biographische und institutionelle Verdrängungsmechanismen beim Scheitern interkultureller Kommunikation nicht auf den Begriff gebracht werden.

Selbstreflexion beginnt mit der Motivation für mein Hier Sein bzw. den biographischen Wurzeln meiner interkulturellen Tätigkeit. Dieser Frage können sich auch Angestellte in internationalen Unternehmen nicht entziehen, die sich durch „Versetzung" in einer anderen Kultur wiederfinden. Früher oder später wird jeder „weltanschaulich" Farbe bekennen müssen; das Ausgesetztsein in eine fremde Kultur (*exposure*) fordert das geradezu heraus. Es ist gut, und auch unter dem Gesichtspunkt der ökonomischen Effizienz wichtig, sich über die tieferen Schichten der eigenen Motivation klar zu sein. Dabei ist das Eingeständnis, Gewinne machen zu wollen oder die eigene Karriere im Blick zu haben, auch bei einem Einsatz in einem der ärmsten Länder der Erde nichts Ehrenrühriges. Ein offenes Bekenntnis z.B. zur Profitorientierung erleichtert Kommunikation und macht Begegnung transparenter (und für Afrikaner leichter akzeptabel) als ein verschrobenes Motivbündel aus Altruismus, Dritte-Welt-Romantik und den *higher moral grounds* vieler „Entwickler". Eine entscheidende Dimension ist die Frage nach dem Verhältnis der eigenen Werte zu den Werten einer anderen Kultur. Auch wenn – wie wir später noch sehen werden – die Vorstellung einer uniformen Wertewelt in einer Kultur nur ein intellektuelles Konstrukt ist und Differenzierungen innerhalb einer Kultur manche Verständigung erleichtern, müssen Akteure aus dem Norden sich in der Begegnung mit Schwarzafrika etwa folgende Fragen stellen und beantworten: Gebe ich der Förderung des Individuums, vor allem in Konfliktsituationen, Vorrang vor egalisierenden Ansprüchen? Halte ich erwirtschafteten Gewinn zurück, um durch Kapitalanhäufung reinvestieren zu können oder folge ich einem so genannten „afrikanischen" Prinzip der möglichst schnellen Gewinnausschüttung? Ist Sparen und Kapitalanhäufung von unten langfristig wichtiger als Kapitalaufstockung von außen? Halte ich Transparenz in Geldsachen für einen universaler Wert *(accountability)*? Ist demokratische Kontrolle von Gewalt – aufs Ganze gesehen – gerechter als ein patrimonialistisches Gewaltmonopol? Wie verhalte ich mich zur Korruption? Welche Verantwortung übernehme ich für Angestellte, die in Afrika nicht in ein Netz sozialer Sicherung eingebunden sind? Wie stelle ich mich zur Religion, z.B. zum Gebet in der Arbeit?

Wie reagiere ich auf den weit verbreiteten Glauben an Hexerei *(witchcraft)*? Wie stelle ich mich zu so genannten „angepassten" Konzepten wie z.B. dem Vorschlag eines *rational nepotism,* den – neben andern – Prof. O. Iyanda (Simbabwe) auf der Konferenz der Vereinigung der Afrikanisten Deutschlands im Jahre 1998 unterbreitete und damit einen Beitrag zur „Afrikanisierung der Unternehmenskultur" leisten wollte? Man kann es drehen und wenden, wie man will. Letztlich kann sich der interkulturelle Akteur nicht um die eigenen Werteentscheidungen herumdrücken. Die Vergewisserung um die eigene Kultur- und Werteprägung ist ein essentieller Bestandteil jeden interkulturellen Trainings und eine unaufgebbare Voraussetzung für das Gelingen interkultureller Kommunikation. Nur wer weiß, wer und was er/sie ist, kann sich und seine Positionen in ein interkulturelles Setting einbringen und hat es nicht nötig, hinter den politisch vielleicht korrekten Floskeln einer Unterstützungsideologie den eigenen Mangel an Positionen, Konzepten und Werten zu verstecken.

4 Konflikte in der Arena

Unsere Fakultät hatte einen erfahrenen Experten zum Thema Fundraising aus Kanada eingeladen. Wir wollten erfahren, wie wir, bei zunehmender Knappheit von Mitteln, in möglichst professioneller Weise unsere Arbeit darstellen und, mangels Mittel aus dem eigenen Land, Geld für unsere Projekte in Forschung, Lehre und Publikation eintreiben könnten. Der Experte machte deutlich, dass eine sorgfältige Reflexion über die eigenen Ziele *(Vision- und Missionstatement)* eine unabdingbare Voraussetzung für jeden Projektantrag ist. Es gehe zuerst um das eigene Selbstverständnis und dann erst ums Geld. Im Übrigen bräuchten sich Afrikaner nicht zu wundern, wenn sie weniger Geld bekämen als andere. Während Rückfragen nach Russland, Indien oder Indonesien innerhalb weniger Tage per Fax beantwortet würden, ließen sich Afrikaner mit Berichten Wochen und Monate Zeit. „Warum sollen wir für das wenige Geld, das wir vom reichen Norden abbekommen, auch noch Rechenschaft ablegen?" wandte ein Kollege ein. Seine Aussage und die sich daran anknüpfende Diskussion haben mir verdeutlicht: Für meine Kollegen ist ein Projektantrag kein administrativer Vorgang, sondern ein Teil der großen Kompensation, die Schwarzafrika aufgrund der leidvollen Erfahrungen von Sklavenhandel, Kolonialismus und Neokolonialismus moralisch zusteht. Geldtransfer zwischen Nord und Süd ist keine finanztechnische, sondern eine hoch moralische Angelegenheit. Allein schon die Bedingung, dieses Geld beantragen zu müssen (das einem doch eigentlich zusteht) ist eine Beleidigung afrikanischen Selbstbewusstseins, ganz zu schweigen von der erniedrigenden Forderung nach *accountability*.

Und ein weiteres wurde mir deutlich. Als ich darauf hinwies, dass wir in der Erstellung der Prioritätenliste unserer eigenen Forschungsvorhaben in der Fakultät ein Höchstmaß an Transparenz untereinander benötigten, winkte ein anderer Kollege resignierend ab: „Im Grunde traut keiner keinem. Das ist unsere Kultur". Auch dies war und wurde einer dieser „Offenbarungssätze", die mir halfen, einen Zugang zu Verhaltensweisen und Entscheidungslogiken in Malawi zu erhalten.

Warum sind diese persönlichen Erfahrungen in diesem Zusammenhang so wichtig? Zum einen haben sie mir eine für das tägliche Zusammenarbeiten wichtige Dimension erschlossen, die ich in keinem Lehrbuch über effektives Verhalten in deutsch-afrikanischer Zusammenarbeit nachlesen kann. Zum anderen stehen sie für eine Dimension interkultureller Begegnung, die nach einer Vertiefung und Erweiterung bisheriger Konzepte interkulturellen Trainings ruft. Um in diese Form gegenseitigen Verstehens vorzudringen, bedarf es einer Methode, die nicht zu sehr von objektivierbaren Unterschieden zwischen den Kulturen ausgeht, sondern die Mikrowelten der Beteiligten reflektiert und die tatsächlichen Begegnungsformen zum Ausgangspunkt nimmt. Was das genauer heißt, wollen wir im Folgenden entwickeln.

Für eine lange Zeit war für interkulturelle Trainingsprogramme das Buch von Geert Hofstede „Culture's Consequences" (1980) maßgebend. Hofstede basierte seine Publikation auf eine 15 Jahre dauernde Studie in mehr als 50 Ländern. Seine Grundthese lautet: Die Unterschiede zwischen Kulturen können mit dem Vorhandensein von vier grundlegenden Werte-Dimensionen erklärt werden. Jede Kultur, Gesellschaft, Nation, Volk setzt andere Prioritäten, gibt unterschiedliche Antworten auf vergleichbare Grundprobleme. In seinem so genannten „4-D-Modell" unterscheidet Hofstede folgende Dimensionen: 1. Große versus kleine Machtdistanz; 2. Starke versus schwache Vermeidung von Unsicherheiten; 3. Individualismus versus Kollektivismus; 4. Männliche versus weibliche Kulturdominanz. Die jeweilige Ausprägung einer Dimension in einer bestimmten Kultur kann in einer Skala von 1 bis 100 festgehalten werden. Überträgt man diese Daten in ein Diagramm, kann der Grad des Unterschiedes von Kulturen visualisiert werden. Interkulturelles Training bedeutet, sich dieser Unterschiede und ihrer Ausprägung bewusst zu werden und dementsprechend das eigene Verhalten kulturspezifisch anzupassen.

In der Folgezeit wurde das 4-D-Modell weiter differenziert (vgl. Hofstede 1991, Waisfisz 1988) und ergänzt, vor allem durch das von A. Thomas eingeführte Konzept der Kulturstandards (vgl. Thomas 1991). Heute geht man davon aus, dass man Akteuren in interkulturellen Setups nur gerecht werden kann, wenn man von einer „faktischen Mehrfachzugehörigkeit des Einzelnen zu verschiedenen – auch verschiedensprachlichen – Kommunikationsnetzen" und Kulturen ausgeht (Knapp 2003, S. 111). So sehr Theorien und Konzepte interkultureller Kommunikation wichtig sind, am Ende bleiben Akteure mit den sich einstellenden Schwierigkeiten in interkulturellen Arbeitszusammenhängen oft alleine und benötigen eine Unterstützung, die sich ihrer spezifischen Bedürfnisse annimmt. Unser Vorschlag hierfür formt sich gleichermaßen aus anthropologischen und methodisch-pädagogischen Überlegungen.

Was die Anthropologie angeht, ist das im Jahre 1995 erschienene Buch des französischen Sozialwissenschaftlers Jean-Pierre Olivier de Sardan „Anthropologie et développement. Essai en socio-anthropologie du changement social" für unsere Diskussion von größter Bedeutung. Innerhalb der Ethnologie hat es lebendige Aufnahme gefunden (Bierschenk & Olivier de Sardan 1995, Bierschenk & Elwert 1997, Hutter 1998, Heinrich 1998). Olivier de Sardan kritisiert gängige Verfahren der Operationalisierung von Kultur. Politikpapiere über kulturelle Rahmenbedingungen oder Tipps zum interkulturellen Verhalten gäben nur den „Goldrahmen" zu Planungsvorhaben ab und tauchten später nicht mehr auf. Neben dieser offiziellen und „operationalisierten" Kultur existiere aber eine andere, selbstfabrizierte und „informelle" Kultur in den Köpfen aller an einem interkulturellen Setup Beteiligten, der Entwickler (développeurs) *und* der Begünstigten (développés), der Europäer *und* der Afrikaner. Der eigentliche Ort der interkulturellen Begegnung ist nun das Aufeinandertreffen dieser verschiedenen Individuen und Gruppen mit ihren je eigenen Subkulturen. Es zeigt sich, dass trotz gemeinsamer Sprache, Geschichte und Sozialstruktur die kulturellen Unterschiede innerhalb einer Gruppe (Dorf, Region, Ethnie, Einkommensklasse, etc.) groß sein können. Alter, Geschlecht und soziale Herkunft von Menschen lassen den Begriff Kultur zu einem intellektuellen Konstrukt werden, das ständigen Verformungs- und Adaptionsprozessen unterworfen ist. Zentral an dieser Form der Interaktion von Menschen aus unterschiedlichen Subkulturen ist das Vorhandensein von Konflikten. Olivier de Sardan führt den Begriff der *Arena* ein, um sein Anliegen zu verdeutlichen. So wie in einer Sportarena nur ein (repräsentativer) Ausschnitt der Bevölkerung am Wettkampf teilnimmt, und die Akteure auf dem Feld ihre Rivalität gleichsam stellvertretend austragen, so treffen auch in der interkulturellen Begegnung nicht Kulturen als ganze aufeinander, sondern Segmente von Kulturen, und zwar in der Form, wie sie im Adaptionsprozess der Individuen wirksam sind. Das Denken, Entscheiden und Handeln dieser Akteure bestimmt den faktischen Fortgang interkultureller Verständigung. Und schon am nächsten Tag können sich andere Akteure (beim nächsten Projekt, beim nächsten Vorhaben) gegenüberstehen.

Wenn informelle Subkulturen der Beteiligten in der Mikrowelt der Arena aufeinander treffen, dann ist damit nicht der so oft zitierte "clash of civilizations" (C.S.P. Huntington) gemeint. In der Arena bewegen sich die Beteiligten schlicht mit unterschiedlichen Handlungsrationalitäten; ihre Logiken und Strategien bestimmen Form und Inhalt der Konfrontation. Bestimmte, für die eine Seite selbstverständliche Vorstellungen wie z.B. über Raum, Zeit, Reichtum, Geld, Arbeitsmoral, Grundbedürfnisse, Natur, Wasser, Ernährung, Partizipation, Gegenleistung usw. werden von der anderen Seite nicht geteilt. Auseinandersetzung und Streit sind etwas Normales. Darüber hinaus ist es einfach realistisch davon auszugehen, dass dann, wenn Menschen aufeinander treffen, die in vielfältiger Weise anderen Rationalitäten folgen, Verteilungskämpfe und Konflikte entstehen, zumal im Verlauf dieser Auseinandersetzung Veränderungen im Politischen (Macht), im Ökonomischen (Geld) und in der Sozialstruktur (Position) angezielt sind.

Es ist gerade dieses Ernstnehmen von Missverständnissen (Giordano 1996) und Konflikten (Nicklas 1991), das helfen kann, Blockaden aufzuarbeiten und die spezifischen Logiken, Subkulturen und Interessen der Beteiligten verstehbar zu machen. Die Bearbeitung interkultureller Konflikte in der „Arena" fordert eine ethnologische und kulturwissenschaftliche Kompetenz (vgl. Ott & Pöschke 2003). Sie erfordert von Experten und Trainern aber auch das spezifische Fachwissen mit pädagogischem, und gegebenenfalls, auch mit psychologischem Sachverstand zu verbinden (vgl. Dettmar 1993). Eine spezielle Variante ist das in diesem Band vorstellte „Interkulturelle Coaching" von Ute und Ulrich Clement (vgl. auch Bahrmeyer 2000). Erst im geschützten Raum *(safe space)* eines Trainings oder Coachings ist es normalerweise möglich, gängige Standards empfohlenen Verhaltens („keine Gefühle zeigen") oder des Konfliktmanagements („indirect correction of behaviour") aufzulösen und kritisch auf die verschiedenen Dimensionen von Kommunikation hin zu reflektieren (vgl. Waisfisz 1988, S. 19 f.). Erst dann kann sich - angesichts der kulturellen Dynamik in Afrika und der konkreten Subkultur der Beteiligten – eine fruchtbare, transparente und effiziente Kommunikationskultur entfalten. Auf der Seite aller Beteiligten erfordert dies eine hohe Motivation, im Interesse der Sache die eigenen psychischen Dispositionen zur Diskussion zu stellen. Methoden, vorhandene Blockaden zu lösen, kann die klassische Gruppensupervision zur Verfügung stellen. Planspiele und Methoden der Erlebnispädagogik sind geeignet, Mitarbeiter auf Konfliktsituationen einzustellen (Losche 2005). Hier kann die Arbeit am „eigenen Anteil" thematisiert werden, wie wir das im Dritten Kapitel skizziert haben, eben die Einsicht, dass interkulturelle Konflikte ohne Selbstreflexion, d.h. ohne eine sorgfältige Meditation über Brett und Splitter, ohne Programmierung der *software of the mind* nicht angehbar sind. Nichtsdestoweniger zielt der Kern unseres Vorschlags auf die aktive Bearbeitung der in einer konkreten interkulturellen Situation entstehenden Konflikte.

5 Verstehen und Begreifen

Dieser Beitrag reiht sich in Überlegungen zur Weiterentwicklung von begleitenden und nachbereitenden interkulturellen Trainings ein, bei denen Elemente aus Kulturwissenschaft (Ethnologie und Anthropologie), Pädagogik Supervision und Coaching miteinander verbunden werden, um zu einem vertieften Verständnis einer interkulturellen Arbeits- und Lebenssituation vorzustoßen (vgl. Thomas, Hagemann & Stumpf 2003, S. 237-272). Dieser Ansatz ist in seiner Aufarbeitung von Arenenerfahrungen normalerweise kein Teil eines vorbereitenden Trainings. Er ist dann sinnvoll, wenn Menschen bereits in interkulturellen Arbeitskontexten eingebunden sind, z. B. in entwicklungspolitischen Organisationen, internationalen Unternehmen, Universitäten, Kirchen und NGO's. Es eignet sich besonders für Teilnehmer mit unterschiedlichem kulturellen Hintergrund und in unterschiedlichen Rollen und Verantwortlichkeiten. Die Erfahrung bestätigt, dass zentrale Probleme, Blockaden oder innere Einstellungen der am interkulturellen Setup Beteiligten erst in der „Arena" d.h. in der Kooperation, und da vor allem während Konflikten zu Tage treten. In dieser spezifischen Form des interkulturellen Trainings/Coachings rückt die Bearbeitung von konkreten Erfahrungen in den Mittelpunkt, und damit die Reflexion und das vertiefte Verstehen eigener Erfahrungen. Es wird – etwas plakativ ausgedrückt – dem Erkenntniszuwachs durch praktische Lebenserfahrung Tribut gezollt. Damit einher geht eine Verschiebung des ethnologischen Interesses von den großen sozio-kulturellen Faktoren („Goldrahmen") zu den subkulturellen Mikrowelten der Beteiligten. Dieser Ansatz ist kein Plädoyer für eine Kultur des Konfliktes, gerade vor dem Hintergrund der Eigenart z.B. afrikanischer Kulturen, Konflikte nicht offen und direkt anzugehen *(non confrontational attutide)*. Es geht im Gegenteil darum, diesen kulturellen Kontext zu reflektieren und eine konstruktive Konflikttransformation voranzutreiben.

Unser Vorschlag ist eine Form der Mitarbeiterbegleitung, die problem- *und* personenorientiert ist. In Zeiten rascher kultureller Dynamik, wo nicht selten ethnologische Daten veraltet sind, noch bevor sie in anderen Disziplinen rezipiert werden können, ist eine verstärkte Bemühung um das Individuum gerechtfertigt. In der Biographie von Akteuren in der Arena wird Kultur greifbar, werden kulturelle Subsysteme handhabbar. In den eigenen Erfahrungen und Konflikten versteht und begreift der Akteur, um was es anderen Beteiligten „wirklich" geht und wo deren Blockaden, Probleme und Absichten liegen. Die Bearbeitung dieser Konfliktsituationen erfordert deswegen eine hohe Professionalität und Sensibilität auf Seiten der Trainer, und Konfliktfähigkeit und Bereitschaft zur Sensibilisierung auf Seiten aller Beteiligten.

Der skizzierte Vorschlag geht davon aus, dass dem Gelingen von interkultureller Kommunikation eine Schlüsselstellung bei der Bearbeitung der verschiedenen entwicklungspolitischen Probleme (Bekämpfung von Unterentwicklung, Aufbau wirtschaftlicher Kapazitäten, usw.) und bei internationalem unternehmerischen Handeln zukommt. Im Kontext von wirtschaftlicher *Zusammen*arbeit oder Entwicklungs*zusammen*arbeit hilft er sozusagen den Realitätsgehalt der Silbe *„zusammen"* erfahrungsorientiert zu reflektieren. Natürlich gibt es hier keine Patentrezepte. Gerade in interkulturellen Kontexten muss man auch Fehler machen (dürfen). Aber es ist ein Stück befreienden Realismusses, Interkulturalität zunächst als potentielle Quelle für Missverständnisse, Probleme und Konflikte, und dann erst als Chance für gelingende Kommunikation wahrzunehmen. Leben und Arbeiten in der Interkulturalität wird vom Reiz des Neuen und mit bereichernden menschlichen Erfahrungen belohnt. Trotzdem: Vor zu hohen Erwartungen muss gewarnt werden, vor allem was (vielleicht) unbewusste Erwartungen an schnelle Änderungen in der Kultur und Subkultur der Beteiligten angeht. Vieles wird der Mensch in einer anderen Kultur nicht verstehen und nicht begreifen. Dass er trotz bleibendem Unverständnis und trotz Konflikten ein aktiv Handelnder bleiben soll und kann, ist Ziel der hier vorgetragenen Überlegungen.

Literatur

Bahrmeyer, C.I. (2000). Wege zeigen – Wege gehen. Interkulturelles Coaching als Form beratender Intervention, in: Personal, Heft 9, S. 464-468.

Bergemann, N. & Sourisseaux, A.L.J. (Hg.). (2003). Interkulturelles Management (3. vollständig überarbeitete und erweiterte Auflage). Berlin/Heidelberg/New York: Springer.

Bierschenk, T. & Olivier de Sardan, J.-P. (1995). ECRIS: Eine kollektive Erhebungsmethode zur schnellen Identifizierung von sozialen Konflikten und strategischen Gruppen, in: Entwicklungsethnologie 4, Nr. 1, S. 43-55.

Bierschenk, T. & Elwert, G. (1997). Entwicklungshilfe und ihre Folgen. Ergebnisse empirischer Untersuchungen in Afrika, (2. Aufl.), Frankfurt/New York: Campus.

BMZ (2004). Kulturelle Faktoren in Konzeption und Instrumentarium der Deutschen EZ im Kontext der aktuellen Diskussion und `best practices` ausgewählter bilateraler Geber.

Dettmar, E. (1993). Konflikte in der afrikanisch-europäischen Zusammenarbeit und Möglichkeiten der institutionellen Einwirkung, in: Entwicklungsethnologie 2 (1993), Nr. 1, S. 106-114.

Engels, B. (Hg.). (1994). Die sozio-kulturelle Dimension wirtschaftlicher Entwicklung in der Dritten Welt (Schriften des Deutschen Übersee-Instituts Hamburg, Nr. 19). Hamburg: Deutsches Übersee-Institut.

Engel, U. & G. Erdmann. (2002). Neopatrimonialism reconsidered - Critical review and elaboration of an elusive concept. Paper prepared for the 45th annual meeting of the African Studies Association, Washington DC, December 4-8, 2002, 24 S.

Fischer, H. (1981). Die Hamburger Südsee-Expedition: Über Ethnographie und Kolonialismus, Frankfurt am Main: Syndikat.

Giordano, C. (1996). Die Rolle von Mißverständnissen bei Prozessen der interkulturellen Kommunikation, in: Roth, K. (Hg.): Mit der Differenz leben. Europäische Ethnologie und interkulturelle Kommunikation, Münster: Waxmann, S. 31-42.

Götz, K. (1997). Management und Weiterbildung (Reihe „Grundlagen der Berufs- und Erwachsenenbildung", hg. von R. Arnold, Bd. 9). Baltmannsweiler: Schneider.

GTZ & Working Group on Development Anthropology (AGEE) (1991). The Socio-cultural Dimension in Development: The Contribution of Sociologists and Social Anthroplogists to the Work of Development Agencies. Ed. by M. Schönhut in cooperation with A. Steiner, Eschborn: Gesellschaft für Technische Zusammenarbeit (GTZ).

GTZ & DEZA (Hg.). (2005). in Zusammenarbeit mit der Universität Trier - Fach Ethnologie, Glossar Kultur und Entwicklung (Trierer Materialien zur Ethnologie, Ausgabe 4).

Heinrich, W. (1998). Konfliktforschung, Entwicklungszusammenarbeit und Konfliktbearbeitung - und die Rolle der Ethnologie. Ein paar Überlegungen aus der Praxis, in: Entwicklungsethnologie 7, Nr. 2, S. 49-63.

Hofstede, G. (1980). Culture's consequences. International Differences in work-related Values, Beverly Hills/London: Sage.

Hofstede, G. (1991). Cultures and organizations. Software of the mind. Intercultural cooperation and its importance for survival, Maidenhead: McGraw.

Hutter, A. (1998). Die Projekt„arena" aus entwicklungsethnologischer Sicht. Erfahrungen und Erklärungen aus einem Aktionsforschungsprojekt in Niger, in: Entwicklungsethnologie 7, Nr. 1, S. 75-80.

Kabou, A. (1993). Weder arm noch ohnmächtig, Basel: Lenos.

Knapp, F. (1998). Cultural, organisational or linguistic causes of intercultural conflicts? - A case study, in: J. Beneke (Hg.), Thriving on Diversity, Bonn: Dümmler, S. 173-190.

Knapp, K. (2003). Interpersonale und interkulturelle Kommunikation, in: Bergemann, N. & Sourisseaux, A.L.J. (Hg.). Interkulturelles Management, 3. vollständig überarbeitete und erweiterte Aufl., Berlin/Heidelberg/New York: Springer, S. 110 - 135.

Losche, H. (2005). Interkulturelle Kommunikation. Sammlung praktischer Spiele und Übungen. Augsburg: Ziel.

Nicklas, H. (1991). Kulturkonflikt und interkulturelles Lernen, in: Thomas, Alexander (Hg.). Kulturstandards in der internationalen Begegnung, Saarbrücken: Breitenbach, S. 124-140.

Olivier de Sardan, J.-P. (1995). Anthropologie et développement: Essai en socio-anthropologie du changement social (Association euro-africaine pour l'anthropologie du changement social et du développement), Paris: Karthala.

Ott, M. & Pöschke, R. (2003). Mtendere - Peace - Frieden. Friedensentwicklung und Kulturarbeit in Malawi, in: U. Kievelitz & R. Poeschke (Hg.), Entwicklungsethnologie 12 (1+2) 2003 „Friedens- und Konfliktarbeit in Forschung und EZ Praxis und der Beitrag der Entwicklungsethnologie", S. 266-283.

Schlesier, K.H. (1980). Zum Weltbild einer neuen Kulturanthropologie. Erkenntnis und Praxis: Die Rolle der Action Anthropology. Vier Beispiele. Zeitschrift für Ethnologie 105, S. 32–54.

Staewen, C. (1991). Kulturelle und psychologische Bedingungen der Zusammenarbeit mit Afrikanern. Ansatzpunkte für eine komplementäre Partnerschaft, München/Köln/London 1991.

Thomas, A. (Hg.) (1991). Kulturstandards in der internationalen Begegnung, Saarbrücken: Breitenbach.

Thomas, A., K. Hagemann & S. Stumpf (2003). Training interkultureller Kompetenz, in: Bergemann, N. & Sourisseaux, A.L.J. (Hg.). Interkulturelles Management, 3. vollständig überarbeitete und erweiterte Aufl., Berlin/Heidelberg/New York: Springer, S. 237-272.

Valjavec, F. (1992). Zeugnis und Zeugen. Selbstverständnis und Ausblicke einer reflexiven Ethnologie. Anthropos 87, S. 489–509.

Waisfisz, B. (1988). Guidelines for German Experts to increase their effectiveness in Africa (IDEAS. Institutional Development Advisory Services), typescript for the use of training GTZ-experts, 32 S.

Ernst Prokop

Weiterbildung in globalen Kontexten

Weiterbildung vollzieht sich ausgehend von Sachverhalten und von Positionen zu deren Bewertung in individueller Auseinandersetzung oder diskursiv unter engagierten Interessenten. Sie zielt auf die Fähigkeit, mit aktuellen Problemlagen umzugehen bis hin zur Gewinnung von Orientierungsdaten für tagtägliches Handeln und Verhalten. Die Erfahrungsräume und Lernorte lebenslanger Weiterbildung regen dazu an, soziale Bezüge unter Menschen und innerhalb von deren Gesellungsformen nicht nur wahrzunehmen und kennen zu lernen. Vielmehr schaffen sie Gelegenheit, sich in solche Erlebnislagen einzufühlen und Sicherheit dabei zu gewinnen, damit umzugehen.

Dass der gesamte Lebenslauf ein Bildungsweg ist, dass also auf Erziehung und Schule Erwachsenenbildung folgt, gehört unter verschiedenen Bezeichnungen zum Überzeugungsbestand aller Bildungskulturen. Wenn man dieses Phänomen innerhalb von globalen, die spezifischen Begrenzungen jeder einzelnen Bildungskultur übersteigenden Kontexten zu würdigen sucht, manifestiert sich lebensbegleitende Selbstbildung. Angeregt wird diese ebenso durch zahlreiche eng konturierte kulturspezifische Anstöße wie durch gewohnte Denkweisen übersteigende Impulse einer ständigen Weiterbildung. Davon getragen gelangen Erwachsene schließlich zu typischen Handlungsabläufen und zu innerhalb ihrer Lebens- und Bildungskultur stimmigen Gewohnheiten.

Im Zuge der Globalisierung werden erlernte Verhaltensweisen relativiert, sobald als Maß für individuelles Handeln Lebensgewohnheiten fremder Kulturen nicht mehr nur zugänglich, sondern auch emotional einfühlbar und im Alltag praktizierbar erscheinen. In Zukunft stehen insoweit für tagtägliches Handeln und Verhalten nicht mehr nur die innerhalb einer Bildungskultur spezifischen Muster zur Verfügung. An interkulturellen Schnittstellen erscheinen Lernerfahrungen in ungewohnten Ausprägungen möglich – ausgehend von einer breiten Palette an unterschiedlich differenzierten Lebensprofilen und Alltagszuschnitten.

Die vertrauten Betriebsformen und Anregungsweisen der Weiterbildung sind zur Betreuung derartigen Lernens nur teilweise geeignet, da sie überwiegend auf regionale Kulturzusammenhänge bezogen sind, die durch übereinstimmende Grundanschauungen gekennzeichnet waren. Lebenshilfen und Volksbildung, Erwachsenen- und Berufsbildung haben sich eigentlich nur in solchen Kontexten bewährt. Alternativen zu derart monokulturellen Vorgehensweisen zeichnen sich allenfalls in groben Umrissen ab. Erst aufgrund von Erfahrungen gemeinsamen Lernens unter Zeitgenossen aus verschiedenen Weltkulturen werden sie sich zu Modellen interkulturellen Lernens und Trainings in der Weiterbildung verdichten lassen, welche Verhaltensmuster aus verschiedenen Herkunftszusammenhängen und Lebensfeldern zu verbinden vermögen.

1 Prinzipien

Weiterbildung entfaltet sich überall dort, wo sich Lernende mit Lebensräumen und mit der Gestaltung von Alltagssituationen vertraut machen. Begegnungen, Trainings, bislang unbekannte Erfahrungen gehören dazu. Sie lassen der Neugierde Raum, regen zur Lösung von Problemen an und eröffnen Chancen zum Miteinanderreden und zu gemeinsamem Handeln. So entsteht ein Rahmen für Selbsttätigkeit und für die unterschiedlichsten Intensitäten des Mitmachens gemäß den vorhandenen zeitlichen Spielräumen. Eine Bindung auf längere Sicht in solche Lernsituationen muss niemand eingehen. Insofern erfahren viele Weiterbildung als hilfreich und üben sie aus, so weit und so lange sie zur Erweiterung von Lebenshorizonten beiträgt.

Lerntätigkeit kann jedoch nicht dem Belieben überlassen bleiben, sondern sie bedarf einer gewissen Stetigkeit. Als stabilisierende "Gehäuse" hierfür eignen sich Bildungsstätten, unter deren Dach lebensbegleitende Lerngelegenheiten den angemessenen Rahmen finden. Ebenso bewähren sich Gruppierungen von Lernenden mit vergleichbar gelagertem Interesse an Informationen und Verhaltensmaßstäben. In einer vom Vielerlei kultureller und religiöser Traditionen geprägten Welt erweist sich beides sowohl für die Kontinuität von Lernbemühungen als auch für die „Parkettsicherheit" gegenüber einer Pluralität von Zivilisationen als stützend. Auf diese Weise wird für Lernerfahrungen ebenso Sorge getragen wie für deren Gewichtung als Leitlinien alltäglichen Handelns. Hier trifft die elementare Definition des Deutschen Ausschusses für das Erziehungs- und Bildungswesen zu. Danach wird gebildet im Sinne der Erwachsenenbildung,

> ... wer in der ständigen Bemühung lebt, sich selbst, die Gesellschaft und die Welt zu verstehen und diesem Verständnis gemäß zu handeln. (Deutscher Ausschuss 1960, S. 19)

Prozesse solcher Qualität vollziehen sich zunächst unter Persönlichkeiten, die bereit sind, sich einem Problemkreis engagiert zuzuwenden. Intensiven Formen interkulturellen Lernens und Trainierens widmen sich Eliten, für welche die Probleme des Nebeneinander von menschlichen Kulturen hohes Gewicht haben. Die Lerntätigkeit wird hierbei durch Ratgeben angeregt - auf dem Wege des Hinweisens auf Informationsmöglichkeiten, über Veranschaulichungen aus unterschiedlicher Distanz bis hin zum gemeinsamen Lernen und Arbeiten mit Menschen aus anderen Kulturen. In derartigen Konstellationen lässt sich für ein dichtes Gefüge an Lernimpulsen sorgen. Dabei zeichnen sich mehrere Stufen der Weiterbildung zwischen Nähe zu und Unvertrautheit mit interkulturellen Problemen in der gegenwärtigen Welt ab.

Betroffenheit von Alltagsereignissen aus der Konfrontation von Industrieländern und "Dritter Welt" findet sich allerorten. Hierzu gehören das Unbehagen über die Bevölkerungsexplosion gerade in den wenig entwickelten Weltregionen, die Kunde von Hunger und Not und die tagtägliche Schwierigkeit, mit einer Flut von Migranten aus aller Herren Länder zurecht zu kommen. Solche Nachrichten führen zu Unsicherheiten und zum Erstaunen. Viele gelangen aber nicht bis zu begründeten Urteilen über jene beunruhigenden Sachverhalte. Subjektive Meinungen über Sinn und Notwendigkeit von Hilfe zur Entwicklung anderer Weltregionen „kristallisieren" jedoch und geraten in Kontrast zu den Bedenken darüber, ob man mit dem Geld der Armen in Industrieländern die Reichen in den Entwicklungsländern unterstützen dürfe. Bis zu begründeten Einsichten gelangt man auf dieser Stufe des gelegentlichen Hörensagens jedoch nicht. Was hier grundgelegt wird, sind Wissen um Problembestände und Offenheit für Anregungen zu deren Bearbeitung.

Wo man es dabei nicht belässt, sondern verbreitete Meinungen durch genaues Hinschauen, durch das Sammeln von Informationen und deren umsichtige Bewertung überprüft, gelangt man auf eine weitere Stufe interkultureller Kompetenz. Vermeintliche Ungereimtheiten werden hinterfragt, Sachverhalte zunächst geklärt und dann einer Beurteilung unterzogen. Situationen mit der Chance zu sachgerechter Diskussion und zur problembezogenen Bearbeitung von Eindrücken, Nachrichten und Fakten werden aufgesucht. So lassen sich Anhaltspunkte zu einem begründeten Urteil hinsichtlich der verschiedenartigen Lebensgrundlagen von Menschen in zunehmend verwobenen Weltteilen gewinnen. Ein solches realistisches "Weltbild" begünstigt Entschlüsse, das Überleben von Menschen in anderen Kulturen durch Spenden, durch gezielte Käufe von landestypischen Erzeugnissen oder durch begrenzte und bewusste Einschränkung bei der eigenen Lebensführung zu unterstützen. Dies wird getragen durch einen Grundbestand an Kenntnissen über die Widersprüche in der Welt von heute und morgen.

Ausgehend von solchem Basiswissen kann sich dann Bereitschaft zu ausgedehnterem Engagement und zu kontinuierlichem Verhaltenstraining angesichts globaler Wandlungen einstellen. Man gelangt über bloßes Problembewusstsein hinaus zu unmittelbaren Kontakten mit Personen und Institutionen und zu einer intensiven Befassung mit der zeitgenössischen Kulturenvielfalt. Darauf folgen dann Anerkennung von Eigenheiten, ergeben sich Toleranz und Wertschätzung unvertrauter Lebensweisen und Essgewohnheiten, klären sich Sinngebungen des Daseins und Gestaltungsformen des Alltags. Diese dritte Stufe schafft in ihrer Unmittelbarkeit und Intensität die Chance, gemeinsame Aktivitäten vorzubereiten, Probleme um die Kommunikation miteinander festzustellen und zu bearbeiten und für konstruktive Formen der Kooperation Vorkehrungen zu treffen.

Weiterbildungsmaßnahmen stellen sich konsequent der Einsicht, dass im Zeitalter der Globalisierung Industrieländer ihre Probleme nicht ohne ein Hinzuziehen von Zuwanderern aus anderen Kulturkreisen werden lösen können. Teilnehmer von Lernen und Training erproben Verhaltensspielräume des Miteinanderlebens und -arbeitens und leisten einen Beitrag sowohl zur Integration von Zeitgenossen unterschiedlichster Herkunft in die Lebenszusammenhänge einer global vernetzten Welt als auch zur Erhaltung und Überlieferung kultureller und weltanschaulicher Traditionen in verschiedensten Regionen.

> Der Erwachsene soll Impulse und Anregungen der Lernsituation aufnehmen und zum Ausgangspunkt eines Umdenkens hinsichtlich seiner eigenen Lebensführung werden lassen. Verändertes Verhalten wird sich dann in allen Bereichen auswirken, welche er zu verantworten hat. (Prokop 1980, S. 168)

2 Kontexte

Weiterbildung als Lerntätigkeit bei breiten Bevölkerungskreisen und als Training interessierter Eliten gewährleistet grundlegende Qualifikationen für das Leben heute und in Zukunft. Weiterbildungseinrichtungen gestalten geeignete Lernsituationen mit dichten Anregungspotentialen. Über offene Angebote gilt es nennenswerte Teilnehmergruppen zu erreichen, die zu zeitlich ausgedehntem und sachlich intensivem Bildungsengagement in der Lage und geneigt sind. Bereitschaft hierzu findet sich insbesondere bei Persönlichkeiten, die schon über ein fundamentales Problembewusstsein verfügen und insofern unerlässliche Voraussetzungen dafür gewonnen haben, ihren Einsichten und ihrer Sachkenntnis entsprechend zu handeln.

> Zum Erfolg tragen solche Lernsysteme bei, die den Kriterien der Individualisierung und Differenzierung genügen, die eine identifizierte Schwäche der Lernorganisation der traditionellen Weiterbildung ausmachen. (Hübner 2002, S. 315)

Erfahrungen aus dem Umgang mit unterschiedlichen Kulturen bieten einen Rahmen, treffende Informationen über Fremdartiges im direkten Kontakt mit Menschen anderer Herkunft einzuholen. Man kann dann Fragen an eigenes Verhalten stellen. Zudem besteht die Möglichkeit, Anhaltspunkte darüber zu gewinnen, wie sich dieses eigene Verhalten aus der Sicht anderer Kulturen ausnimmt. So können nicht nur Erfahrungen von Unterschiedlichkeit gewonnen werden, sondern man kann darüber auch ins Gespräch treten.

Konflikte werden wechselseitig erlebt. Sie führen aber nicht zu einer inneren Distanzierung von neuen Erfahrungen und zum Rückzug auf die vertrauten eigenen Sichtweisen vom Leben. Vielmehr ermöglicht das Gespräch ein Miteinander bei der Klärung der unterschiedlichen Verhaltensgewohnheiten. Jeder der Beteiligten überdenkt dann, was ihm selbstverständlich erscheint.

Im unmittelbaren Verhalten bedeutet dies weniger Unsicherheit. Was "typisch deutsche" Reaktion ist oder was mit einem "asiatischen Kopf" gedacht wird, ist aufgrund nationaler und kulturtypischer Ursachen durchschaubar. Kennzeichnende Vorentscheidungen und Meinungsbilder werden als „Vor"- Urteile entlarvt. Man wird sensibel für die Begrenzungen des eigenen und des fremden Denkens und vermag zu dessen jeweilige Eigentümlichkeiten zu stehen. So gelangt man prinzipiell zur Verständigung über verschiedenartige Lebensgewohnheiten. Wo Erfahrungen undiskutiert, wo Eindrücke unverarbeitet oder wo Konflikte unerörtert bleiben, entstehen Misstrauen und Überheblichkeit und verfestigen sich häufig nationale und soziokulturelle Stereotypen.

Zweifellos ist der Mut, sich aus dem bergenden Kontext des Bekannten in eine fremden Umgebung zu wagen, eine Eigenschaft, die gefördert werden muss, wo sie im heimischen Kulturgefüge nicht gefordert ist oder nur geringen Spielraum bekommt. Eine beachtliche Lernanregung läge schon im Erstaunen über unterschiedliche Erwartungen, die sich in interkulturellen Begegnungen artikulieren. So wird wahrnehmbar, dass als „normal" eingeschätztes Verhalten sich auch mit anderen Augen sehen lässt und dass es plausible Alternativen dazu gibt, wie man sich „zu geben" gelernt hat.

> Das Fremde ist eine Herausforderung für die Bildung, weil es eine Integration und Balance von Offenheit und Grenzziehung fordert, wobei diese Leistung angesichts der Generalität und Omnipräsenz der Fremdheitserfahrung von historisch wohl beispielloser Komplexität und Schwierigkeit ist. (Meilhammer 2002, S. 43)

In der interkulturellen Weiterbildung von Erwachsenen aus verschiedenen Weltregionen kommt es darauf an, im wechselseitigen Miterleben von Lebensgewohnheiten und Denkweisen damit vertraut zu werden, dass es vielfältige und kontrastreiche Entfaltungsperspektiven für das Menschsein gibt. So weiten sich die Lebenshorizonte zunächst einmal über deren gewohnte Begrenzungen hinaus aus. Zudem verwischen sich die Vorstellungen von erstrebenswerten Verbesserungen und befürchteten Verschlechterungen traditioneller Lebenszuschnitte.

Besucher aus Entwicklungsländern, denen die Kunststoffzivilisation und das Konsumartikelangebot der Industrieländer faszinierend erscheinen, stoßen auf Unverständnis bei ihren Gastgebern, wenn sie in erster Linie an Einkaufsmöglichkeiten interessiert sind. Andererseits wird nicht jedem Besucher verständlich, warum in den Industrieländern durchaus Skepsis gegenüber den Verlusten an Ursprünglichkeit und Naturverbundenheit, an Lebensrisiko und Kontakt mit dem Alltag von Geburt und Tod, an Mühsal und Feier besteht, wie sie mit nachlassender regionaler Beheimatung und zunehmender weltweiter Vernetzung einhergehen. Andererseits erfahren die Erwachsenen in den Industrieländern erst im Kontakt mit weniger industrialisierten Weltteilen, dass menschliche Lebensformen vielgestaltiger und glaubwürdiger erscheinen, wo nicht Anonymität deren unmittelbare und breite Wahrnehmung verstellt.

Die Verhaltensspielräume von Menschen unterschiedlicher soziokultureller Herkunft können nicht adäquat wahrgenommen und noch weniger sicher beurteilt werden, wenn nicht gleichzeitig Kenntnisse über die entsprechenden kulturellen Zusammenhänge vermittelt werden. Es ist dieser Kontext, der es nicht bei der Unverbindlichkeit beliebigen Wissens belässt, sondern zum Handeln drängt - gemäß dem je eigenen Profil individueller Bildung unter Angehörigen unterschiedlicher Generationen, Lebenszuschnitte und Kulturen.

Eine entscheidende Lernkonstellation interkultureller Weiterbildung ist insofern die Erfahrung von intensivem Zusammenwirken unter Partnern in lebenstypischen Situationen. „Arbeitsgemeinschaften" sind bleibender Ertrag aus der „Volksbildung" in jenen ökonomischen und sozialen, ideologischen und lebensreformerischen Wandlungsprozessen am Beginn des 20. Jahrhunderts. Das jedem Wandel immanente Bildungspotential ist keineswegs ausgelotet:

> Zum Wesen der Arbeitsgemeinschaft gehört es, dass ihrem innersten Wesen nach verschiedene Menschen sich um des Friedens und der Vereinigung willen an einen Tisch setzen. (Rosenstock 1926, S. 163)

Nichts weniger als dies hat interkulturelle Weiterbildung in den globalen Kontexten von heute und morgen zu leisten.

3 Didaktik

Vorgänge, welche primär auf den Erwerb von Information oder auf den Abbau von Wissensdefiziten zielen, sind aus individuellen Erfahrungen im Jugendalter bekannt. Bildungsangebote werden dementsprechend auch noch im Erwachsenenalter als profiliert angesehen, insoweit sie sich solchen Erwartungen annähern. Weiterbildungsprozesse lassen sich jedoch nicht ausnahmslos innerhalb von deren Horizonten gestalten. Daneben brauchen Erwachsene auch Möglichkeiten zur Beschäftigung mit Maßgaben für ihr Handeln Mit dem Wissen um Orientierungsdaten allein sind die alltäglichen Probleme des rechten Lebens und des angemessenen Verhaltens nicht zu lösen. Verhaltensbezogene Lernen in den Konfliktfeldern von Berufstätigkeit und Öffentlichkeit, von Freizeitgewohnheiten und Konsumangeboten reicht bis hin zum Erwerb von Kompetenzen zum sozialen und politischen Zusammenleben.

Verhaltensorientierung als Bildungsaufgabe über den ganzen Lebenslauf geschieht im Vorgriff auf die Gestaltung künftigen Zusammenlebens unter Angehörigen verschiedenen Kulturen. Rivalitäten und Partikularismen sind nicht als konstruktive Grundeinstellungen für eine von Produktionssystemen zunehmend integrierte Welt zu betrachten. Die Chancen für eine menschlichere Gesellschaft steigen mit der Fähigkeit zum Ausgleich kontradiktorischer Interessen und mit der Annäherung unter unterschiedlichsten Bevölkerungskreisen. Um individuellem Engagement innerhalb sowohl makrosozialer als auch mikrosozialer Bindungsräume und ebenso bei öffentlichem Meinungsdiskurs wie bei politischer Willensbildung Chancen zu belassen, bedürfen Erwachsene großer Sicherheit zur Kommunikation und zur Wahrnehmung ihrer Alltagsaufgaben angesichts unübersehbarer Gefährdungen aus undurchsichtigen Grauzonen von Manipulation.

Das Erlernen von Verhaltensweisen vollzieht sich in enger Bindung an die Lernvoraussetzungen unterschiedlicher Bevölkerungsgruppen. Hier sind Organisationsstrukturen zu entwickeln, welche innerhalb der gesellschaftlichen, konfessionellen und regionalen Gruppierungen spezifischen Lernbedürfnissen entsprechen. Ein pluralistisches und kooperatives System der Erwachsenenbildung bewährt sich beim verhaltensorientierenden Lernen. Dessen Angebote helfen,

> ... mit sich selbst und der Welt besser fertig zu werden, in seiner Zeit und an seinem Platze sinnvoller zu leben. Die Erwachsenenbildung insbesondere will dem Menschen, der im täglichen Lebenskampf steht, helfen, dass er diesen Kampf besser bestehe und verstehe. (Deutscher Ausschuss 1960, S. 44)

Weiterbildung vermittelt Impulse für jeden individuellen Lernprozess in den Lebensaltern. Insofern präsentiert jede interkulturelle Bildungsmaßnahme Orientierungsdaten für das Verhalten. Sie bezieht die gesamten Handlungspotentiale der erwachsenen Adressaten ein. Was sich in der Weiterbildung an Lernprozessen vollzieht, trägt durchaus Akzente eines Verhaltenstrainings, welche sicherstellen, dass von Bildungsimpulsen Auswirkungen bis in die tagtägliche Lebensgestaltung bemerkbar werden.

Verhalten gründet mehr in stetig gewonnenen Erfahrungen als in bloßem Kenntnisnehmen. Deshalb sind Sachverhalte aktiv zu erarbeiten. Die Neugier des Erfahrens und des Erkundens verlangt nach Spielräumen. Lebensbegleitendes Lernen insgesamt findet nicht distanziert zu Lebenssituationen statt. Erwachsene mit ihren Orientierungsbedürfnissen geben dessen Aufgaben vor.

Weiterbildung zeichnet sich durch ihre Offenheit für mannigfache Arrangements aus. Es gibt keine Lehrpläne. Ziele ergeben sich aus Lernsituationen und aus Befindlichkeiten bei den Teilnehmern. Rangordnungen zwischen Lehrenden und Lernenden sind dementsprechend nur geringfügig ausgeprägt. So können sich tragende Interessen der Lernenden und deren Erfahrungen in der Lernsituation Gewicht verschaffen. Was sich an Dialog unter den Lernenden vollzieht bestimmt das Lerngeschehen ebenso wie alles, was Begegnungen, was Ausprobieren, was Miterleben an Horizonterweiterungen zugänglich machen.

Didaktische Unterstützungen der Lerntätigkeit innerhalb der Weiterbildung haben sich daran zu orientieren. Was die Scheu vor Fremdartigem abbaut, was weltweiten Denkhorizonten förderlich ist, was zur Akzeptanz spezifischer Alltagseigentümlichkeiten führt, sind lebensnahe Begegnungen mit Menschen aus anderen Kulturkreisen und gemeinschaftliche Aktivitäten unter Interessierten mit dem Ziel des Verstehens unterschiedlicher kultureller Gegebenheiten. Folgerichtig ist individuelle Lerntätigkeit, welche Lebenssituationen simuliert, unter Lernenden gemeinsame Erfahrungen ermöglicht und mannigfach Alltagsvorgänge durchspielt, entscheidend für das Gelingen lebensbegleitenden Lernens.

Es setzt bei individuellem Tätigwerden ein - eigener Bemühung also, sowohl jener des Erarbeitens selbst als auch jener des gemeinschaftlichen Handelns dabei. Den Beteiligten ist Lernen als nachhaltiger Vorgang erfahrbar, der über Unterrichtssituationen hinaus reicht. Dabei werden Anregungen gewonnen, unterschiedliche Lebenszuschnitte nicht nur hinzunehmen, sondern solche zu tolerieren und sich gar auf sie einzustellen. Die Teilnehmer gelangen dabei nicht nur zum Erfahren unterschiedlicher Lebensräume, sondern auch zu gemeinsamen Aktivitäten bei deren Gestaltung.

Man lernt kulturspezifische Abhängigkeiten kennen, in deren Rahmen sich Lebenszuschnitte und Zukunftserwartungen weitgehend als festgelegt erweisen.

Gleichzeitig wird deutlich, dass Eindrücke von Fremdartigkeit jeweils wechselseitig bedingt sind. Häufig sind es ungewohnte Lebensweisen und fremdartige Weltbilder, die unvertraut und infolgedessen als verunsichernd erscheinen. Es bedarf besonderer Aufmerksamkeit, um sie unvoreingenommen bezüglich ihrer Stärken und Schwächen wahrzunehmen. Spielräume dafür erschließen interkulturelle Lernkonstellationen bei Wissenserwerb, Kenntniserneuerung, Informationsverarbeitung und Verhaltensorientierung.

Trainer, "Coach", Moderator greifen in Lernvorgänge so weit ein, wie es erforderlich ist, um die Lerntätigkeit unter den Beteiligten auf den Weg zu bringen.. In lebensbegleitenden Weiterbildungssituationen sind zahlreiche Lernchancen von solcher Qualität enthalten. Inwieweit sich entsprechende Lernprozesse entwickeln, darüber entscheidet in erster Linie das Engagement aller Beteiligten:

> Ob sich aus dem Einsatz neuer Technologien – die oft lediglich aus der Kombination alter Medien bestehen – zwangsläufig auch eine neue Qualität des Lehrens und Lernens ergibt, ist weniger eine Frage der Technik als vielmehr eine Frage der den Lehr-Lern-Prozess prägenden Konzepte, Theorien und Modelle. (Schäfer 2001, S. 69)

Lebenssituationen bieten stets Lernanregungen. Was in unterschiedlichen Kulturen an Autorität kennzeichnend ist, wird als Gelassenheit oder Eifer bei der alltäglichen Lebensgestaltung erfahrbar. Die Bindekraft der Familie gegenüber ihren Mitgliedern in verschiedenen Generationen oder der Verhaltensspielraum, den sich Heranwachsende zu schaffen wissen - wie weit sie Kontrolle hinnehmen oder gar für wünschenswert halten - all das unterscheidet sich von einem Kulturraum zum anderen.

Erfahrungen damit und Anregungen hierfür bieten Kontakte innerhalb der Alltagwelten unter verschiedenen Generationen. Wie man miteinander umgeht, darin unterscheiden sich Kulturen und Lebensräume nachhaltig. Einschlägige Gewohnheiten, Verhaltensfertigteile und -bruchstücke, die sich von den im heimatlichen Lebenskreis gewohnten Umgangsformen unterscheiden, werden als spektakulär wahrgenommen. Gerade das erhöht deren Aufforderungscharakter als Impulse interkultureller Weiterbildung. Je lebendiger sie als Ausformungen menschlicher Lebensgestaltung erscheinen, umso nachhaltiger regen sie das Hinterfragen der eigenen Lebensgewohnheiten an

4 Praxis

Erfahrungen sind für das Auslösen sozialer Lernprozesse entscheidend. Konstellationen von tagtäglicher Lebensführung, ethische Handlungsspielräume bei

Entscheidungen, Alternativen zu vertrauten Lebensgewohnheiten sind die Ausgangspunkte. Ausgesprochen fremdartige Verhaltensweisen und Kontaktgewohnheiten lernt man kennen, wo man das tägliche Leben, Arbeiten und Feiern in Kulturkreisen miterlebt, die sich durch Konsumgewohnheiten, durch Siedlungsformen oder im Zusammenleben voneinander unterscheiden. Solcherlei Erfahrungen wecken Neugier, die sich als dauerhafter Bildungsimpuls erweist. Erwachsene lernen, die je eigenen Verhaltensgewohnheiten als allenfalls begrenzt gültig und insoweit als veränderbar einzuschätzen.

Menschliches Leben führt in eine Fülle sozialer Rücksichten und Verpflichtungen. Was dabei an Verbindlichkeiten zu erbringen ist, lässt sich erlernen. Die Zurüstung für eine gesellschaftliche Existenz regt Weiterbildung in allen Lebensaltern mittels Lernimpulsen an. Deren Adressaten sollen sich vertraut mit sozialen Verhaltensregeln machen und zur Wahrnehmung von politischen Verantwortlichkeiten als Bürger ermutigt werden. Politische Weiterbildung macht mit verschiedenen gesellschaftlichen Organisationssystemen sowie mit jenen Institutionen und Personen bekannt, welche auf nationaler oder internationaler Ebene Politik gestalten und repräsentieren. Dies geschieht teils durch die Streuung von Informationen bei breiten Bevölkerungskreisen, teils durch intensive Vertiefung politischen Wissens und durch Ausloten individueller politischer Verhaltensspielräume in den verschiedenen Bereichen der Öffentlichkeit.

Politische Bildung ist bei Bürgern in jenen Gemeinwesen unerlässlich, die teils noch mit seit Generationen überkommenen Verhaltensmaßstäben aus der Untertänigkeit gegenüber irgendwelchen Obrigkeiten aufgewachsen sind. Solche unreflektierte Gewohnheiten führen nicht zu Verhaltenssicherheit innerhalb von gegenwärtigen und künftigen Demokratien, welche Menschenrechte gewährleisten. Insofern liegt eine komplexe Aufgabe politischer Weiterbildung gegenüber allen Bevölkerungsgruppen beim Anregen von Zivilcourage, Toleranz und Solidarität, die weltweit Voraussetzung für ein Gelingen wirtschaftlichen und sozialen Wandels sind:

> Traditionell wurde Kultur und Veränderung außerhalb des Menschen lokalisiert; Man ging davon aus, dass die Organisationsstruktur gegeben ist. Heute vertritt man die Auffassung, dass Individuen die Struktur schaffen und stetig reproduzieren. Gleichzeitig ermöglicht und begrenzt die Organisation in der wir arbeiten das Handeln von Menschen. Sie setzt sich zusammen aus Regeln, Normen, Werten und Ressourcen. (Götz 1999, S. 11)

Lebenslanges Lernen macht jene handhabbar. Deshalb wird es von den Trägerorganisationen der Weiterbildung ebenso angeregt wie von den politischen Parteien und von deren Stiftungen. Sie alle sind besorgt um jenes grundlegende Wissen, über das Bürger verfügen sollten, um ihrer Verantwortung als Wähler gewachsen zu bleiben und die Probleme der Öffentlichkeit, der Gesellschaft, der

Zukunft als Angelegenheiten aufzufassen, die jeden angehen. Dies gilt im Zeitalter der Globalisierung über die industrialisierten Regionen der Welt hinaus. Unabhängig von Abgrenzungen zwischen Parteien und gesellschaftlichen Gruppen ist eine breite Übereinstimmung hinsichtlich der grundlegenden Werte und Normen gesellschaftlichen Zusammenlebens erforderlich - bis hin zu einem verbreiteten Problembewusstsein von der zunehmenden Vernetzung aller Vorgänge und Zusammenhänge rund um den Globus.

Weiterbildung im globalen Wandel wird von Eindrücken unter Menschen aus unterschiedlichen Kulturen angeregt. Bei begleitenden Lernimpulsen kommt es in erster Linie auf deren emotionale und kognitive Verarbeitung an. Im längerfristigen Kontakt mit Menschen aus anderen Kulturen werden punktuell Erfahrungen gewonnen, die ein hohes Maß an Engagement und an Interesse gegenüber dem fremdartigen Lebensraum der Partner mit sich bringen.

Im Wissen um Chancen und Gefahren der Globalisierung finden sich solche Voraussetzungen überwiegend bei jenen Heranwachsenden und Erwachsenen, welche für eine weltweite Solidarität der Kulturen und Menschen aufgeschlossen sind. Hinzu kommen solche Persönlichkeiten, die sich durch soziale Aktivität auszeichnen, oder die über Vorwissen verfügen. Bei all jenen ist häufig ausgeprägte Bereitschaft vorhanden, sich mit den Sachinformationen über Kultur, Technologien und Werkmaterialien einer Weltregion zu befassen.

Bewusstsein von einer global vernetzten Welt vermitteln Gebrauchs- und Kultgegenstände in Ausstellungen. Deren Hermeneutik vermittelt Kunde von vermeintlich ferngelegenen, im Zuge der Globalisierung aber durchaus nahegerückten Zeiten und Orten. Anregungen zur Gegenstandsbedeutung helfen das soziale Leben zu verstehen, das sich im Umfeld der auf Schautafeln repräsentierten Zusammenhänge abspielt. So bieten Materialien einer Ausstellung Anhaltspunkte für das Bild, das man von der Lebenswelt einer anderen Kultur gewinnen kann.

Wo das verbreitete Werkmaterial Plastik ist, bestimmen den Alltag andere Gewohnheiten als dort, wo die Hilfsmittel für den alltäglichen Lebensablauf im Wohnbereich und bei der Herstellung von Nahrungsmitteln aus Naturfasern gewonnen werden. Schließlich sind es Kleidungsstücke, die einen Lebenszusammenhang in den Gestalten der darin auftretenden Menschen einen Lebenszusammenhang anschaulich werden lassen. Materialien, welche diese Vielgestaltigkeit belegen, gehören hierzulande zu den Antiquitäten. Andernorts sind sie jedoch Gebrauchsgegenstände. Solche Zeugnisse von Kulturen mit eigentümlichem Ursprung drohen der weltweiten Angleichung an eine industrielle Zivilisation und an deren Lebensgewohnheiten zum Opfer zu fallen. Jede Befassung mit einer eigenständigen Kultur macht für den Gedanken empfänglich, dass kulturelle Pluralität nicht einer globalen Nivellierung anheim gegeben werden sollte.

Derartige Entwicklungen werden als Gefahren für die Erhaltung bodenständiger Kulturlandschaften verstanden. In erster Linie bemerkbar wird dies durch die Erschütterung jenes Lebensgefühls, welches durch Alltagszusammenhänge trägt und Lebensbereiche verbindet. Im Übergang von mechanisierter Handarbeit zu maschinellen Herstellungsweisen lässt sich eine Verelendung von großen Menschengruppen, deren bisherige Lebensarbeit nicht mehr gefragt ist, feststellen. Nur Beheimatung in einem regionalen Kulturraum ermöglicht es aber, sich individuell durch Leistung zu profilieren. Migrationen von Angehörigen verschiedenster Bevölkerungsgruppen aus allen Herkunftsbereichen weltweit in die Wirtschaftszentren waren und sind die Folgen. Was zunächst teilweise als Befreiung erlebt wird, führt jedoch häufig in neue Verbindlichkeiten - in Gestalt von Konsumansprüchen oder von Meinungsmanipulation oder von politisch und religiös verbrämten Heilslehren, welche Lebensnöte vermeintlich wenden.

Je nachhaltiger industrielle Lebensgewohnheiten global in Kulturtraditionen der Dritten Welt hineinsickern, umso schwieriger wird es für die dort beheimateten Menschen, die Fragen nach dem Sinn ihres Lebens neu zu stellen oder sich mit den überkommenen Antworten darauf zufrieden zu geben. Eine anonyme Gesellschaft von Gleichrangigen bedarf anderer sozialer Gesellungsformen und individueller Profile als man sie aus den herkömmlichen Verwandtschaftsbezügen kennt. Handelte es sich doch hier in erster Linie um das willige Mitwirken an vielgestaltigen Bemühungen um eine Sicherung des Überlebens durch alltägliche Arbeit, durch Kinderaufzucht, durch Bewahren des familiären, geistigen und materiellen Erbes, des "Glaubens" und überlieferter Deutungssysteme für künftige Generationen. Solidarität, Verlässlichkeit und Belastbarkeit waren dabei hochgeschätzte Tugenden. Viele Zeitgenossen sind verunsichert ob der Unklarheiten, welches Ethos künftighin trägt und wo im Leben man Sinn finden kann.

5 Perspektiven

Weiterbildung regt an, dass Teilnehmer sich emotional auf eine fremde Kultur wie auf die eigene einlassen - im Kontext von Sachinformation und Gesprächsmöglichkeiten. Hintergründe des Gebens und Nehmens im Handel können problematisiert werden. Die Erkenntnis, dass anderswo Kinder als Arbeitskräfte tätig sind, schafft Zugang zu hierzulande kaum mehr nachvollziehbaren Lebenszuschnitten. Initiativen zu einer als einheitlich verstandenen Welt suchen den Treffpunkt zwischen verschiedenen Kulturen in der Mitte. Auch die Industriezivilisation soll sich auf die Kulturen der Dritten Welt zu bewegen. Maßstäbe der industriellen Lebensweise allein erscheinen als Zukunftsvisionen ungeeignet, auf die sich die unterschiedlichsten Weltkulturen verständigen könnten.

Pluralität von Lebensformen wird zur übergreifenden Lernaufgabe. Dabei ist auf die Eigentümlichkeiten einer jeden Kultur ebenso zu achten wie auf ein möglichst gleichrangiges Nebeneinander von verschiedenen Lebenswelten. Gegenwärtig sind kaum die dringendsten Probleme der Nahrungsmittelversorgung zum Überleben der Menschheit gelöst. Angesichts dessen bedarf es ausgesprochener „Kraftakte" für Toleranz und Balance über die Weiterbildung.

Aktuell expandieren fundamentalistische Strömungen - ob nun zur Abgrenzung gegenüber allem Fremden überhaupt oder auch zur Distanzierung gegenüber europäisch-amerikanischen Lebensgewohnheiten in anderen Weltregionen - mit all ihren Ausuferungen vom Radikalismus über Intoleranz bis zum Rassismus, aber auch als Bemühung um den Erhalt von Kulturen mit alter Tradition. In islamischen Ländern wird eine vermeintliche Befreiung von Traditionszwängen nur von jenem geringen Teil der einheimischen Bevölkerung, der über Kontakte mit Industrieländern verfügt, als solche empfunden. Weite Kreise hingegen verbleiben voller Misstrauen und versuchen, den schleichenden Wandel ihrer Lebensformen aufzuhalten oder sich ihm partiell zu entziehen.

Weiterbildung setzt auf Einsicht und zielt auf Kontaktgewohnheiten, die wechselseitiges Geben und Nehmen wahrnehmbar werden lassen können. Gebrauchsgegenstände, die bei unseren industriellen Fertigungsgewohnheiten gar nicht mehr hergestellt werden können, präsentieren Alltäglichkeiten einfachen Lebens und elementare Erfahrungen des Daseins. Der konkurrenzlose Preis, für den Handarbeiten angeboten werden, gibt eine Vorstellung von unterschiedlichen Lebensverhältnissen. Sichert doch ein - gemessen an Gegebenheiten hierzulande - extrem niedriger Kaufpreis den Lebensunterhalt ganzer Familien in der Dritten Welt. Hier vergegenwärtigen Medien - im ursprünglichsten Verständnis ihrer Funktion - die Ungereimtheiten der Globalisierung.

Die Handelswege der Industriewaren um die Welt gestatten vielen Menschen in ihren Heimatregionen nicht mehr, von den Qualifikationen zur Arbeit, die sie sich im Verlauf ihres Lebens angeeignet haben, zu leben. Dies führt sowohl zu immensen Ansammlungen beschäftigungsloser Armer in den Metropolen der Dritten Welt als auch zu Arbeitslosigkeit auf höchstem Niveau in den industrialisierten Regionen. Beide Populationen werden von Transferleistungen abhängig. Weiterbildungsmaßnahmen lassen solche Zusammenhänge perspektivisch werden.

> Konsens besteht darüber, dass die Gestaltung des Informationstransports an Adressaten in allen Lebensaltern zunächst nach fundierten Fachkompetenzen verlangt. Diese sollten verbunden sein mit der Fähigkeit, Sachfragen in den subjekti-

ven Erkenntnishorizont des Erwachsenen zu übersetzen und selbstgesteuertes Lernen lebensbegleitend durch Beratung und Motivationshilfen zu unterstützen. (Prokop 2003, S. 11)

Konfrontationen zwischen Angehörigen unterschiedlicher Kulturen werden künftig mehr und mehr im Alltag erfahrbar sein - auch hierzulande. Im Interesse gedeihlichen Nebeneinanderlebens und Zusammenarbeitens sind eingespielte Muster des Denkens übereinander und des Auskommens miteinander unerlässlich. Bei bildungsfreundlicheren Bevölkerungskreisen haben hier seit langem Museen Verständnisgrundlagen geschaffen. Fremde Welten wurden zur Anschauung gebracht und vergegenwärtigt, wobei nicht nur räumliche Distanzen, sondern auch Denkunterschiede überbrückt werden konnten. Ähnlich machte das Erlernen fremder Sprachen räumlich Fernes zugänglich. Über Literatur und Konversation konnte man Lebenszuschnitte begreifen.

Hatte sich doch Bildung als Orientierungsvorgang am Lebensanfang und lebenslang in Europa zunächst aus einer Deutung des menschlichen Daseins entwickelt, die über das irdische Leben hinausreicht. Diese ergab sich aus den regional und historisch unterschiedlichen Ausprägungen christlicher Religion. Im Gefolge des anwachsenden Vertrauens auf die menschliche Verstandestätigkeit, im Bemühen um die Aufhellung der Stellung des Menschen in der Welt und um die Durchsetzung rationaler Erklärungen und verständlicher Modelle des Weltgeschehens haben sich die Anregungen zur lebensbegleitenden Bildung säkularisiert.

Anlass war die Hinwendung zu den europäischen Sprachen. Schulen und Bildung lehnte sich nunmehr an die nationalsprachlichen Kulturregionen an. Hand in Hand damit entwickelten sich profilscharfe Typologien vom gebildeten Menschen. Diese entstanden eher regional verortet als überregional vernetzt. Ihre Entstehungszusammenhänge sind also durchaus monokulturell akzentuiert.

Was sich historisch solchen Entwicklungen günstig erwies, hatte im rationalen Weltverständnis und in humanistischen Lebenszuschnitten und in betont nationalstaatlichen Ambitionen von dominierenden Persönlichkeiten und bei maßgebenden Bevölkerungskreisen in den Epochen um Aufklärung und Neuhumanismus seinen Ursprung.

Angesichts dessen sind von einer – aus nationalsprachlichen Bildungskulturen hervorgegangenen - Weiterbildung nur begrenzt globale kulturelle Integrationsleistungen zu erwarten. Tragfähigere und weiter reichende Perspektiven eröffnen die europaweit begründeten Netzwerke von Weiterbildungseinrichtungen und von übernational - kooperativen Bildungsmaßnahmen. (vgl. OECD 2005)

Literatur

Deutscher Ausschuss für das Erziehungs- und Bildungswesen (Hrsg.). (1960). *Zur Situation und Aufgabe der deutschen Erwachsenenbildung* (Empfehlungen und Gutachten des deutschen Ausschusses für das Erziehungs- und Bildungswesen, Folge 4). Stuttgart: Klett.

Götz, K. u. a. (Hrsg.). (1999). *Cultural Change* (Managementkonzepte, Band 4). Mering: Rainer Hampp.

Hübner, U. (2002). Schlüsselbegriff Multimedia. In M. Cordes, J. Dikau & E. Schäfer (Hrsg.), *Hochschule als Raum lebensumspannender Bildung – Auf dem Weg zu einer neuen Lernkultur* (S. 306-317). Regensburg: AUE.

Jütte, W. (Hrsg.). (2005). *Forschungsbedarf in der wissenschaftlichen Weiterbildung* (Studies in Lifelong Learning 5). Krems: Donau-Universität.

Meilhammer, E. (2002). Lernen am Fremden. In M. Cordes, J. Dikau & E. Schäfer (Hrsg.), *Hochschule als Raum lebensumspannender Bildung – Auf dem Weg zu einer neuen Lernkultur* (S. 31-57). Regensburg: AUE.

Organisation für Entwicklung und Zusammenarbeit in Europa (Hrsg.). (2005). *Promoting Adult Learning*. Paris: OECD.

Prokop, E. (1980). Informationsvermittlung und Verhaltensorientierung. In F. Henrich & H. Kaiser (Hrsg.), *Erwachsenenbildung* (S. 166-176). Düsseldorf: Patmos.

Prokop. E. (1991). *Interkulturelles Lernen*. München: Profil.

Prokop, E. (2003). Wissenschaftliche Weiterbildung – Zugänge zur Forschung. In W. Fröhlich (Hrsg.), *Weiterbildungsforschung* (S. 9-20). Krems: Donau-Universität.

Rosenstock-Huessy, E. (1926). Die Ausbildung des Volksbildners. In W. Picht & E. Rosenstock (1926). *Im Kampf um die Erwachsenenbildung 1912-1926* (S. 150-163). (Schriften für Erwachsenenbildung im Auftrag der Deutschen Schule für Volksforschung und Volksbildung, hrsg. von Dr. R. von Erdberg, Erster Band). Leipzig: Quelle und Meyer.

Schäfer, E. (2001). Auf dem Weg zum Edutainment? Medien und Erwachsenenbildung – historische und aktuelle Entwicklungen. In M. Friedenthal-Haase (Hrsg.), *Erwachsenenbildung im 20. Jahrhundert – was war wesentlich?* (S. 57-81). (Managementkonzepte, Band 20). Mering: Rainer Hampp.

Autorinnen und Autoren

Jürgen Bolten, Prof., Dr. phil., Jahrgang 1955. Studium der Germanistik, Philosophie und Geschichte in Düsseldorf und Aachen. Nach Promotion (1984) und Habilitation (1989) zunächst Geschäftsführer des Instituts für Internationale Kommunikation/Universität Düsseldorf, dann sei 1992 Professor für Interkulturelle Wirtschaftskommunikation an der Universität Jena. Forschungsschwerpunkte: Kommunikationstheorie, Kulturtheorie, Theorie interkulturellen Handelns, wirtschaftsbezogene Kulturgeschichte der BRD.

Nadine Bleher, Studium der politischen Wissenschaften an der Freien Universität Berlin (Diplom 2001) und an der Stanford University. 2003 M.A. (Internationales Wirtschaftsrecht) und 2006 MSc (Ökonomie) an der Universität Pompeu Fabra in Barcelona. Sie war 1997 Praktikantin bei Daimler-Benz und hat in diesem Zusammenhang an den Projekten „Managementkonzepte in europäischen Unternehmen" sowie „Unternehmenskultur und interkulturelles Lernen" gearbeitet. An der Stanford University trug eines ihrer Forschungsprojekte den Titel „Toward a transnational corporate identity". Gegenwärtig ist sie am Bundesministerium für Umwelt, Naturschutz und Reaktorsicherheit in Berlin tätig.

Ute Clement, geb. 1958, Dipl.-Psychologin. Ausbildung zur Bankkauffrau, Deutsche Bank AG, Mannheim. Studium der Psychologie, Wirtschaftspädagogik und Theaterwissenschaften in Heidelberg, Nürnberg und Erlangen. Auslandsaufenthalte in Italien, Großbritannien, und Indien. Sie war Leiterin Führungsentwicklungsprogramme/Interkulturelles Mangement bei der Daimler-Benz AG in Stuttgart 1990-1995 und ist nun u. a. tätig am Zentrum für systemische Forschung und Beratung, Heidelberg. Arbeitsschwerpunkte: Interkulturelles Management, Beratung, Coaching, Fort- und Weiterbildungstätigkeit in systemischer Personal- und Organisationsentwicklung. (www.systemiker.com/email: uteclement@aol.com)

Ulrich Clement, geb. 1950, Prof., Dr. phil. Dipl.-Psychologe. Studium der Psychologie, Pädagogik, Ethnologie und Wirtschafts- und Sozialgeschichte in Mannheim, Hamburg und Hannover. 1986/1992 Promotion/Habilitation. Seit 1975 berufliche Tätigkeit in Lehre, Forschung, Psychotherapie und Supervision an den Universitäten Hamburg, Heidelberg und Freiburg i. Br. Auslandsaufenthalte in Griechenland und den USA; Research Associate an der Columbia University New York. Er ist tätig am Zentrum für systemische Forschung und Beratung in Heidelberg und ist Professor für Medizinische Psychologie an der Universität Heidelberg. Arbeitsschwerpunkte: Beratung, Coaching, Supervision,

Psychotherapie; Aus-, Fort- und Weiterbildungstätigkeit in systemischer Beratung und Therapie. (www.systemiker.com/email: ulclement@aol.com)

Domingo Diel Jr., Prof., Dr. phil. Studium der Theologie auf den Philippinen, in Indien und in Deutschland. Präsident des Filamer Christian College, Roxas City, Philippinen. Mitglied verschiedener Vorstände und Kommissionen im kirchlichen und universitären Sektor auf nationaler und internationaler Ebene (Iloilo, Manila, Hongkong, West Virginia und Manila).

Klaus Götz, Jg. 1957, Univ.-Prof., Dr. phil., Dipl.-Päd. Univ., Studium der Pädagogik, Psychologie und Philosophie in Eichstätt, Wolverhampton, Wien und Regensburg. Von 1982 bis 2002 hauptberuflich in der Wirtschaft tätig (Personal, Bildung, Management). Seit 2002 Inhaber des Lehrstuhls für Weiterbildungsforschung und –management an der Universität Koblenz-Landau. Gastprofessuren an den Universitäten Klagenfurt, Zürich, Innsbruck, Graz, Washington D.C., Murmansk (Russland), Tokyo und Valencia. Honorarprofessor an der Universität Bremen.

Michael Jagenlauf, Prof. em. Dr. Studium der Pädagogik, Erwachsenenbildung, Soziologie und Psychologie in Bochum; bis zu seiner Emeritierung Professur für das Fachgebiet Erwachsenenbildung/Weiterbildung an der Universität der Bundeswehr Hamburg, Mitherausgeber der Zeitschriften GdWZ – Grundlagen der Weiterbildung und e&l – erleben und lernen; zahlreiche Veröffentlichungen zu Erlebnis- und Handlungsorientierung in der Weiterbildung.

Eva-Ulrike Kinast (geb. Urbanek), Dr. phil., Jahrgang 1967. 1987 Abitur am Hans-Carossa-Gymnasium in Landshut. 1988-1995 Psychologie-Diplomstudium an der Universität Regensburg, Diplom-Psychologin. 1995-1997 Psychologie-Promotionsstudium an der Universität Regensburg, gefördert durch ein Promotionsstipendium des Freistaates Bayern und der Universität Regensburg, promoviert zur Dr. phil. Dissertation zum Thema "Evaluation interkultureller Trainings". Lehraufträge zur Entwicklung, Durchführung und Evaluation interkultureller Trainings an der Universität Regensburg. Seit April 1998 als Referentin für Personalentwicklung bei der Mannesmann Rexroth AG in Lohr am Main in der internationalen und interkulturellen Personalentwicklung tätig.

Udo Konradt, Univ.-Prof., Dr. phil. habil. Inhaber des Lehrstuhls für Arbeits-, Organisations- und Marktpsychologie an der Universität Kiel und Leiter des Multimedia-Labors am Institut für Psychologie.

Detlev Kran, Jahrgang 1960. Studium der Pädagogik, Universität der Bundeswehr Hamburg, MBA-Studium an der IMADEC/California State University Hayward (A/USA). Bis 1993 Offizier der Bundeswehr, danach im Geschäftsführer Ausbildungsgang und als Wissenschaftlicher Mitarbeiter bei Bundesvereinigung der Deutschen Arbeitgeberverbände tätig. Aufgabengebiete: Verwaltung und Personalorganisation. Er war 11 Jahre bei der Foundation for International Business Administration Accreditation (FIBAA) als Leiter des Bereichs MBA-Beratung und Öffentlichkeitsarbeit tätig. Aufgabenbereiche: Erstellung von Analysen zur Personalentwicklung und zur Bewertung von MBA-Programmen. Betreuung eines zweijährigen Forschungsprojektes des BMBF zum Themenkomplex Masterstudiengänge in Deutschland, Europa, USA. Bearbeitung eines Curriculums "Organisations-/Personalentwicklung" für die DIHT-Weiterbildungs-GmbH. Personal und Weiterbildungsberatung für Unternehmen und Einzelpersonen.

Timo Meynhardt, Dipl.-Psych., Jahrgang 1972. 1993 bis 1999 Studium der Psychologie an der Friedrich-Schiller-Universität Jena. 1995/1996 einjähriges Studienstipendium der Studienstiftung des deutschen Volkes an der Oxford University, England. 1996/1997 Forschungsaufenthalt an der Beida-Universität, Peking. 1999 Diplomarbeit zum Selbstbildkonzept britischer und chinesischer Manager. 2000-2003 Doktorand an der Universität St. Gallen, Schweiz (Thema der Dissertation "Wertwissen: was Organisationen wirklich bewegt") ausgezeichnet mit dem "Peter Werhahn Gedächtnispreis" 2003. Seit Okt. 2001 Lehrbeauftragter an der Universität St. Gallen für das Fach "Handlungskompetenz", Coach im Coachingprogramm der Universität St. Gallen. Seit 2004 Lehrbeauftragter an der ESPP der Uni Erfurt "Leadership and Psychology in Management". Ab 2007 Habilitand an der Universität St. Gallen. Forschungsschwerpunkte: Interkulturelles Führungsverhalten, Berufliche Kompetenzentwicklung, Selbstkonzepte.

Martin Ott, Jahrgang 1957, Dr. phil., Diplom-Theologe, M.A. Studien in Philosophie, Theologie, Germanistik, Ethnologie und Religionswissenschaft in Eichstätt, Freiburg und München. Lehrer an Berufs- und Fachschulen (1983-1987), Lehrauftrag an der Katholischen Universität Eichstätt in Supervision und Praxisanleitung (1984-1994), Referent bei Missio München (1988-1994) und bei der Deutschen Kommision Justitia et Pax, Geschäftsführer der Gemeinsamen Konferenz Kirche und Entwicklung (1995-1997). Senior Lecturer an der Universität von Malawi (ab 1997), Projektleiter der GTZ (Gesellschaft für Technische Zusammenarbeit) im Auftrag der Bundesregierung im Vorhaben „Forum für Dialog und Frieden" in Malawi (seit 2002). Zahlreiche Veröffentlichungen zu den Themen Afrikanische Theologie, Entwicklungspolitik, Friedensförderung und interkulturelle Begegnung.

Ernst Prokop, Jahrgang 1935, Prof. emeritus, Dr. phil., seit 1970 Universitätsprofessor für Pädagogik, außerschulische Bildung und Erwachsenenbildung in Karlsruhe, München, Eichstätt und Regensburg. Gastprofessor an der Hochschule für Philosophie München. Visiting Professor der Donau-Universität für Weiterbildung Krems. 1998 bis 2002 Vorsitzender der Deutschen Gesellschaft für Wissenschaftliche Weiterbildung und Fernstudium (vormals Arbeitskreis Universitäre Erwachsenenbildung e.V. - AUE - Hochschule und Weiterbildung).

Sylvia Schroll-Machl, Dipl.-Psych. Studium der Psychologie in Regensburg. Interkulturelle Trainerin für diverse Firmen, Ministerien und Organisationen. Lehraufträge an der Fachhochschule Regensburg und der Wirtschaftsuniversität Wien, Mitarbeiterin in Forschungsprojekten.

Juliana Roth, Prof. Dr., gebürtige Bulgarin. Studium der Slavistik und der Osteuropäischen Geschichte in Freiburg; Professorin für Interkulturelle Kommunikation an der Ludwig Maximilian Universität München; Interkulturelle Beraterin und Trainerin für Unternehmen mit Ausrichtung auf Nordamerika und Osteuropa sowie für Nonprofit-Organisationen und Verbände; Entwicklung des interkulturellen Lernprogramms des Bayerischen Volkshochschulverbandes; Entwicklung von Studiencurricula in Interkultureller Kommunikation für Universitäten in der Russischen Föderation; Mitglied der International Academy for Intercultural Research (IAIR); Ausführliche Information über Veröffentlichungen, Forschungsgebiete und internationale Projekte unter www.ikk.lmu.de

Alexander Thomas, Prof., Dr. phil., Jahrgang 1939. Studium der Psychologie, Soziologie und Politikwissenschaft an den Universitäten Köln, Bonn und Münster. Professor für Psychologie an der Freien Universität Berlin 1974-1979; seit 1979 bis zu seiner Emeritierung Professor für Psychologie an der Universität Regensburg. Forschungsschwerpunkte: Handlungspsychologie, Psychologie interkulturellen Handelns, Kulturvergleichende Psychologie und Organisationspsychologie.

Rüdiger Trimpop, Prof., Ph.D., Dipl.-Psych., Jahrgang 1958. 1979-1985 Studium der Psychologie, Philosophie und Rechtswissenschaften an den Universitäten Düsseldorf und Bochum. 1985 – 1990 Promotionsstipendium an der Queen's University, Kingston, Kanada. 1990 Ph.D. zum Thema Riskomotivation. 1991 bis 1995 wissenschaftlicher Assistent am Lehrstuhl Arbeits- und Organisatiospsychologie der Ruhr-Universität Bochum. 1995 bis 1999 Vertretungsprofessur für Arbeits-, Betriebs- und Organisationspsychologie an der Friedrich-Schiller-Universität Jena. 1997 Habilitation an der Ruhr-Universität Bochum zum Thema: Organisationaler Wandel im Arbeits- und Gesundheitsschutz. Seit März 2000

Lehrstuhlinhaber für Arbeits-, Betriebs- und Organisationspsychologie an der Friedrich-Schiller-Universität Jena. Seit 1991 Präsident der IDEEA Germany (International Design for Ex-treme Environments Association Landesgruppe einer interdisziplinären, weltweiten Organisation, die sich mit der Arbeitsgestaltung und Arbeitsplatzgestaltung unter extremen Bedingungen (z. B. Weltraum, Ozeane, Polarkreise, Kathastrophengebiete, Slums) beschäftigt. Seit 1999 Gründungsleiter des Internationalen Forschungs- und Beratungsinstitutes für Arbeit, Gesundheit und Verkehr. Forschungsschwerpunkte: Arbeits-, Verkehrs-, Gesundheitsschutz, Risikoforschung, Cross-Cultural Psychology, Organisationaler Wandel. 2004 bis heute Fachgruppensprecher Arbeits- und Organisationspsychologie der Deutschen Gesellschaft für Psychologie (DGPS).

Managementkonzepte (Auswahl)
herausgegeben von Klaus Götz

1 *Klaus Götz:* **Führungskultur. Teil 1: Die individuelle Perspektive**
ISBN 3-87988-476-5, 3. Auflage 2000, Hardcover, 144 S., € 17.80

2 *Klaus Götz:* **Führungskultur. Teil 2: Die organisationale Perspektive**
ISBN 3-87988-388-2, 2. Auflage 1999, Hardcover, 144 S., € 17.80

9 *Klaus Götz (Hg.):* **Wissensmanagement: Zwischen Wissen und Nichtwissen**
ISBN 3-87988-610-5, 4. Auflage 2002, Hardcover, 268 S., € 27.20

14 *Heiko Hansjosten:* **Lohnt sich die betriebliche Ausbildung?**
Eine Studie am Beispiel der DaimlerChrysler AG
ISBN 3-87988-489-7, 2000, Softcover, 317 S., € 29.65

16 *Klaus Götz:* **Human Resource Development.**
Band 1: Theorie - Qualität – Transfer – Innovation
ISBN 3-87988-782-9, 2. Auflage 2004, Hardcover, 174 S., € 22.80

17 *Klaus Götz u.a.:* **Human Resource Development.**
Band 2: Prozesse – Personen – Strukturen – Systeme
ISBN 3-87988-792-2, 2. Auflage 2003, Hardcover, 176 S., € 22.80

20 *Martha Friedenthal-Haase (Hg.):*
Erwachsenenbildung im 20. Jahrhundert – Was war wesentlich?
ISBN 3-87988-530-3, 2000, Hardcover, 310 S., € 24.80

22 *Klaus Götz:* **Zur Evaluierung betrieblicher Weiterbildung**
Band 1: Theoretische Grundlagen
ISBN 3-87988-592-3, 4. Auflage 2001, Hardcover, 191 S., € 24.80

23 *Klaus Götz:* **Zur Evaluierung betrieblicher Weiterbildung**
Band 2: Empirische Untersuchungen
ISBN 3-87988-593-1, 4. Auflage 2001, Hardcover, 205 S., € 24.80

24 *Klaus Götz:* **Zur Evaluierung betrieblicher Weiterbildung**
Band 3: Beispiele aus der Praxis
ISBN 3-87988-594-X, 2. Auflage 2001, Hardcover, 141 S., € 22.70

25 *Martha Friedenthal-Haase:* **Ideen, Personen, Institutionen:**
Kleine Schriften zur Erwachsenenbildung als Integrationswissenschaft
ISBN 3-87988-613-X, 2002, Hardcover, 529 S., € 42.80

28 *Maximilian Sailer:* **Pädagogische Grundlagen betrieblichen Lernens**
ISBN 3-87988-687-3, 2002, Softcover, 264 S., € 27.80

29 *Anton Hahne (Hg.):*
Kreative Methoden in der Personal- und Organisationsentwicklung
ISBN 3-87988-742-X, 2003, Softcover, 151 S., € 22.80

30 *Klaus Götz (Hg.):* **Vertrauen in Organisationen**
ISBN 3-86618-042-X, 2006, Softcover, 273 S., € 29.80

31 *Jana Leidenfrost:* **Kritischer Erfolgsfaktor Körper?**
Leistung neu denken: Ressourcenpflege im Management
ISBN 3-86618-048-9, 2006, Softcover, 402 S., € 34.80

33 *Klaus Götz (Hg.):* **Führung und Kunst**
ISBN 3-86618-079-9, 2006, Softcover, 233 S., € 27.80

34 *Florian Menz, Andreas P. Müller (Hg.):* **Organisationskommunikation.**
Grundlagen und Analysen der sprachlichen Inszenierung von Organisation
ISBN 978-3-86618-286-8, 2008, Softcover, 291 S., € 29.80